改訂版
イラストでわかる
空調の技術

田ノ畑好幸 改訂監修

中井多喜雄 著

石田芳子 イラスト

学芸出版社

改訂にあたって

　建築物の構成要素として、一般的に「意匠」「構造」「設備」の三要素に大別されています。「意匠」「構造」に関しては、名称通り、「意匠」は建物のデザインであり、「構造」は建物の骨格に携わる分野ですが、「設備とは何か」はなかなか一言で言い表わせないものであります。ある辞書には、「建築物の機能を果たすために、建築物に備えつけられたもの」と解説され、建築基準法では「建築物に設ける電気、ガス、給水、排水、換気、暖房、冷房、消火、排煙もしくは汚物処理の設備又は煙突、昇降機もしくは避雷針」と記載しています。また、建築設備は「電気設備」「給排水衛生設備」「空気調和設備」「昇降機設備」「その他設備」と機能別に分類されてもいます。この本はその設備機能の一つである「空気調和設備」に関し、初心者の方にも理解しやすく表現した解説書であります。

　今回この本の改訂監修のお話をいただいた時は、建築設備を目指している方々へ何かお役に立つのであればと思い引き受けることに致しました。しかし、2011年3月11日に未曾有の被害をもたらした東日本大震災が発生し、大きな津波が次々と人・車・建物・農作物等を呑み込んでいく様子をメディア等で見た時、その脅威と虚しさと悲しみで強いショックを受け、少し時間をいただくこととなりました。わが国においては、このような自然災害がきわめて高い頻度で発生しています。とくに地震に関しては、1995年に阪神淡路大震災、2004年に新潟中越地震、そして2011年に発生した東日本大震災と大きな被害を伴った災害はいとまがないほどです。我々ができるその対策としては、設備機器等の耐震性能の向上と確実な施工が不可欠であると考えています。

　一方、地球環境負荷の低減に向けた取り組みが世界的規模で行われています。2005年に発効された「京都議定書」で約束したCO_2をはじめとする温室効果ガスの1990年比6%減の約束期限である2012年が今来ているのです。建築分野の中では空気調和設備が、この温室効果ガスの削減に極めて大きく影響を及ぼしているといっても過言ではありません。

　建築に携わる建築士・設備エンジニア並びに建物を運営・メンテナンスをしている方々にとって、この空気調和設備の基本を知っておくことは、これからの社会に非常に重要で必要なことになってくると確信するものです。

　この本が出版され20年、法規制も大きく改訂され、各種の単位も国際基準に統一されてきました。また、新しい省エネルギーシステムも誕生し、新技術は日進月歩進化してきています。そこで、この20年を一つの区切りとして、法規制・単位の見直し・新しい設備等の加筆をポイントに改訂をしました。まだまだ、至らないところもあるかと思いますが、読者の方々の一助としてお役に立てれば幸いでございます。

　最後に、この「空気調和設備とは何か」をわかりやすく解説されている素晴らしい本を書かれた中井多喜雄先生、並びに魅力的なイラストを描いていただいた石田芳子先生に敬意を払うとともに、このたびの改訂を快く御承諾いただき進めることができました。この場をお借りして厚く御礼申し上げます。

　2012年2月

田ノ畑好幸

初版へのまえがき

　近年における建築物の新設や更新はめざましいものがあり、とくにその高層化が進み、大都市では超高層建築物があいついで建設されるすうせいにあります。それに伴い建築物の諸設備の占める位置の重要性もきわめて顕著なものとなって参りました。建築設備は空気調和設備、衛生・給排水設備、消防設備、電気設備に大別されますが、科学技術の発展の著しい現在、居住性や環境衛生に重要な役割を果す空気調和設備においても、新しい機器やシステムが開発され、高度に複雑化しており、法規制の面においても斯界の情勢に対応して大幅に改正されております。

　また、設備機器の面においても、厳しい法規制を受けなければならないボイラや往復圧縮式冷凍機に代わって、法規制の適用を受けなくてもすむ温熱源装置や冷熱源装置が開発され、これと併行して、自動制御の面でもコンピュータ制御の普及など、めざましい技術革新の結果、現在ではボイラ技士免許や冷凍機械責任者免状などの法的な資格がなくても、ビル設備の管理業務に従事することが可能となり、その職務内容も肉体労働的な要素はほとんどなく、いわゆるオペレータ的な職域となりました。

　いずれにしてもこのような情勢下においては、空気調和設備の設計、施工およびこれの運転や保全管理に多くの方が従事され、また斯界での活躍を希望される方も多くおられます。ところが、とくに空気調和設備の新設や改修のための工事現場で施工を担当される方、あるいは設備の運転や保全管理を担当される方々のための、空気調和設備や空調技術に関する適当な入門書が見当らないのが現実です。もちろんこれらに関する書籍は多種発刊されてはおりますが、これらはいずれも斯界において設計や施工の管理、監督といった高級技術者を教育するための内容、レベルであり、学校において専門教育を受けておられない方々など、いわゆる初心者が独学で理解できるレベルの内容の書物は皆無といっても過言ではないほどです。

　こういった現状を打破し、設備の施工現場やビル設備管理の職場へ容易に参入していただけるよう、イラストやわかりやすい図表などを用いて、空気調和に関してやさしく解説した本書を執筆致しました。この入門書で勉強され、所定年限の実務を経験された後、高級技術者としての建築設備士、空気調和・衛生工学会設備士、建築物環境衛生管理技術者、管工事施工管理技士など、法的な資格にチャレンジされる方は、市販の多種の専門書を参考にして下さい。

　本書は初心者の方の斯界への誘いのため、そしてすでに斯界でご活躍の方々の知識、技能のより向上のため、また高度な法的資格をめざしていただくための、糧の一助になればとの願いを込めて、浅学非才の身をも顧みず執筆した次第ですが、繁簡当を得ぬところや誤謬があるやも知れませんので、大方のご叱正を賜わるとともに、本書が読者各位の斯界における実務そして勉強の一助として、お役に立てばこのうえもない幸甚です。

　そして素晴らしいイラストを描いて下さいましたイラストレーターの石田芳子先生のご尽力に対し厚く御礼申し上げます。

　　1991年11月

中井多喜雄

- 改訂にあたって　2
- 初版へのまえがき　3

1章　空気調和のあらまし　8

1・1　空気調和って何だろう
- **1** 空気調和とは　8
- **2** 温度のことを理解しよう　10
- **3** 空気中の水分は自在変化の忍者だ！　12
- **4** 相対湿度をよく理解しよう　14
- **5** 不快指数とは　16
- **6** 結露って何だろう　18
- **7** 気流とは風のこと？　20
- **8** 清浄度とは　22
- **9** 浮遊粉じんが人体に与える悪影響　24
- **10** 一酸化炭素は猛毒ガスだ！　26
- **11** 人間は二酸化炭素発生器だ　28

1・2　熱の正体を知ろう
- **12** "熱（鯉）の滝のぼり"はできない!?　30
- **13** 顕熱と潜熱の違い　32

1・3　騒音はいらない！
- **14** 騒音とは　34
- **15** 騒音の表わし方　36
- **16** 防音の方法は　38
- **17** 防振対策　40

1・4　換気は空気調和の大きな要素
- **18** なぜ換気を行わなければならないか　42
- **19** 自然換気では換気量をコントロールできない　44
- **20** 機械換気でバッチリ快適換気！　46

1・5　煙の正体と怖さを知ろう！
- **21** 煙の正体とその怖さ　48
- **22** 排煙設備の構成　50

2章　空気調和負荷のはなし　52

2・1　冷房および暖房のあらまし
- **23** 冷房の方法は　52

- 24 除湿によって快適冷房　54
- 25 外気冷房って何のこと？　56
- 26 暖房の方法　58
- 27 加湿で快適暖房　60

2・2 空調設計において熱負荷は大切
- 28 冷房負荷って何だうう？　62
- 29 暖房負荷では室内発生熱と太陽ふく射熱を計算に入れない　64

3章　空気調和の方式　66

3・1 制御方式による空調方式の分類
- 30 全体制御方式とは　66
- 31 ゾーン制御方式は合理的　68
- 32 用途別ゾーニングとは　70
- 33 ホテルや旅館では個別制御方式　72
- 34 単熱源方式と複熱源方式　74

3・2 熱媒運搬方式による空調方式の分類
- 35 熱媒運搬方式による空調方式とは　76
- 36 全空気方式とは　78
- 37 全水方式は大きいダクトスペースが不要だ　80
- 38 空気・水方式とは全空気方式と全水方式の併用システム　82
- 39 冷媒方式とは　84
- 40 空気調和設備の装置　86

4章　空気調和機の構成と種類　88

4・1 空気調和機をよく知ろう
- 41 中央式空気調和機とは　88
- 42 個別式空気調和機とは　90
- 43 空気ろ過器の働き　92
- 44 自動巻取り形フィルタは合理的　94
- 45 空気冷却器には減湿器が不要　96
- 46 空気加熱器には加湿器が必要　98
- 47 加湿を行う方法　100

5章　熱源装置　102

5・1 冷熱源装置とは冷凍機なのだ

- 48 七変化する冷媒！　102
- 49 冷凍機を構成するもの　104
- 50 冷凍トンって何のこと？　106
- 51 蒸気圧縮式冷凍機とは　108
- 52 蒸気圧縮式冷凍機の法規制　110
- 53 吸収冷凍機の仕組み　112
- 54 冷凍機には冷却塔が必要　114
- 55 冷凍機で暖房！？　ヒートポンプのあらまし　116

5・2 温熱源装置とはボイラなのだ
- 56 ボイラは暖かい熱をつくり出す機械だ　118
- 57 空調用ボイラとは　120
- 58 ボイラの法規制　122
- 59 法規制を受けなくてもよいボイラ？　温水ヒータのあらまし　124

5・3 ボイラの燃料
- 60 重油と灯油は液体燃料の代表　126
- 61 気体燃料はクリーンエネルギーだ　128
- 62 液体燃料の燃焼方法　130
- 63 噴霧燃焼方式の燃焼装置　132
- 64 気体燃料の燃焼方法　134

6章　熱運搬装置　136

6・1 空気輸送の専用道路がダクトだ
- 65 長方形ダクトは空気を低速輸送　136
- 66 スパイラルダクトは空気輸送のハイウェイ　138
- 67 用途によっていろいろに呼称されるダクト　140
- 68 ダンパは空気輸送をスムーズにする交通整理のおまわりさん　142
- 69 吹出し口は調和空気の供給口だ　144
- 70 吸込み口と吹出し口が室内気流を均一にする　146

6・2 送風機は空気の運び屋だ
- 71 送風機、ファンとブロアどう違うの？　148
- 72 軸流式送風機とは　150
- 73 遠心式送風機は水車と同じ原理　152
- 74 遠心式送風機の羽根は1年ごとに掃除しよう　154

6・3 ポンプは水の運び屋だ
- 75 タービンポンプとうずまきポンプ　156
- 76 ポンプの揚程とは　158

6・4 保温は人間が健康で活動するため着物を着るのと同じだ

- 77 保温はエネルギーの無駄使いを防ぐ　160
- 78 保温材　162
- 79 保冷には防湿工事を忘れないで　164

7章　空気調和の自動制御　166

7・1　自動制御のあらまし
- 80 自動制御は花ざかり　166
- 81 フィードバック制御は手動制御と同じだ　168
- 82 シーケンス制御は結果について知らん顔　170
- 83 インターロックは自動制御の安全弁だ！　172
- 84 自動制御系の構成　174
- 85 制御動作って何のこと？　176
- 86 自動制御方式は自力式と他力式　178

7・2　自動制御の基本
- 87 室内の温・湿度制御は定風量方式　180
- 88 温度制御は温度調節器と自動弁が活躍　182
- 89 湿度制御の仕組み　184
- 90 外気取入れ制御とは　186
- 91 空気調和機の制御回路　188

8章　空気環境測定　190

8・1　環境測定になれよう
- 92 空気環境測定は定期的に実施する　190
- 93 空気環境測定を行う場合の基本的条件　192
- 94 浮遊粉じん量の測定　194
- 95 一酸化炭素含有率の測定　196
- 96 二酸化炭素含有率の測定　198
- 97 アスマン通風乾湿計による温・湿度の測定　200
- 98 気流の測定　202

付録　SI単位って何のこと？　204
　　　　冷媒ガス種ごとの製造許可等、冷凍保安責任者選任等および定期自主検査　206
　　　　燃料・電気の使用による二酸化炭素（CO_2）排出量　207

索引　208
初版へのあとがき　212
改訂版へのあとがき　213

1章 空気調和のあらまし

1 空気調和とは

　空気調和は一般家庭に広く普及し、**空調**とか冷暖房とか**エアコン**と略称され、多くの人が冷房や暖房のことを空気調和と思い込んでいるようです。確かに冷・暖房は空気調和の大きな要素ですが、「冷・暖房＝空気調和」では、60点程度のテスト結果といえます。

　空気調和は、物の加工や製造、保存などを目的とする**産業用空気調和**（工業用空気調和）と、室内で働く人たちや居住者の快適性を維持するための**快感空気調和**（保健用空気調和）に大別されますが、通常たんに"空気調和"といえば快感空気調和を意味しています。

　空気調和つまり快感空気調和の定義は「目的とする空間内（室内）の空気の温度、湿度、気流、清浄度を、その目的にあった条件に調整し、これを室内に均一に分布させること」です。この温度、湿度、気流、清浄度の4つの要素を**空気調和の4要素**といいます。居住者の快適性の増大、外部汚染の防御、作業能率の向上などを目的とした、最適の室内空気条件をつくりだすためには、空気調和の4要素を調整することです。小は家庭の室内から、大は超高層ビルや東京ドームといった室内大球場まで、あらゆる建築物に空気調和が行われます。

"空気調和の4要素"は人体の快適さに関係する

　人体はつねに一定の体温を保たねばなりませんが、そのためには体内で発生した熱を、体表面から対流、伝導、ふく射、蒸発によって放熱しなければなりません。ところが4要素によって放熱のしかたが変わってくるわけで、快適さに大きく関係します。

　人体からの放熱の割合がどのようなとき、快適と感じるかというと、おだやかな気候で安静にしているときに、ふく射による放熱が40〜45%、対流・伝導が20〜30%、蒸発が20〜25%といわれています。もちろん室内気候の要素以外に季節、着衣の状態、年齢、性別、心理状態、生理状態などに左右されますが、一般的には快適な室内気候の値は、室内気流が0.2 m/s以下、周壁の温度が室温とほぼ等しいときで、夏季が温度21〜28℃、相対湿度30〜60%、冬季が温度20〜24℃、相対湿度30〜60%といわれています。

　近年は省エネルギー・節電を推進するためにクールビズ・ウォームビズと称して夏季28℃、冬季20℃を推奨しています。

クリーンルーム

　清浄室やホワイトルームともいわれ、高性能フィルタを用いて浮遊粉じんを極度に少なく、または無じんにした部屋をいいます。精密な部品やIC（アイシー）回路の組立て室、アイソトープ実験室、手術室などはクリーンルームでなければなりません。

空気環境の管理基準値

	項　目	管理基準値
1	浮遊粉じん	0.15 mg/m³以下
2	二酸化炭素	1,000 ppm以下
3	一酸化炭素	10 ppm以下
4	温度	17℃以上28℃以下（冷房時、外気温との差を著しくしない）
5	相対湿度	40%以上70%以下
6	気流	0.5 m/秒以下
7	ホルムアルデヒド	0.1 mg/m³以下（0.08 ppm以下）

（出典：厚生労働省「建築物環境衛生基準」より）

2 温度のことを理解しよう

　寒暖の程度を表わすものが温度で、わが国の温度表示は摂氏温度が用いられ"℃"で示し、温度差を示す場合は"℃"または"deg"という単位で示されます。一般に温度といえば、寒暖計で測った空気の温度、すなわち**乾球温度**を指し、英語名のイニシャルをとって"DB"と記号されます。空気調和における乾球温度の規制値は 17 〜 28℃DB の範囲ですが、乾球温度だけでは空気の湿り具合はわかりませんし、また人間が感じる快適さも判断しにくいのです。したがって空気調和においては乾球温度の他に湿球温度や有効温度が多用されます。

　湿球温度は"WB"と記号され、乾球温度を測る温度計の測温部に、水で濡らしたガーゼを巻き、いわゆる湿球温度計として測温するもので、空気が乾いているほどガーゼからの水分の蒸発が激しく、その蒸発熱により測温球部が冷やされ、そのときの乾球温度よりも下がる幅が大きくなります。乾球温度と湿球温度がわかると、そのときの相対湿度が決まり、空気の湿り具合がわかるのです。

　人間が感じる寒暖や快適さは、温度、湿度、気流、ふく射の４つの物理的条件に左右されますが、これらの要素のうち、ふく射を除く乾球温度、湿球温度および気流の３つの要素を総合して、快適さの感覚を表わす一種の体感温度を**有効温度**といい"ET"という記号を使います。空気調和では有効温度が室内気候条件の標準指数として用いられます。

 point

温度センサとは

　温度を測定する感温部のことを"温度センサ"といい、一般の温度計の感温部としては、温度変化に対応して膨張収縮する液体（水銀など）が用いられます。しかし近年では家庭用の機器からビルの設備機器にいたるまで、すべてといっても過言ではないほど自動化されています。これらを自動化するための自動制御における温度センサとして、温度を他の物理量に変換する素子が広く用いられています。

　例えば、白金抵抗温度計（温度→電気抵抗）、サーミスタ温度計（半導体の抵抗温度の特性を利用）、熱電対（温度→起電力）、バイメタル（温度→変位）などです。

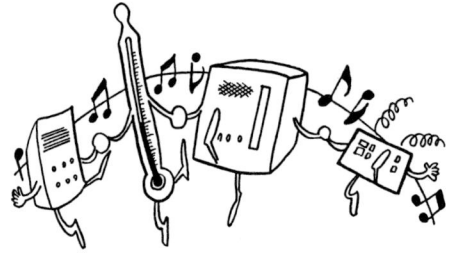

1・1 空気調和って何だろう

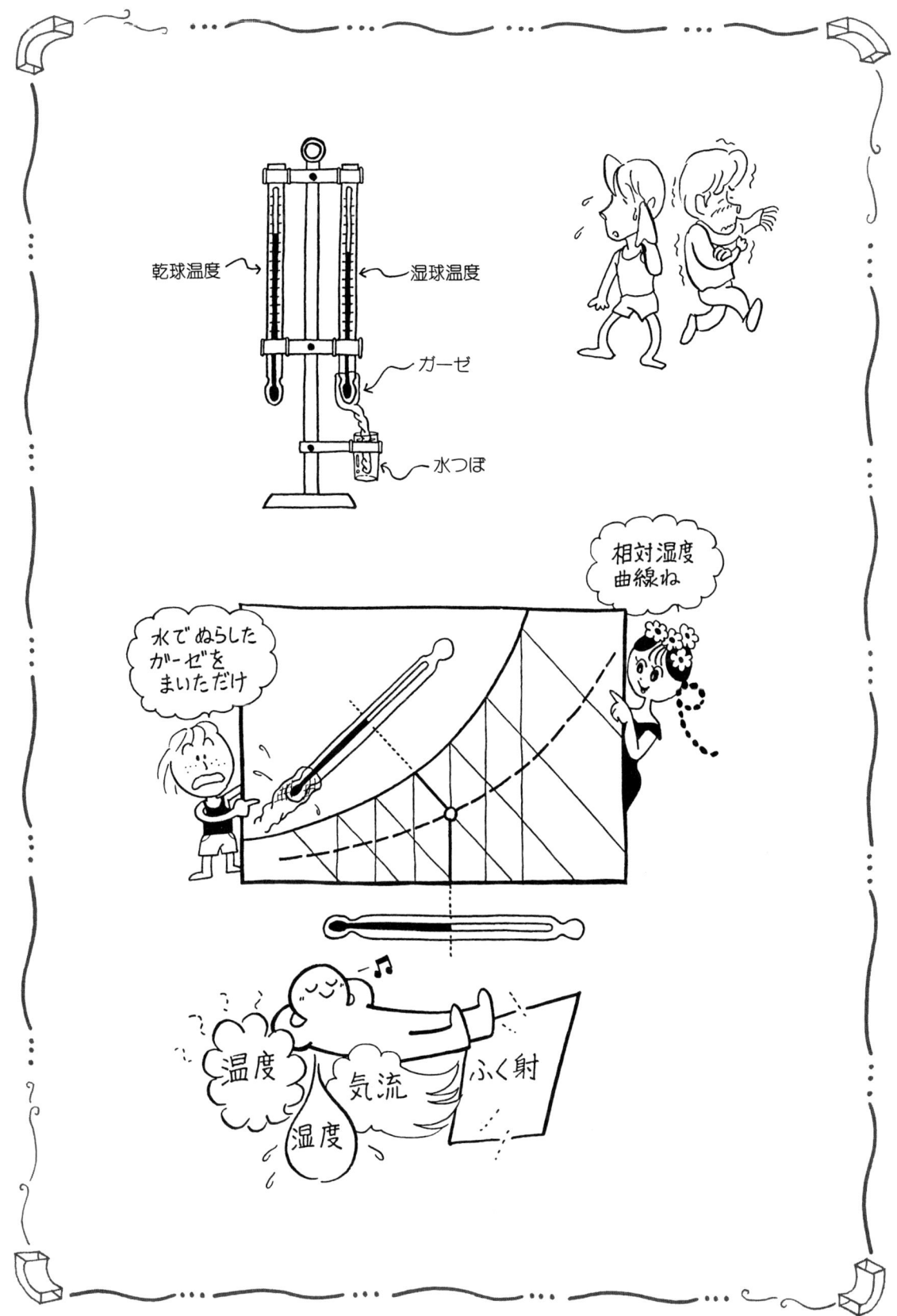

3 空気中の水分は自在変化の忍者だ！

　自然の空気つまり地球を取り巻く空気のことを学問的には大気といい、空気調和の分野では大気のことを**外気**または**新鮮空気**といいます。空気は窒素と酸素でおもに組成されていますが、空気中の酸素はきわめて重要なもので、つぎのような例えがよく引用されます。「人間は食べ物がなくても5週間、飲み水がなくても5日間ほど生きのびられますが、空気がなくては5分間も生きられません」。すなわち呼吸によって体内に採り入れられた酸素は、ヘモグロビンという血液中の酸素運搬体によって、身体全体に運ばれ、身体の新陳代謝や活動機能に重要な働きをしています。

　大気（外気）は酸素や窒素などの成分の他に、水蒸気という眼に見えない状態で約1％の**水分**を含んでいます。酸素や窒素の成分割合は、地球上どこでもほとんど一定ですが、水分は天候や気温などの気象条件によって、つねに複雑に変化するという特性があります。このように水分を含んだ自然の空気を**湿り空気**といい、大気は必ず湿り空気です。

　湿り空気に対して、水分をまったく含まない状態の空気のことを**乾き空気**と呼びます。これは自然には存在せず、空気調和の計算上などで理論的に考えただけのことです。

　湿り空気の水分の含有割合は、自然条件によってつねに変化しますので、空気調和とは極端にいうと、空気（乾き空気）と水蒸気（水分）を人為的に混合し、調整する技術ということです。

note

空気の組成
　0℃、1気圧における乾き空気の組成はつぎの通りです。

	窒素	酸素	アルゴン	二酸化炭素
容積組成	0.7809	0.2095	0.0093	0.0003
重量組成	0.7553	0.2314	0.0128	0.0005

　この他に一酸化炭素、ネオン、メタン、ヘリウム、水素などが微量含まれます。

温度の高い空気は水蒸気を多く含む
　水蒸気の気圧は右図のように、温度の上昇により高くなるので水蒸気が多くなります。100℃では1気圧となり、水蒸気のみとなるので、乾き空気はなくなります。

　1気圧（atm）＝ 1,013 hPa

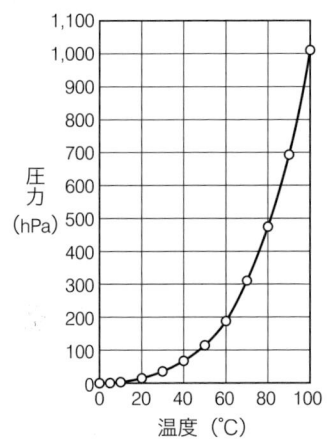

1・1 空気調和って何だろう

4 相対湿度をよく理解しよう

　湿り空気中の水分を含む程度を示す値を**湿度**といいますが、湿度の表わし方には**絶対湿度**と**相対湿度**の2つがあります。

　乾き空気1kg中に水分が何kg含まれているかを、数字で表わしたものが**絶対湿度**で"kg/kg"を単位として示されます。絶対湿度は外気（新鮮空気）を目的の部屋へ供給（給気）するため、あらかじめ温度、湿度などを調整するという**調和空気**の加湿量や減湿量の計算に使われます。

　相対湿度は**関係湿度**ともいい"RH"と記号し、空気調和の設計条件などに用いられます。湿り空気は同じ1kgの空気でも温度が違うと含みうる水分の量は変わり、温度が高いほど多くの水分を含むことができます。しかし無制限に空気の中に含むことはできず、その温度で含みうる最大の水分を含んでいる状態を**飽和状態**といい、その状態の空気を**飽和空気**または**飽和湿り空気**といいます。そしていま、1m³の湿り空気の中に含まれる水分の重量（kg）を、これと同じ温度の1m³の飽和空気中に含まれている水分の重量（kg）に比べてみて、いったいその何%かという方法で湿り度合を表わしたものが**相対湿度**なのです。したがって飽和空気の相対湿度は100%ということになります。そして例えば相対湿度50%であれば50%RHと表わします。

　空気調和における相対湿度の規制値は40%RH以上、70%RH以下とされていますが、設計室内湿度条件としては夏季で50～60%RH、冬季では40～50%RHが採用されています。

 point

湿り空気線図とは

　これは"空気線図"または"湿度線図"ともいい、線図上に乾球温度、湿球温度、絶対湿度、相対湿度、露点温度、比エンタルピなどを記入し、いずれか2つの値を定めることにより、他の値、いわゆる状態値を全部求めることのできる線図で、湿り空気線図の骨子を示すと図のようになります。湿り空気線図は空気調和の設計上、有効な線図です。

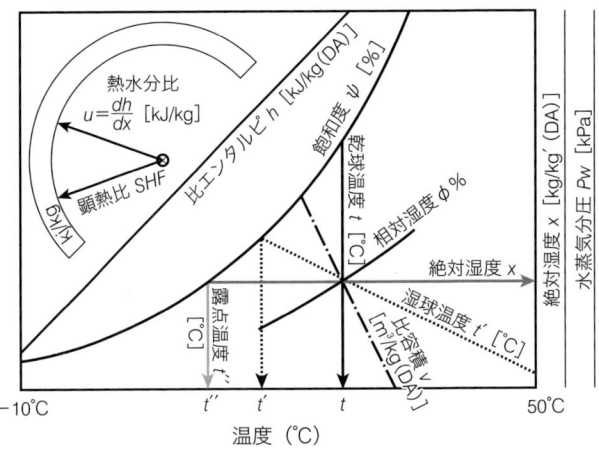

1・1 空気調和って何だろう

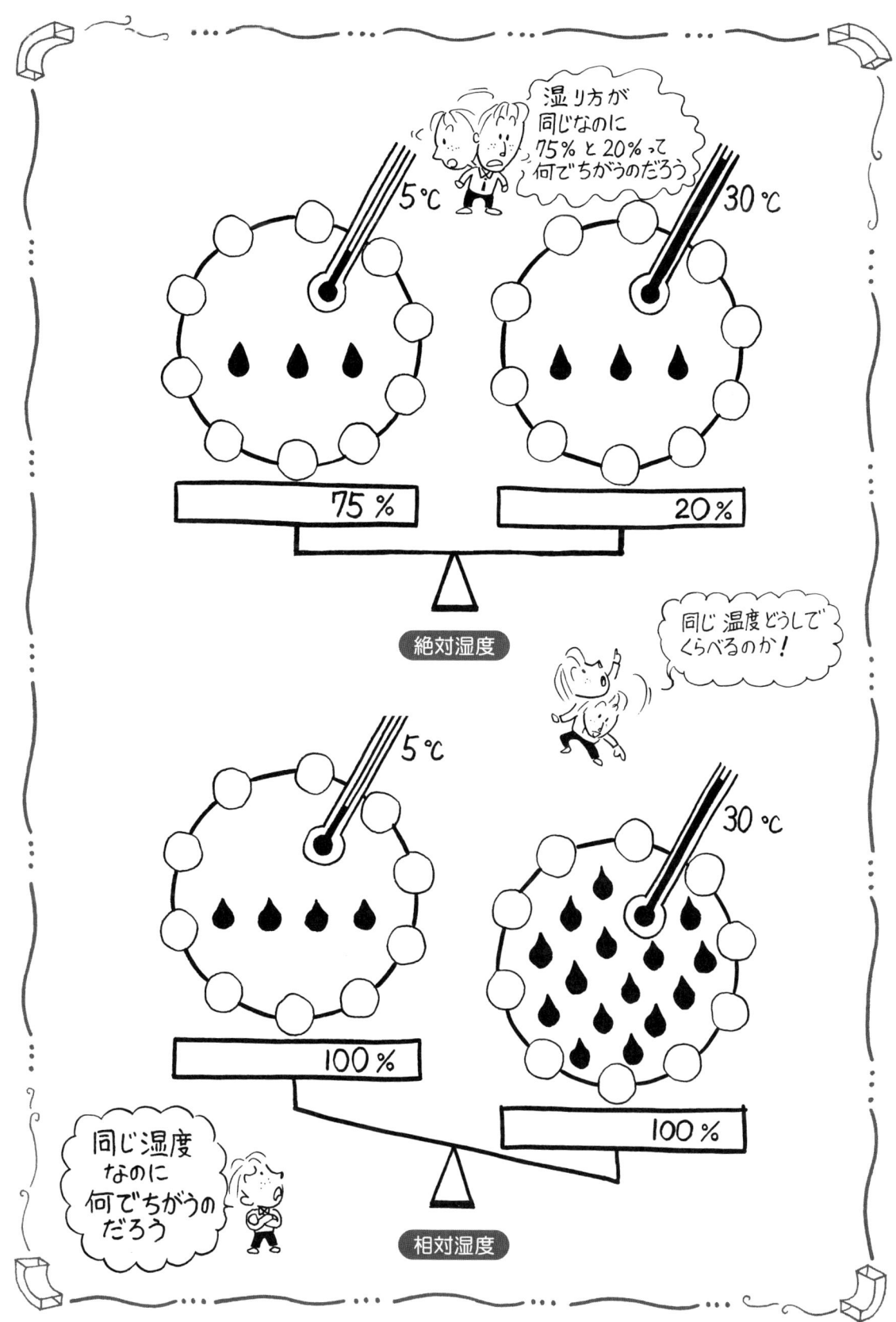

5 不快指数とは

夏になるとテレビや新聞の天気予報で不快指数という言葉がよく使われます。人間が蒸し暑いとか、カラッとしているとかを感じるのは、相対湿度が多いか少ないかによってであり、絶対湿度がどの程度かを肌（身体）で感じるのはむずかしいのです。

相対湿度が高いときは一般に不快を感じるため、温度（乾球温度）と相対湿度の両方から、不快を感じる状態を数式を用いて実験的に求められたものを**不快指数**といい、夏季の温湿度条件の感覚指標として用いられます。

point

ヒートショックって何のこと？

冷暖房時に室内空気温度と外気温度との差が著しいとき、室内と外を出入りしたとき、人体が受ける衝撃や著しい不快感をいいます。温度ショックは冷房時の**コールドショック**と暖房時の**ホットショック**に分けられます。ヒートショックを起こさない温度差は冷房時が3～5℃以下、暖房時が10～20℃以下とされています。

不快指数の程度

不快指数	不快の程度
86	がまんできない不快さ（蒸し暑くてたまらない）
80	すべての人が不快に感じる（暑くて汗が出る）
75	半数以上の人が不快に感じる（やや暑さを感じる）
70	不快を感じ始める
68	快適

不快指数 = 0.81 t + 0.01 h(0.99 t − 14.3) + 46.3
　　　　（t = 気温〔℃〕、h = 湿度〔%〕）
もしくは、
不快指数 = 0.72(t + tw) + 40.6
　　　　（t = 乾球温度〔℃〕、
　　　　　tw = 湿球温度〔℃〕）

なお、不快指数は気流の要素が加味されていませんので、不充分な指数であり、適合度は70～90の間で、それ以下には使えません。

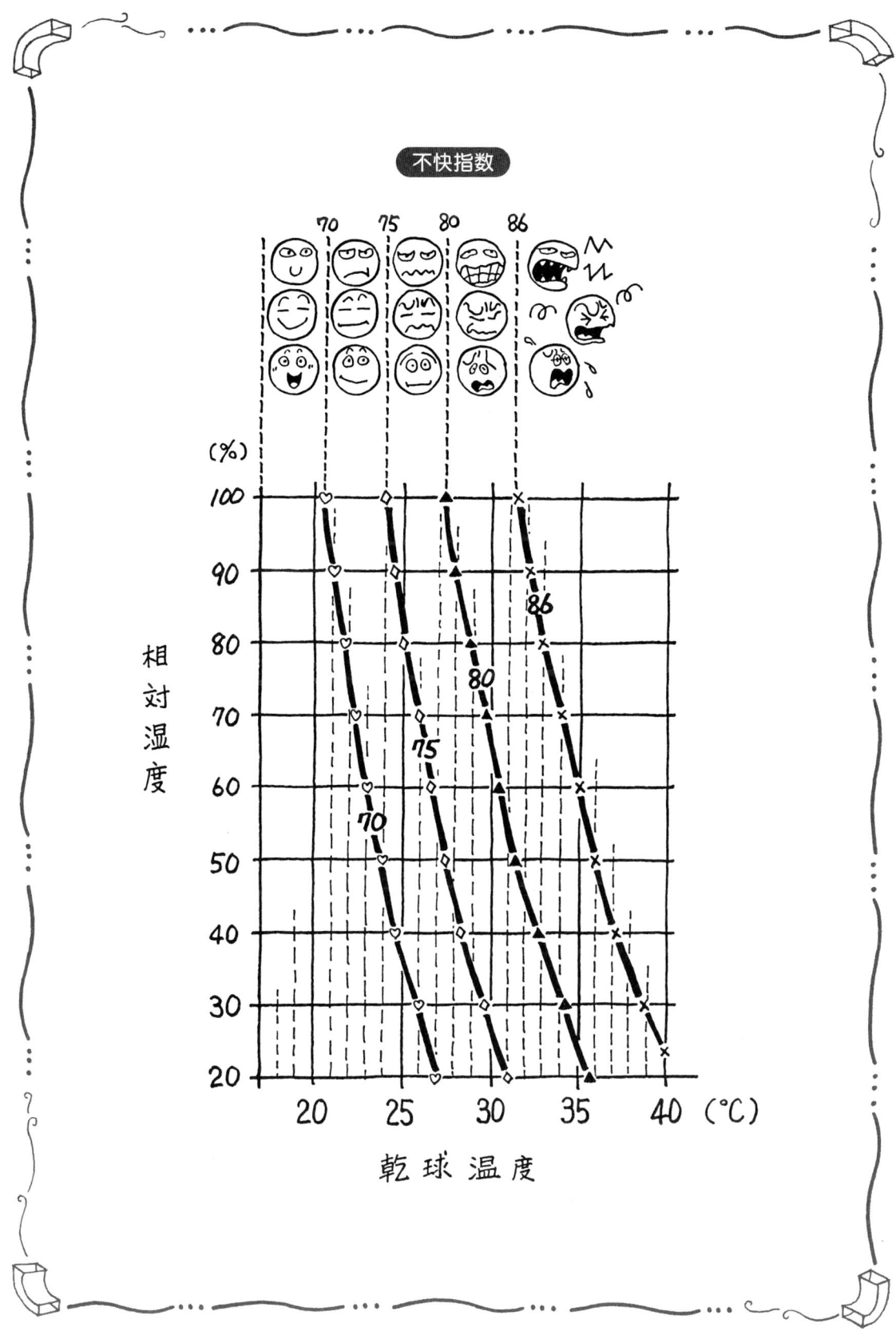

6 結露って何だろう

　空気がもっとも湿っぽいのは相対湿度100%の飽和空気ですが、この状態になると空気中に水分が含みきれなくなり、空気中の水蒸気（水分）という気体が凝縮され、水滴という液体に状態変化し、眼に見えて現われます。この現象を**結露**または**凝縮**といい「汗をかく」と俗称されます。

　結露しはじめるときの温度をそのときの空気の**露点温度**といいます。例えば夏に冷蔵庫から冷えたビールを取り出すと、ビール瓶の表面に汗をかく、つまり水滴を生じることはよく経験しますが、これはビール瓶の周囲の湿り空気が露点温度以下に急冷却され、相対湿度100%を超える状態に急変し、含みきれなくなった空気中の水蒸気が結露するからなのです。

　家庭生活において夏の冷房時に押入れ内で結露し、ふとんがずくずくになってしまったり、冬の暖房時に窓ガラスで結露を生じ、水滴が壁面や床のじゅうたんにまで流れてくるといった弊害を経験しています。

note

結露の防止

　影や姿を現わすことのない優秀な忍者（空気中の水分）も、露点以下の冷たい物に触れると、急冷されてびっくり仰天、あわてふためいて馬脚（水滴）を現わす、これが結露です。

　室内に結露を生じるといろいろな弊害を生むので、これを防ぐ必要があります。例えば、暖房時の室内のガラス面に結露を生じないためには、室内湿度を低くするか、二重ガラスを用いるなどして断熱効果を高めることが必要です。アメリカでは暖房時には加湿を行わない例が多く、行う場合も表に示すように室内湿度をかなり低くおさえています。

建築構造の内側表面に結露しないための室内の相対湿度

熱貫流率 K (W/m²・K)	外気温度 (℃)						
	−10	−7.5	−5	−2.5	0	+2.5	5
6	22%	25%	29%	33%	38%	43%	48%
5	29	32	36	40	45	50	55
4	37	41	44	48	53	58	62
3	48	52	55	59	62	66	70
2	62	65	67	70	73	76	79
1	79	80	82	83	85	87	89

1・1 空気調和って何だろう

7 気流とは風のこと?

　気流は**ドラフト**とも称され、外気の移動する速さつまり風の速さを**風速**と呼ぶのに対して、室内の空気の流動する速さを**気流**といいます。気流は風速のように強い勢いで、つねに人間に当ると不快であるばかりでなく、体温調節の機能に狂いを生じ健康障害をきたすことになります。速いからといって気流が毎秒 0.1 m（0.1 m/s）以下ではまったく無風と感じられ、たばこの煙が相当時間にわたって頭上でたなびいたりして、換気が悪い印象を与えます。気流は 0.5 m/s 以下と規制されていますが、一般には 0.3 m/s ぐらいで肌に気流を感じます。

　最適の気流はその人の活動状況などによって異なり、事務作業では 0.13〜0.18 m/s、デパートでショッピングしているときなどではこの 3 倍ぐらいが良いとされています。空気調和において室内に生じる気流の大きさの均等性を**気流分布**といいます。

理想的気流分布は?
　気流分布でもっとも大切なことは、直接、気流が人体に当らないようにすることですが、空調機からの供給空気の吹出し口の位置や形状、吸込み口の位置により、また建物の構造などにより、理想的な気流分布を行うことはむずかしいのです。図に気流分布の例を示しますが、均等性が得られやすい気流分布としては(a)(d)(f)(i)です。

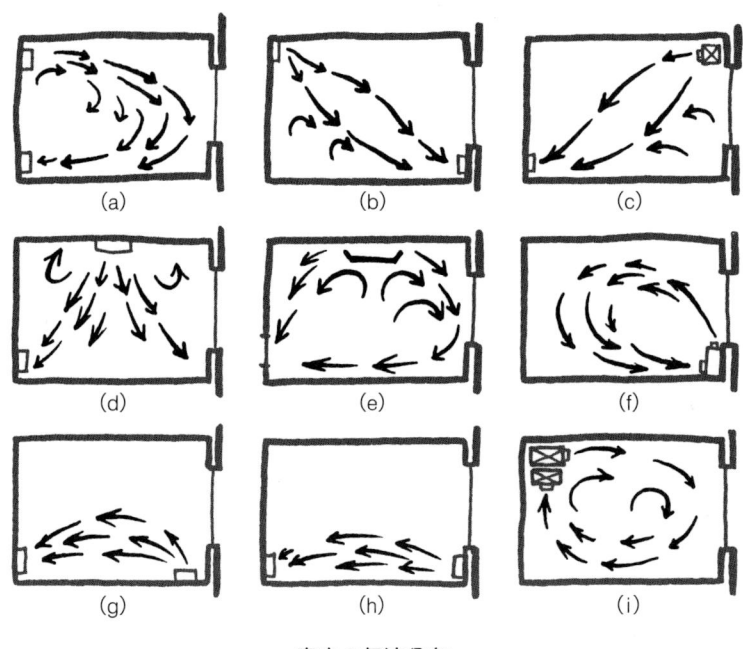

室内の気流分布

8 清浄度とは

　ある室内において長時間作業をする場合に、換気が悪いと、空気中のじんあいや細菌などの有害な浮遊物が増加し、臭気がこもり、温湿度が上昇し、気流が停滞することによって、不快な感じを与え、健康上好ましくないことが起こります。このような現象を**空気汚染**といいますが、これには感覚的に、はっきりわかるものと、わかりにくいものとがあります。前者では不快感、頭痛、吐き気、貧血などがあり、感覚的にわかりにくいものや、測定してみないとわからないものに、二酸化炭素や浮遊粉じんなどがあります。

　空気汚染の原因となる汚染物質は多くありますが、空気調和ではその主なものとして、つまり清浄度のおもな指標物質として、浮遊粉じん、一酸化炭素、二酸化炭素が考えられます。

臭気は測定しにくい

　空気汚染の一つである臭気は物理的、化学的に測定することがきわめてむずかしいもので、臭気の測定は人間の嗅覚によって行われます。このため個人差が大きく、温度や湿度、測定者の食事、喫煙なども影響しますので、臭気の程度を客観的に表現することはむずかしいのです。

　臭気の程度の表わし方として、表に示す"6段階臭気強度表示法"が一般に用いられています。これは臭いの強さを0～5の6段階で評価する方法です。悪臭防止法での規制範囲は、臭気強度2.5～3.5に対応する物質濃度、または臭気指数で定められています。

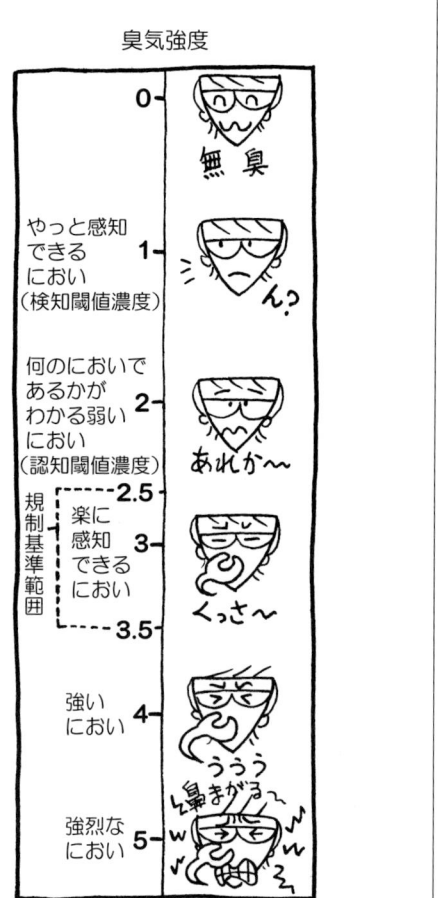

1・1 空気調和って何だろう

9 浮遊粉じんが人体に与える悪影響

　浮遊粉じんは**浮遊じんあい**ともいい、空気中に含まれるじんあい（ほこり）のうち、粒径の大きいものは時間の経過とともに沈降しますが、たばこの煙のように粒径が 10 μm（1/100 mm）以下となると、沈降せずに、いつまでも空気中に漂っていますので、これを**浮遊粉じん**といいます。粒径の大きい粉じんは鼻毛やのどの部分で捕えられますが、浮遊粉じんは鼻毛やのどを通り越して肺に達し、じん肺やぜん息など人体に悪影響を与えます。

　浮遊粉じん量は空気 1 m^3 中に含まれる粒径 10 μm 以下のものが何 mg であるか "mg/m^3" を単位として示され、規制値は 0.15 mg/m^3 以下とされています。

topics

たばこの煙は煮ても焼いても食えない！

　ビル内での浮遊粉じんのおもなものに、たばこの煙があります。たばこの煙の粒子は 0.2 μm 程度ときわめて微小で、簡単なエアフィルタでは素通りしてしまい、除去することは非常にむずかしいのです。しかも独特の臭いを発散し、たばこを吸わない人にとってはひどい悪臭と感じられます。

　たばこの煙を除去するには電気集じん器か、これと同等の集じん効率が出せる、ろ過式集じん装置といった高価な装置を必要とします。この高価な装置を用いますと、たばこの煙（微粒子）は取り除けますが、たばこの臭いはほとんど取り除けません。ほんとうにたばこの煙ほど始末に悪いものはありません。

　たばこの煙という浮遊粉じんを、その臭いとども簡単に室内から排除する方法は、室内空気をすべて室外（大気中）に出す、つまり 100％の換気を行うことです。しかし冷房期や暖房期にこのようなことをすれば著しいエネルギーロスとなります。冷・暖房期はエネルギー損失を小さくするため、室内換気の 70％程度を再循環させ、換気量は最小必要限度としているわけです。

　部屋に入ってたばこの臭いがしたら、その部屋の浮遊粉じん量は 0.3 mg/m^3 程度となっているはずで、管理基準値の 0.15 mg/m^3 の 2 倍になっているのです。在室者 10 人程度の部屋にヘビースモーカーが 1 人いれば、その部屋の浮遊粉じん量は管理基準値をこえると考えてよいでしょう。

　愛煙家はこのような点をよく認識し、排気口近くに設けられる喫煙席で吸うなど、マナーを守ることが必要と思われます。

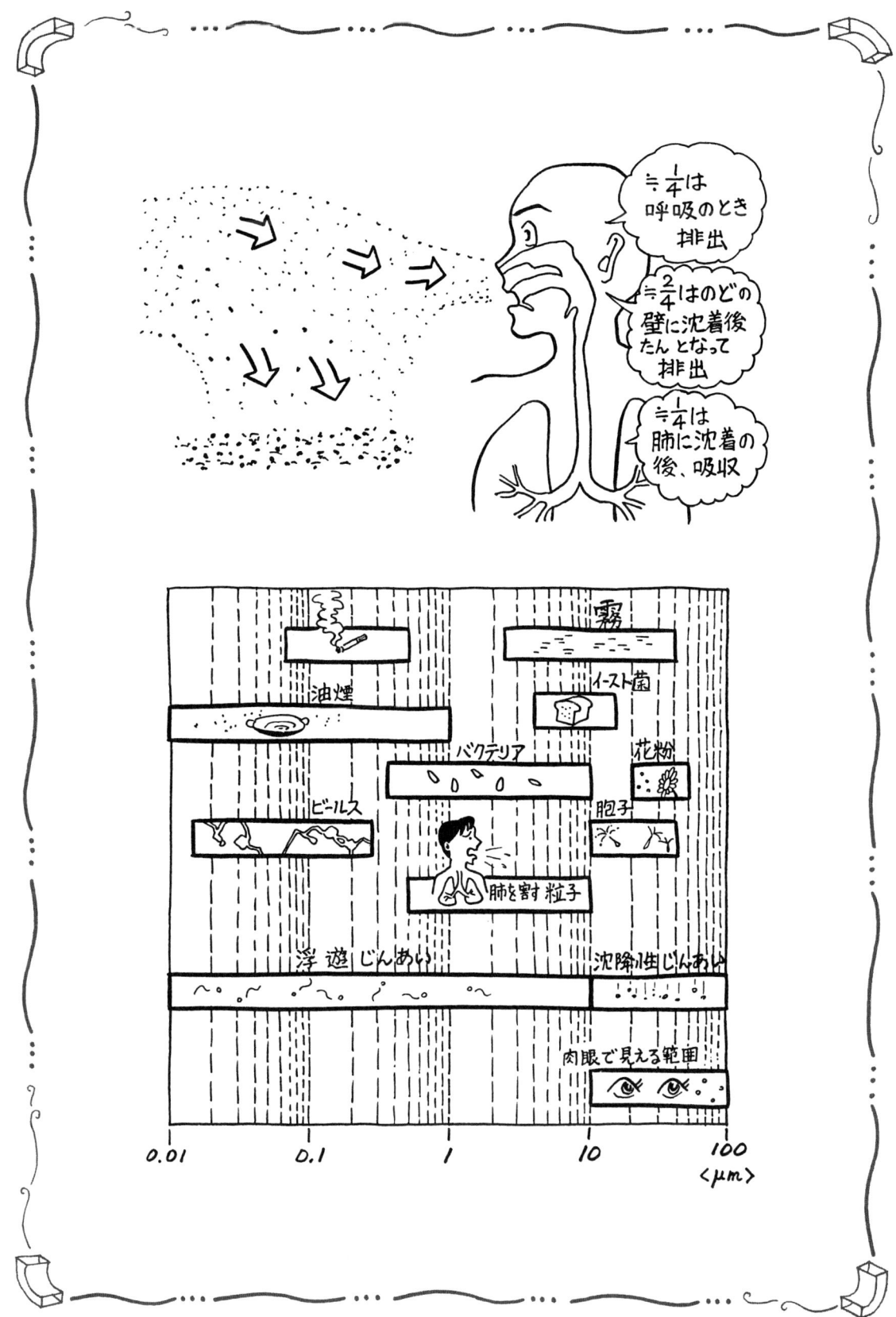

🔟 一酸化炭素は猛毒ガスだ！

　一酸化炭素は化学記号 CO で示される無色無臭の気体で、燃料が不完全燃焼したときに生じる可燃性のガスで、人体にとっては一酸化炭素中毒の原因となる有害ガスです。CO は人体の血液中の酸素（O_2）の運搬体である**ヘモグロビン**との結合力が酸素の約 250 倍もある気体で、そのため少量を吸入してもヘモグロビンと CO が結合し、血液の酸素運搬能力が著しく損われ、酸素欠乏によって起こる症状が**一酸化炭素中毒**です。CO は自動車の排気ガスやボイラなどの燃焼装置の燃焼排ガス中に含まれます。一酸化炭素の規制値は 10 ppm 以下です。

　なお "ppm"（ピーピーエム）は重量 100 万分率で示す単位記号で、微量含有物質の濃度単位として広く用いられています。

 point

ヘモグロビンとは

　血色素とも呼ばれ、血液中の赤血球に含まれる特殊なタンパク質（タンパク質グロビンと含鉄赤色色素ヘムとが結合したもの）です。肺を流れる血液中のヘモグロビンは、肺に吸入された空気中の酸素と結合して、鮮紅色の酸化ヘモグロビンとなり、血液が全身をまわる間に、各臓器や組織に酸素を与えて暗赤色の還元ヘモグロビンとなります。

　ヘモグロビンは体内に酸素を運搬するという役目を受持ち、人間（動物）の生存の重要な働きを果すものなのです。

酸素欠乏症とは

　空気中の酸素濃度が 18% 未満の空気を "**酸素欠乏空気**"（酸欠空気）といいますが、酸欠空気を吸入したとき認められる窒息病状を**酸素欠乏症**といい、一酸化炭素中毒と同じ状態になります。

　ビル内の汚水そう、地下ピット、各種タンク内などは酸欠空気の場合がよくあります。点検などでこれらの内部へ入る場合は、前もって内部を充分に換気してから入りましょう。

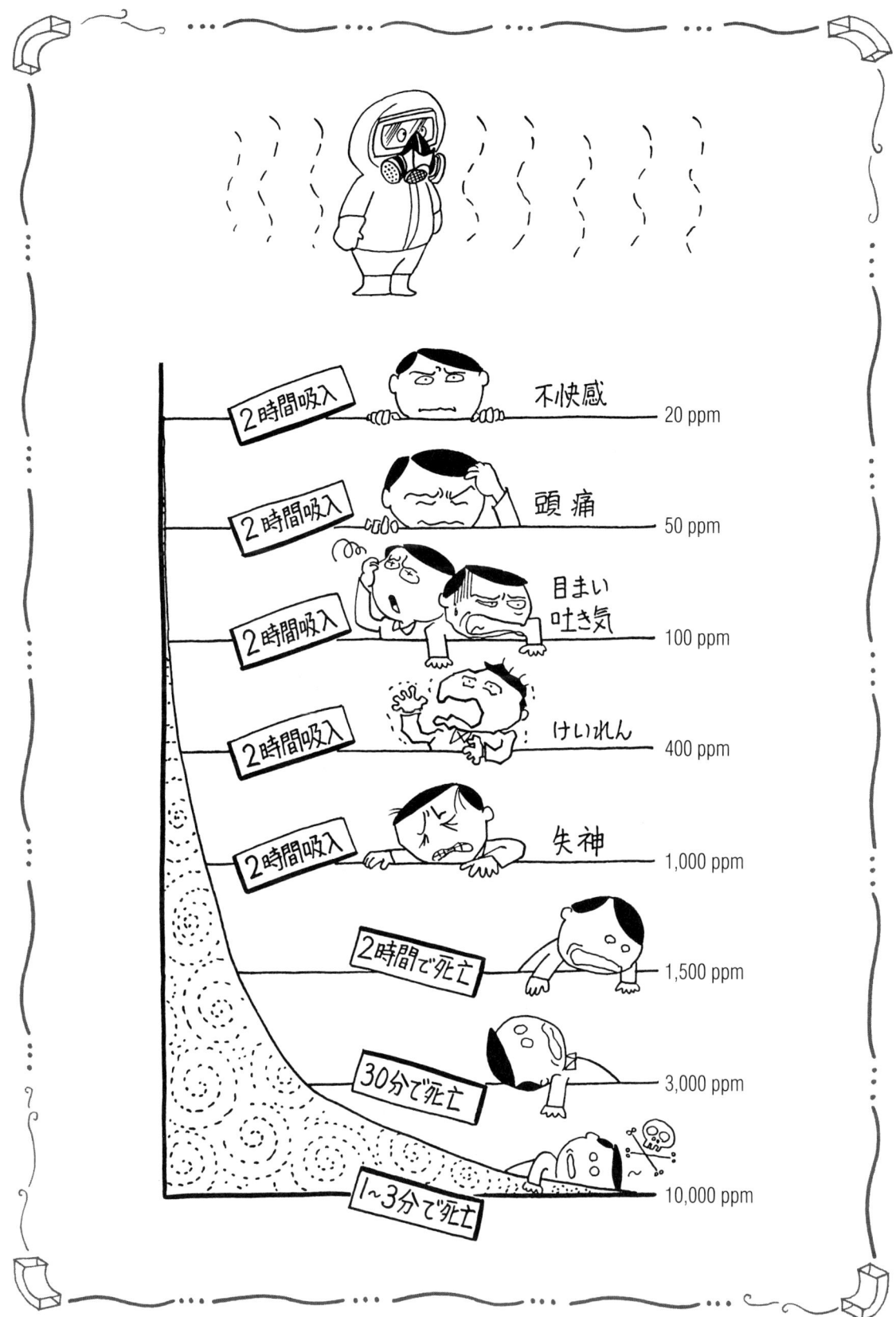

11 人間は二酸化炭素発生器だ

二酸化炭素は化学記号 CO_2 で表わされる無色無臭の気体で、大気中には自然の状態で約 400 ppm 含まれています。CO_2 は燃料中の炭素成分が完全燃焼した場合に発生しますが、人間の肺から体外へ吐き出す空気である**呼気**からも発生します。この呼気に含まれる CO_2 は約 40,000 ppm で、大気の 100 倍もの濃度となり、人間は燃焼装置とともに"二酸化炭素発生器"ということになります。

空気調和においては人体（呼気）による二酸化炭素が問題となるわけで、室内空気中の二酸化炭素濃度が換気などの大きなバロメータとなり、濃度が 10,000 ppm を超えると、健康上悪影響を及ぼしますので、規制値は 1,000 ppm 以下とされています。

二酸化炭素の除去または希釈

人体は呼吸により環境空気から酸素（O_2）を摂取し、CO_2 を排出しますが、**呼気**には表に示すように大気の約 100 倍の濃度の CO_2 が含まれています。その結果、人間が居住する室内では、必ず戸外よりも CO_2 の濃度が高くなります。

また、室内にガスコンロ、ガス湯沸器、石油ストーブなど、室内に直接、燃焼排ガスを放散する機器がある場合も同様に大量の CO_2 が発生します。もし、その室内に新鮮な外気が十分供給されなければ、室内には次第に CO_2 が蓄積され、それだけ空気の鮮度は失われていくことになります。

したがって、人がいる部屋とか、燃焼器具を使っている室内で検出される CO_2 濃度は、その室内の換気の良否を示す一つの目安となります。

成分	呼気の容積組成(%)	大気の容積組成(%)
窒　素	79.2	78.09
酸　素	15.4	20.95
二酸化炭素	4.4	0.03
水 蒸 気	体温で飽和	

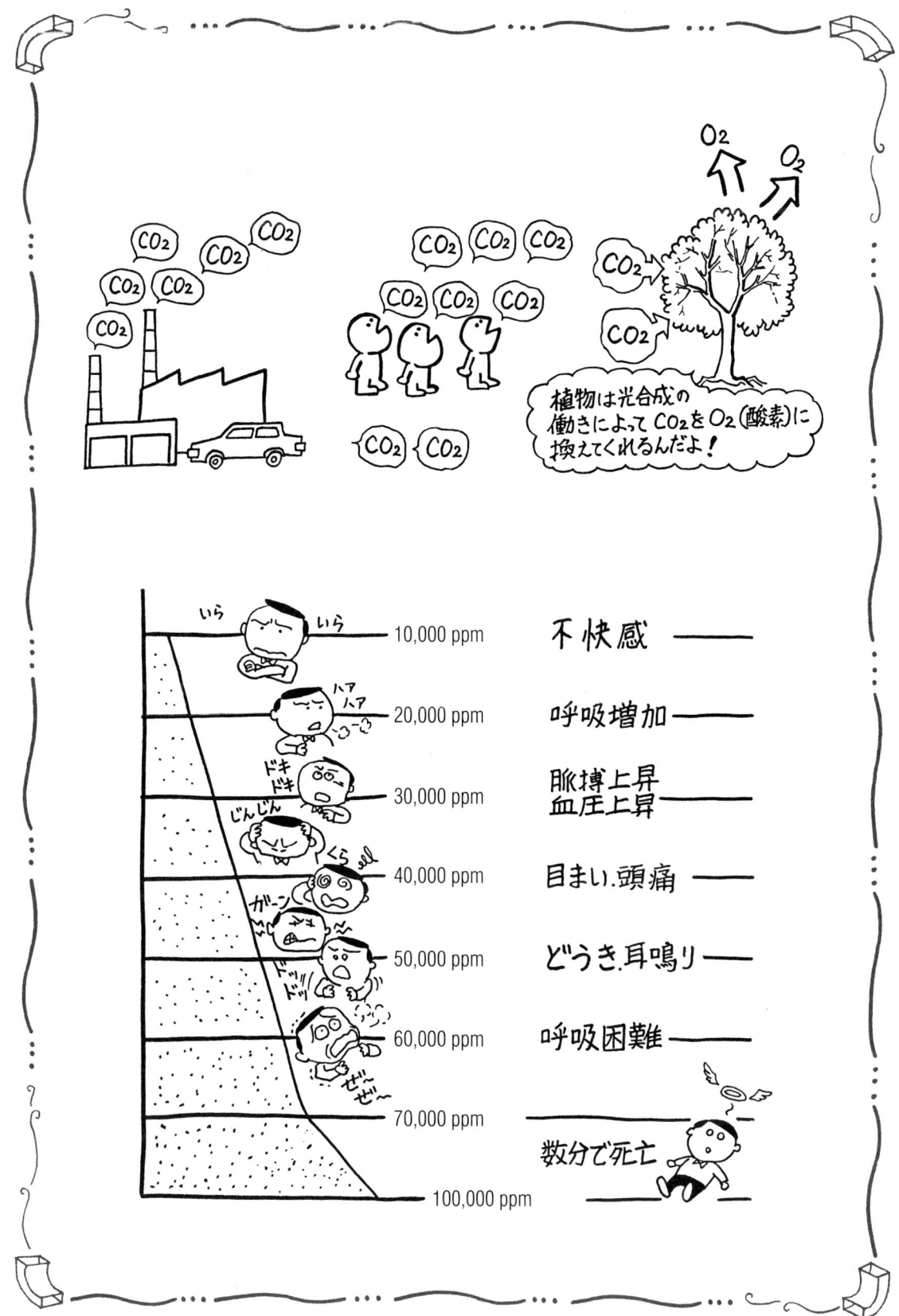

12 "熱（鯉）の滝のぼり"はできない!?

熱は眼には見えませんが、寒暖の感じを与えるもとで、温度差により、高温から低温へと移動する、一種のエネルギーです。学問的にいいますと、気体の分子の運動エネルギーであって、分子の運動が盛んになると温度が高くなり、小さくなると低くなります。

熱が移動する現象を**伝熱**といいますが、この伝熱作用は固体の中を熱が温度差によって移動する**伝導**（熱伝導）、流体の熱が流体の動きとともに移動する**対流**（熱対流）、太陽熱が地球に伝わってくるように空間をはさんで互いに離れている2つの物質の間で、熱が空間を通過し移動する**ふく射**（熱放射）の3つの異なった作用が複雑に絡み合って行われます。

空気調和の4要素のうち、温度および湿度を調整するということは、換言すれば空気に熱を与えたり（加熱）、水分を与えたり（加湿）、逆に空気から熱を奪ったり（冷却）、水分を奪ったり（減湿）することです。このように物質を加熱したり、冷却（吸熱）したり、あるいは熱を運搬したりすることを学問的には**熱力学**といいます。

そして熱の流動に関しては、熱は高温から低温に移動しますが、低温から高温には移動できず、このことを**熱力学の第2法則**といいます。水の場合もこれと同じく高い所から低い所へしか流れず、高い所へ水を流そう（上げよう）とすれば、ポンプで水を汲み上げねばなりません。熱の場合も低温から高温へと移動（運搬）させるには、ポンプで熱を汲み上げなければなりません。このポンプの役目を果すのが冷凍機なのです。

 point

熱量単位とは

14.5℃の純水1 kgを、15.5℃に1℃高めるのに要する熱量を、工業上の単位として、キロカロリー（kcal）で表わします。すなわち熱の移動量という熱量を表わす標準単位で、1 kcalは、1 kgの水を温度1℃上昇させるのに要する熱量です。

なお、現在はkcalを用いず、kJ（キロジュール）表示を用いなければなりません（1 kcal = 4.18605 kJ）。

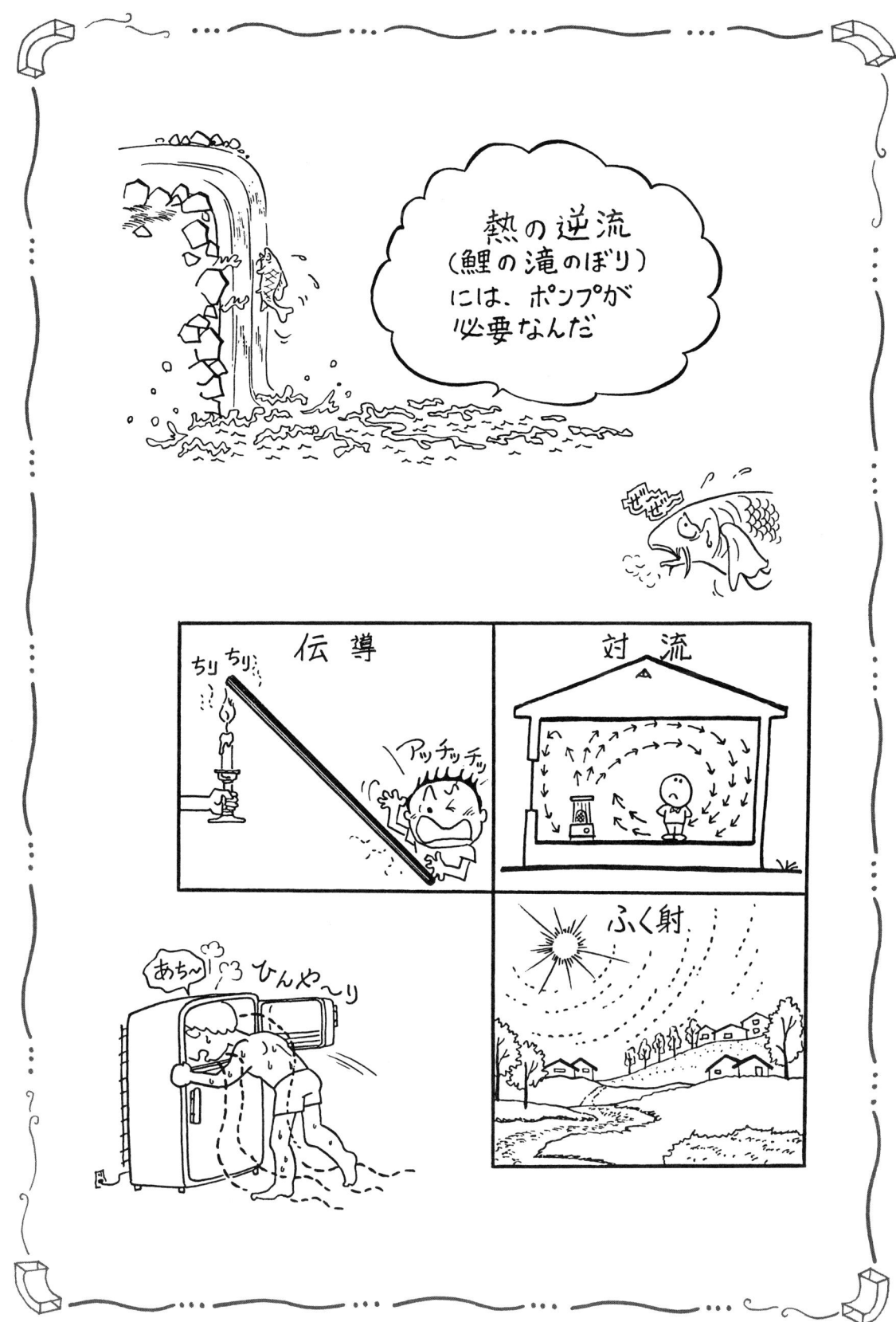

13 顕熱と潜熱の違い

　一般に物質に熱が出入りしたとき、その物質の温度を上昇、下降させる場合と、物質の状態変化に消費されてその温度がまったく変化しない場合とがあります。

　標準気圧下において、−40℃の氷1kgが100℃の飽和蒸気になるまで加えられる熱量と温度の変化を示しますと、−40℃の氷に83.7 kJ/kgの熱量を加えると0℃の氷になりますが、このように熱の増減（加熱や放熱）によってその物質の状態は氷という固体の状態のままで、温度だけが変化する場合の熱を**顕熱**または**感熱**といいます。

　0℃になった氷に333.5 kJ/kgの熱量をさらに加えると0℃の水になりますが、このように加熱や放熱によっても温度は一定で変動せず、氷（固体）から水（液体）へとその状態変化のみに費やされる熱を**潜熱**といいます。なお、潜熱の場合は物質の変化の状態に応じていろいろに呼ばれ、例えば水の蒸発の場合を**蒸発熱**（気化熱）、逆に蒸気（気体）が凝縮して水（液体）になる場合を**凝縮熱**、氷（固体）が溶けて水（液体）になる場合は**融解熱**、そしてこの逆の場合を**凝固熱**といいます。

　空気調和において物質を加熱あるいは冷却（放熱）するとき、ほとんどの場合、顕熱と潜熱を必要としますが、この両者の熱の合計を**全熱**または**全熱量**といいます。そしてある状態を基準として物質のもつ全熱量を**エンタルピ**（比エンタルピ）といい、エンタルピを測る基準は乾き空気に対しては0℃の空気、水蒸気に対しては0℃の水とします。

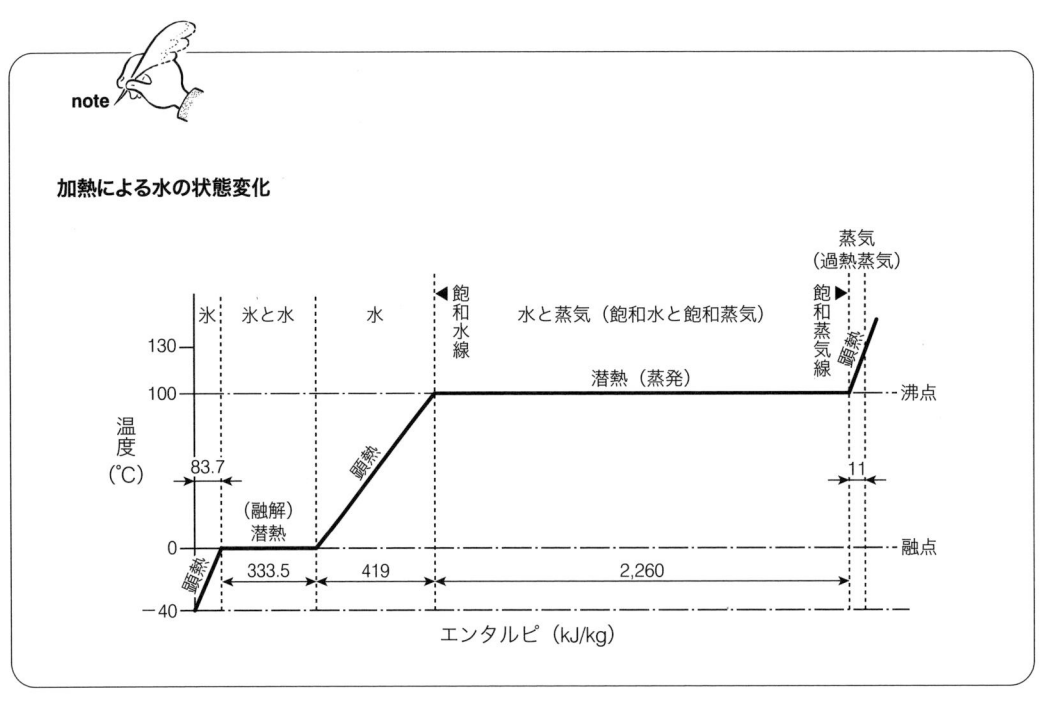

加熱による水の状態変化

1・2 熱の正体を知ろう

14 騒音とは

　音は音源の振動により、空気が音波の進行方向と同じ方向に運動してできる疎密波として伝わりますが、人間が不愉快に感じ、無い方がよいと思う音、すなわち①比較的大きい音、②音色などが不快と感じる音、③仕事や勉強を妨害する音、④休養や安眠を妨害する音、⑤音声などを聞くのに支障となる音、などを総称して**騒音**といいます。

　空気調和設備は送風機、ポンプ、冷凍機、バーナなど、いろいろな機器の発生する運転音や振動音、そしてダクト内や吹出し口などで発生する空気の流動、いわゆる気流あるいは渦流による音、ダクトがこれら各種の音の伝声管のような働きをするなど、室内に伝わる騒音は相当なものとなります。したがって空気調和設備が室内の環境条件を快適にすることを目的とする以上、これに伴う騒音の防止には十分な対策が必要なのは当然です。

note

騒音防止の基準

日常生活の音量基準（東京都公害防止条例による）

区域 \ 条件	一般基準								特別基準 学校や病院の周辺（おおむね50m）
	朝		昼		夕		夜		
	音量 dB（デシベル）	時間	音量 dB（デシベル）	時間	音量 dB（デシベル）	時間	音量 dB（デシベル）	時間	
第1種 住居専用区域 文京地区など	40	午前6時〜午前8時	45	午前8時〜午後7時	40	午後7時〜午後11時	40	午後11時〜翌午前6時	左の基準に同じ
第2種 住居地区、無指定地域など	45		50		45		45		左の基準から5dB減じる
第3種 商業地区、準工業地域、工業地域など	55		60	午前8時〜午後8時	55	午後8時〜午後11時	50		
第4種 繁華街のうち、特に指定されたところ	60		70		60		55		

1・3　騒音はいらない！

15 騒音の表わし方

騒音を表わす方法は多種ありますが、理解しやすい音圧レベル、騒音レベルについて説明します。

音圧レベルは音波の強弱（音圧）を物理的な尺度で表わした値のことであり、"dB"（デシベル）を単位とします。

この音圧レベルは工学上の比較には使えますが、人間の耳の感じ方の比較には使えません。人間の耳で感じる音の大きさは、おもに音の強さに関係しますが、音波の周波数によっても感じ方は異なります。そのため、対象としている音がどれくらいの大きさであるかを示すためには、人間の聴感特性を考慮した数値を用いなければいけません。そこで、騒音レベルを用います。

騒音レベルは、音圧レベルに人間の聴感特性（A特性）の周波数補正をかけた値（右図）のことであり、単位は"dB(A)"（デシベルエー）で表わします。騒音計で測定する際には、この聴感特性で補正するための回路を通して測定します。計量法では"dB(A)"の値を"dB"（デシベル）と呼んでいるため、一般的に"dB"（デシベル）が使われています。

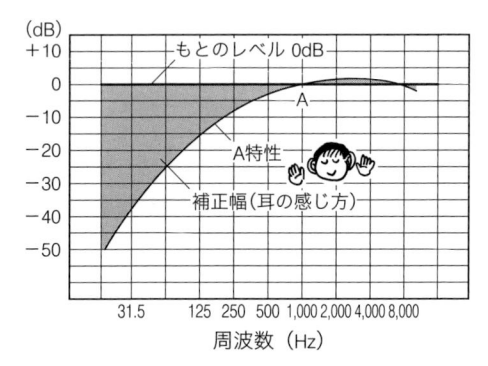

騒音計の聴感補正回路特性（A特性回路）

memo

"dB"について

人間が感じることができる音（可聴音）の周波数帯域は、およそ20 Hz～20 kHzと範囲が非常に広いこと、さらに、"人間の感覚量は刺激量の対数に比例する"というウェーバ・フェヒナーの法則から、聴覚の感覚量に対数尺度が用いられ、その単位として"dB"が使用されています。

「旧計量法」について

旧計量法では音の大きさの評価に"phon"（ホン）という単位を使用していました。先に述べたとおり、同じ音圧でも周波数が異なると、人間の耳には違った大きさの音と感じられることを考慮し、ある音の大きさを、これと同じ大きさに聴こえる1 kHz純音の音圧のレベルの数値で表わして「音の大きさのレベル」と呼び、"phon"（ホン）から"dB"（デシベル）に代わっています。

建物内部の騒音基準

建築物	室用途	騒音レベル (dBA)		
		1級	2級	3級
集合住宅	居室	35	40	45
ホテル	客室	35	40	45
事務所	一般事務室	40	45	50
	会議・応接室	35	40	45
学校	普通教室	35	40	45
病院	病院（個室）	35	40	45
コンサートホール		25	35	—
劇場・多目的ホール		30	35	—
録音スタジオ		20	25	—

共用部の設備機器の運転により、発生する騒音（特に個体伝搬音）については、レベルの問題ではなく、聴こえるかどうかが問題になるので、1級を満足していても、建物のグレードや周辺環境により、クレームが生じる場合もある（出典：日本建築学会「建築物の遮音性能基準と設計指針」からの抜粋）

1・3 騒音はいらない！

dB(A) デシベル	例	dB(A) デシベル	例
140	自分のそばに落雷／耳がこわれそう	60	レストラン・普通の会話
130	ジェット機の離陸／耳がいたくなる	50	小鳥の声・虫の声・小さな声
120	航空機のエンジン近く／会話不可能	40	畳すり足／静か
110	滝の中／人のさけび声 30cm	30	しとしと降る雨・やぶ蚊・衣ずれの音
100	電車のガード下／非常にやかましい	20	消しゴムを静かにこする・人のささやき声
90	空調機械室／人のどなり声	10	雪の降る音・小さな寝息
80	交差点／会話がむずかしい	0	深夜に雪の降る音／聞こえる限界
70	百貨店・大声での会話		

16 防音の方法は

騒音の減少や絶縁のため騒音源となる装置や機器などに、吸音や遮音あるいは防振を行ったり、音の伝播を遮断する処理のことを防音（消音）といいます。

吸音というのは空間の中の音圧レベルを下げるために、音のエネルギーを材料などに吸収させることをいい、吸音の仕組みとしては、①多孔性吸音材による吸音、②振動板による吸音、③共鳴による吸音の３つの方法があります。吸音はおもにダクトに採用され、吸音材をダクトの内面に張った**吸音材内張りダクト**を基本とします。

遮音というのは、１つの空間内で発生している音を別の空間に伝えないことをいい、音波の遮閉によりその効果をあげることができます。遮音はおもに機械室などにおいて採用され、防音壁や防音床、防音ドア、防音窓などによりいわゆる防音室となります。

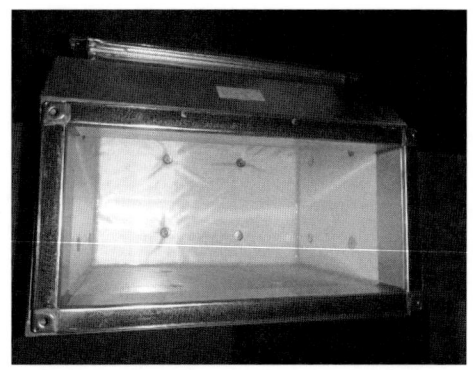

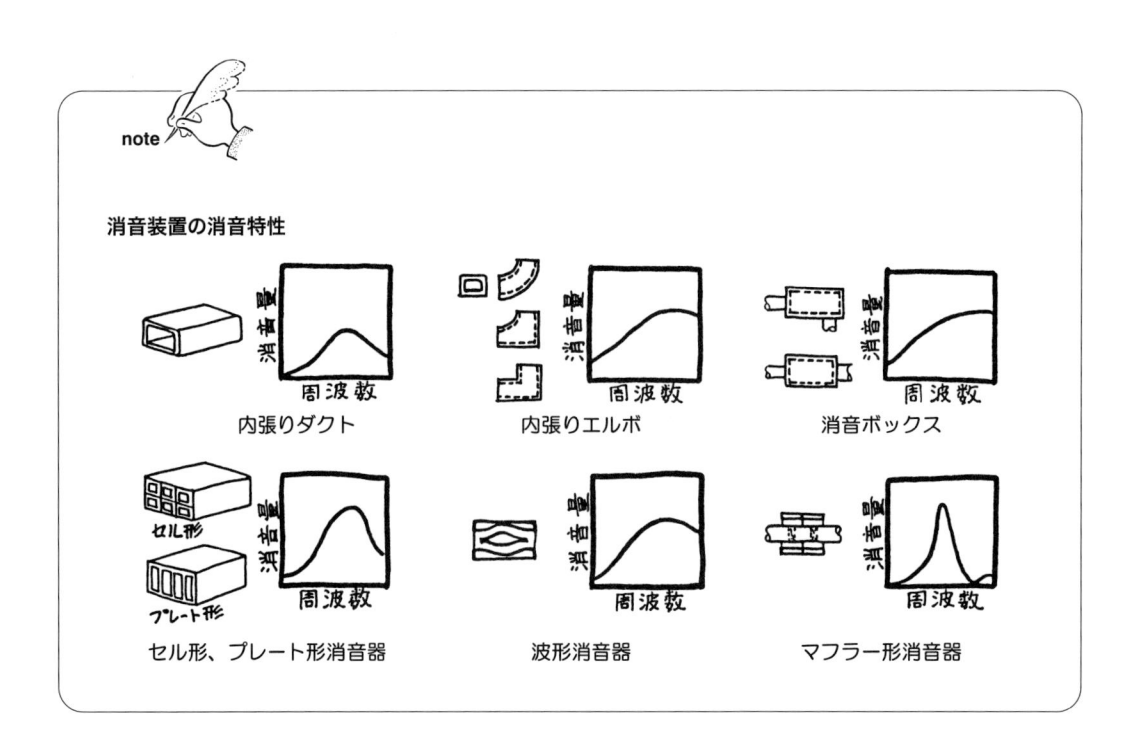

吸音材内張りダクト　（提供：タイロン株式会社）

---

note

消音装置の消音特性

内張りダクト　　内張りエルボ　　消音ボックス

セル形、プレート形消音器　　波形消音器　　マフラー形消音器

1·3 騒音はいらない！

吸音材内張りダクト

吸音材 / ダクト

消音箱

チャンバー / 吸音材 / ダクト

消音器

セル形 — 吸音材

プレート形 — 吸音材

マフラー形

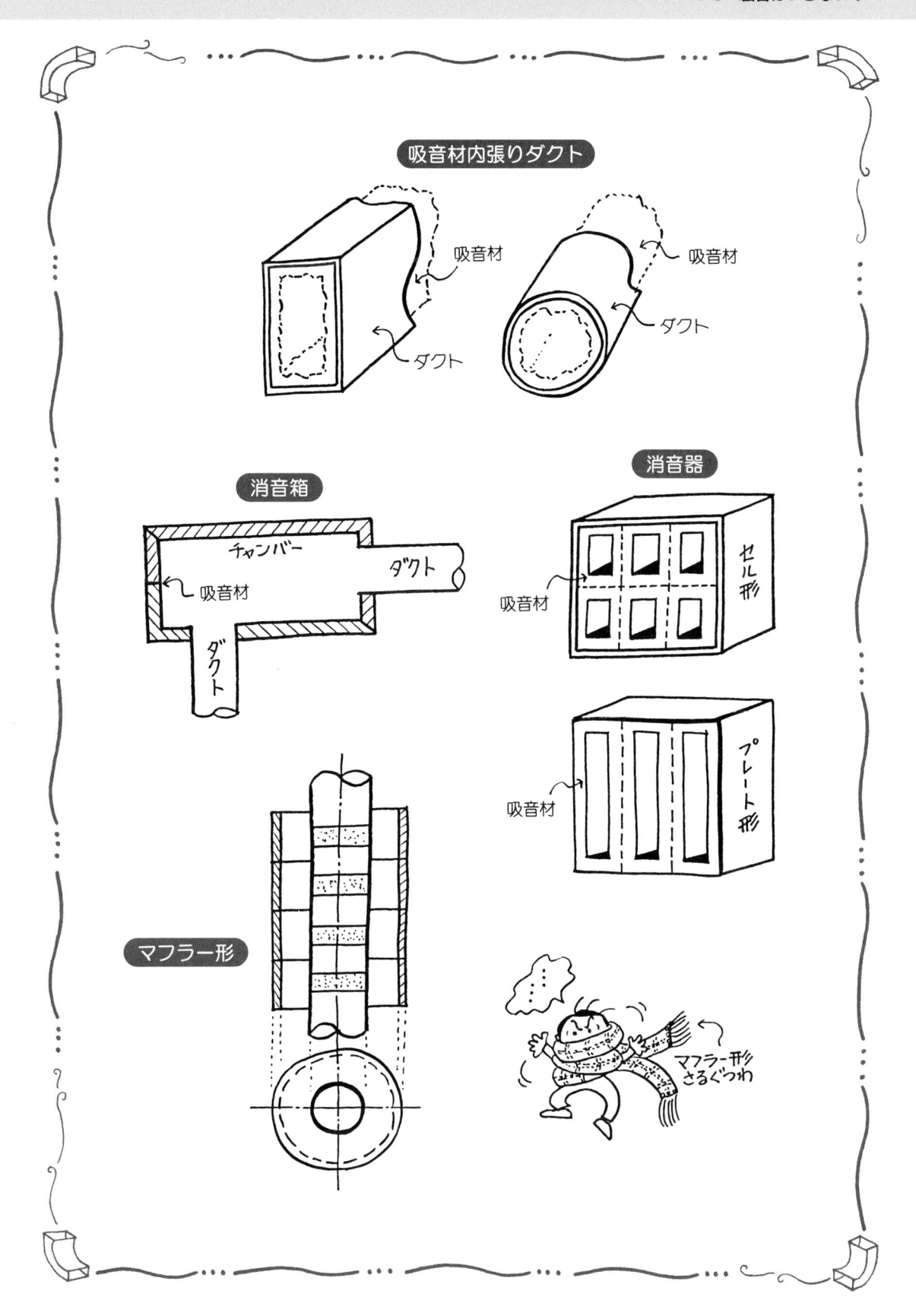

マフラー形さるぐつわ

17 防振対策

運転する機器の振動を床面や他の装置に伝えないための措置を**防振**といいます。冷凍機やポンプ、送風機など回転運動や往復運動する機器は、振動音がとくに大きいのです。そこでこのような機器は**防振基礎**をつくり、基礎の上部と機器の下部との間に、防振スプリングや防振ゴムなどの防振材を介して設置することを原則とします。

振動を他の装置に伝えない方法として、例えば送風機の吐出し側および吸込み側とダクトとの接続部に、綿布や化繊生地などいわゆるキャンバスを用いる**キャンバス継手**が採用されています。また各種配管には防振材を介して防振配管とします。

防振架台

---

memo

防振基礎の目的

送風機など機器の据え付けには必ず基礎を設けますが、その目的は、

① 機器に対して床の水洗い、水抜きなどの場合の水見切りをつけるためです。
② 振動機器については、基礎をつくることによって床の質量を大きくし、振動を防止します。
③ 機械室内の通路と機器の区分を明確にし、また、機器の据え付けレベルを正確にすることです。

防振基礎は機械室設置階によって、方法を選択しますが、一般には下図に示す方法が採用されています。

基礎上防振方式  　　　浮基礎方式  　　　鋼製基礎方式

1・3 騒音はいらない！

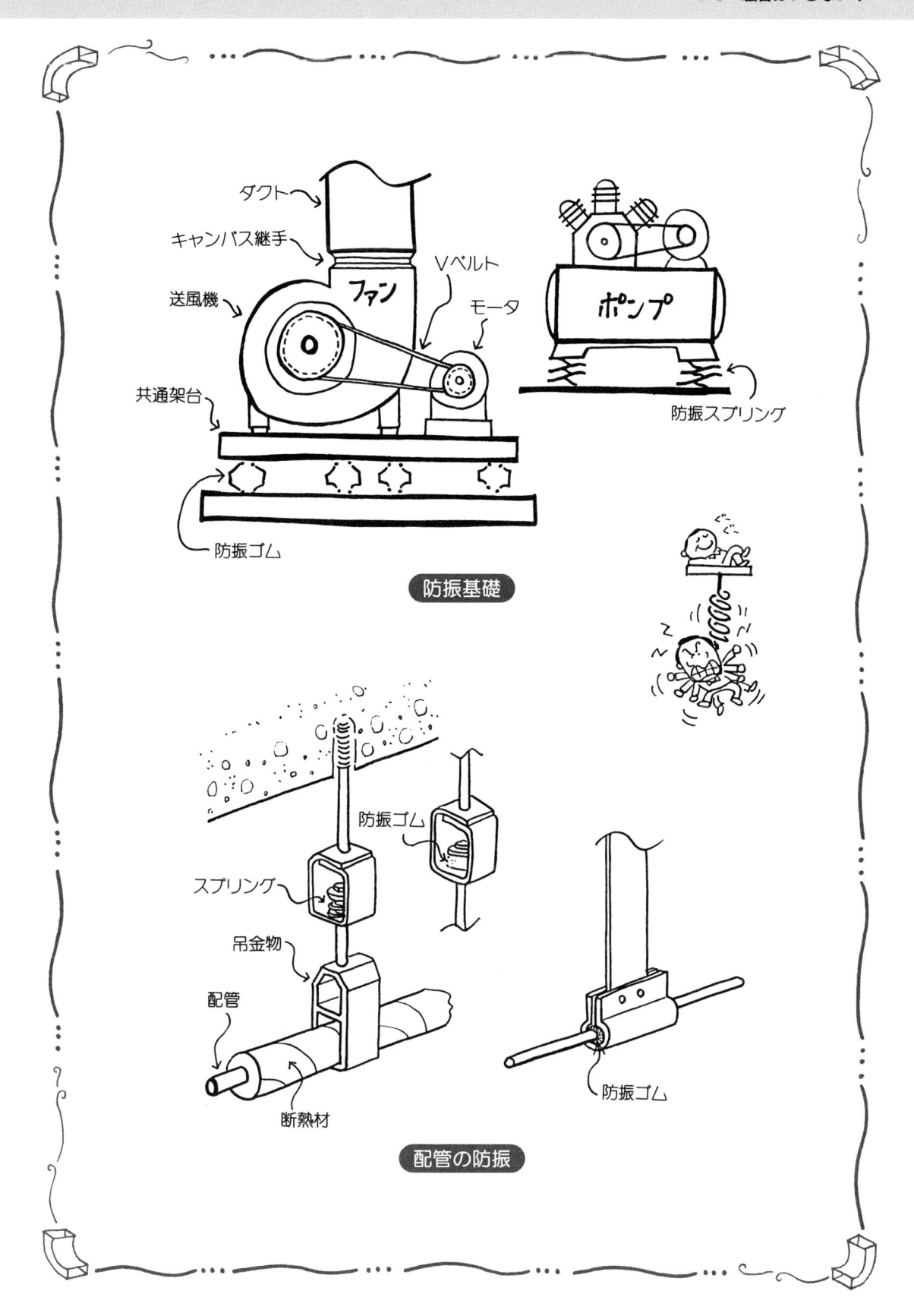

防振基礎
- ダクト
- キャンバス継手
- Vベルト
- 送風機
- ファン
- モータ
- ポンプ
- 共通架台
- 防振ゴム
- 防振スプリング

配管の防振
- 防振ゴム
- スプリング
- 吊金物
- 配管
- 断熱材
- 防振ゴム

18 なぜ換気を行わなければならないか

　室内の空気を排出し、新鮮な空気いわゆる外気と入れ換えることを**換気**といいます。

　室内を閉め切った状態にしておくと、つぎのような原因で室内の空気が著しく汚染されます。①人体からの発熱、呼吸や発汗作用による水蒸気、体臭や二酸化炭素の発生による汚れ、②室内作業などによる熱、臭気、燃焼ガス、水蒸気などが発生することによる汚れ、③喫煙による汚れ、④室内の事務機械や照明器具などの発熱による温度上昇などです。

　換気は室内空気の清浄度を維持するため、また室温の上昇を制御するために行います。換気には第一に在室者の保健衛生の面と、結露防止あるいは器具の汚損（かびや錆の発生）防止の面からの2つの目的があります。

　換気は室内空気を建築物環境衛生管理基準に定められた基準値内（二酸化炭素 1,000 ppm 以下、一酸化炭素 10 ppm 以下など）に維持するために行いますが、そのための**必要換気量**は在室者1人当り概略 30 m^3/h 以上とされています。

　必要換気量はもちろん計算できますが、必要換気量の概略は**換気回数**で示されることも多く、これは室内に供給される空気（外気）が1時間に入れ換わる回数をいい"回/h"で示されます。なお、換気を行う方法としては、自然換気と機械換気に大別されます。

必要換気量の概略

建物種別	換気をする室	換気回数（回/h）
学校	教室	6
	集会室	8
劇場・公会堂	客席	5～10
事務所	事務室	6～10
病院	病室	6～10
商店	店舗	6～10
レストラン	店舗	6～10
住宅	居間	0.5～3
	寝室	1～2
	便所	5
ホテル	ダンスホール	7～20
	宴会場	6～12
	調理場	20～60

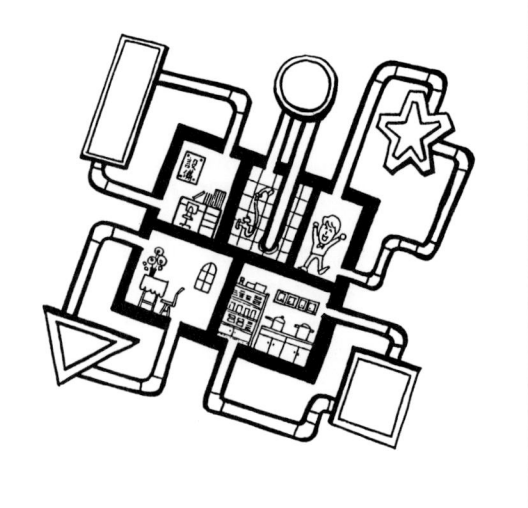

1・4　換気は空気調和の大きな要素

🔟 自然換気では換気量をコントロールできない

　自然換気は送風機などの機械力を使わないで、自然の力で窓や壁面の開口部などを通って室内外の空気が入れ換わることです。**自然換気**の原理は室内外の風圧差（風力）により空気が入れ換わる場合と、室内外の温度差（浮力）によって生じる場合とに大別されますが、自然換気はこの両者の原理が同時に影響しあって行われます。しかし自然条件に左右されるので、換気量を一定に保ったり制御することはできません。

　自然換気のために設ける外壁の開口部には雨水の浸入防止、直射日光をさえぎるなどの目的で、幅の狭い鉄板またはプラスチック製などの羽根板を、やや間隔をあけて外側の下方に傾けて配列して取り付けますがこれを**ルーバ**といい、このルーバを室内壁やドアなど、室内に設ける場合は**ガラリ**と称されます。

　なお給気口としてルーバを設け、他端上部に排気筒を設けて自然換気を行う方法を**第4種換気法**といいます。

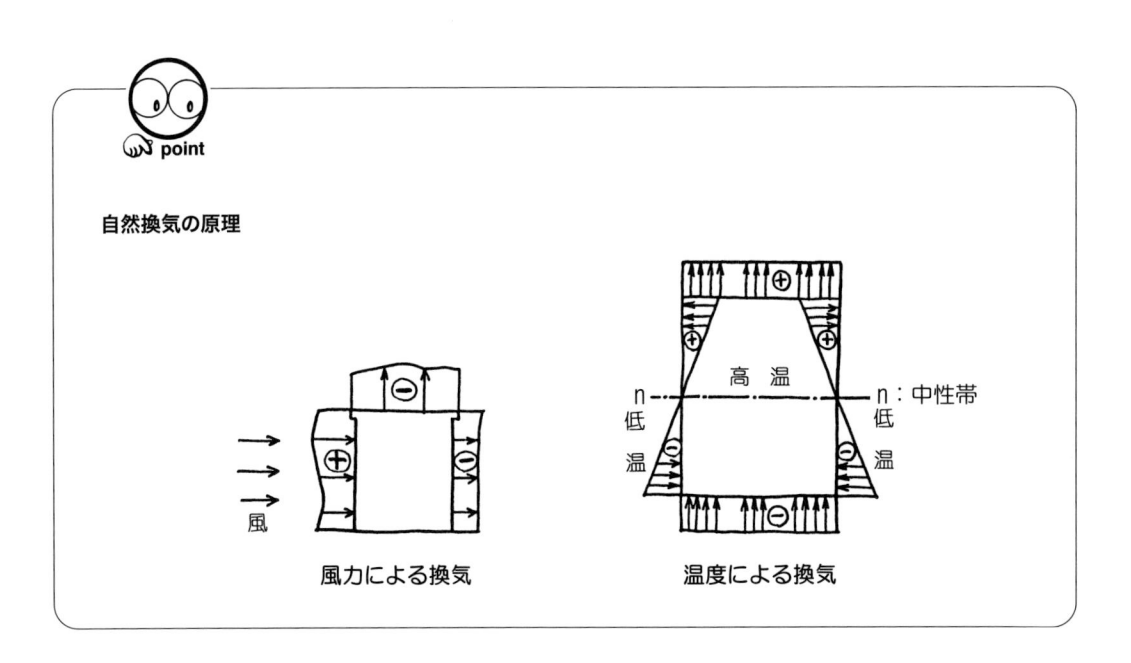

---

point

自然換気の原理

風力による換気　　　温度による換気

（n：中性帯）

1章　空気調和のあらまし

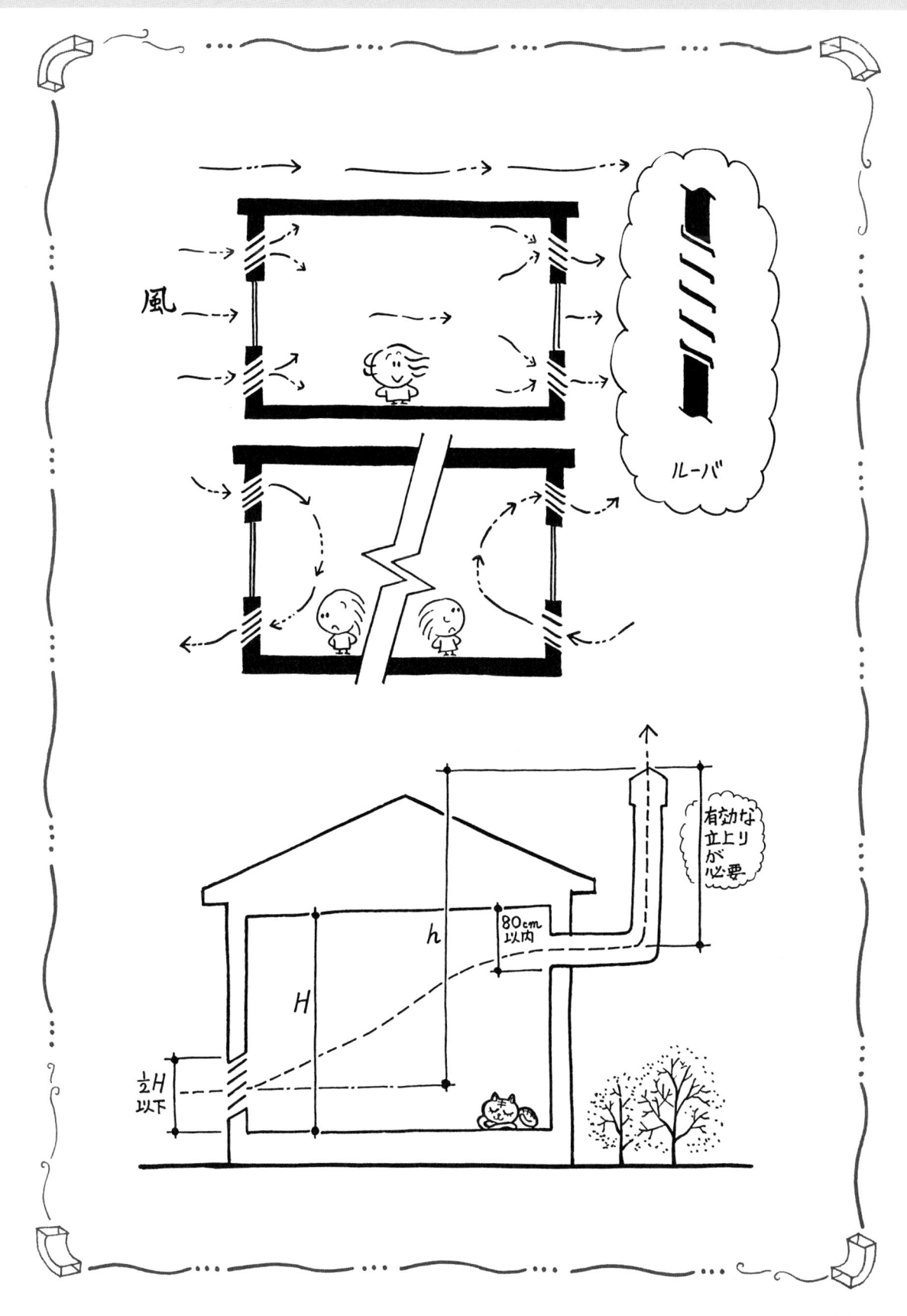

1・4 換気は空気調和の大きな要素

風

ルーバ

有効な立上りが必要

80cm以内

h

H

$\frac{1}{2}H$以下

20 機械換気でバッチリ快適換気！

　送風機や排風機を用いて強制的に外気を室内に取り入れ、汚染空気を室外に排除する換気方法を**機械換気**、または**強制換気**といいます。機械換気は換気量の制御が行えるとともに、空気ろ過器を取り付けることにより、空気を清浄化できるなど多くの利点があり、換気には主として機械換気法が採用されます。機械換気法は送風機の用い方により、第1種換気法、第2種換気法、第3種換気法に分けられます。

　第1種換気法は送風機と排風機を併用する方法で、給気量と排気量の調節により、室内の気圧を外気圧に対して正圧（プラス圧）に、あるいは負圧（マイナス圧）にと保つことができるなど大きな利点があり、換気方法としては一般にこの方法が採用されます。

　第2種換気法は送風機により室内に外気を供給し、排気は適当な位置に設けた排気口から押し出すという自然排気が行われます。この方法は室内が正圧（プラス圧）となり、出入口のドアを開けたときに、他の部屋からの汚染空気が室内に侵入しないので、無菌室や手術室などのクリーンルームに採用されます。

　第3種換気法は排風機によって強制排気し、給気は適当な位置に設けた給気口から自然給気させる方法で、室内は負圧（マイナス圧）となり、出入口ドアを開けたとき、室内空気が室外に流出しない特徴があります。したがってこの換気法は便所、厨房室などに採用されます。

note

換気量に関する規制

建築物など	換気量	条 件	法 規
作 業 室	約 30 m³/h 人	1人当りの気積が、床上4m以内で10m³以内または窓面積が床面積の1/20以内のとき	労働安全衛生規則
無窓工場	35 m³/h 人または 15 m³/hm²（床面積）	非常電源が必要	無窓工場に関する取扱い（通達）
室内駐車場	換気回数が10回/h以上	窓の大きさが床面積の1/10以内のとき	駐車場法施工令
車庫・駐車場・修理工場	25 m³/hm² 以上	駐車場が500 m²以上で窓の大きさが床面積の1/10以内のとき	東京都建築安全条例
興 業 場	・75 m³/hm²（客席面積） ・空調のあるときは 　全風量 75 m³/hm² ・外気量 25 m³/hm²	・客席床面積が400 m²以上または地下興業場（第1種） ・地上で客席床面積が150～400 m²（第1種・第2種のいずれか） ・地上で客席床面積が150 m²以下（第1種・第2種・第3種のいずれか）	興業場の構造設備及び衛生措置の基準等に関する条例施行規則（東京都条例）
地下建築物	・30 m³/hm²（床面積） ・空調のあるときは 　外気量 10 m³/hm²	・床面積1,000 m²以上の階（第1種） ・床面積1,000 m²以下の階（第1種・第2種のいずれか）	東京都建築安全条例

1・4 換気は空気調和の大きな要素

第1種換気法

第2種換気法

第3種換気法

21 煙の正体とその怖さ

　消防法令上「**煙**とは火災によって生じる燃焼生成物」と定義されています。**燃焼生成物**は燃焼工学の専門用語ですが、これを単純に考えてみましょう。

　可燃物の可燃成分は炭素と水素ですが、その大部分は炭素と考えて差し支えありません。この炭素が完全燃焼した場合と、不完全燃焼したときに生じる燃焼生成物を比べると、つぎのようになります。

　　炭素が完全燃焼　＝二酸化炭素
　　炭素が不完全燃焼＝二酸化炭素と一酸化炭素と炭素微粒子（すす）と酸素欠乏空気

　そして不完全燃焼の度合いが著しいほど、燃焼生成物中の二酸化炭素の割合は少なくなり、一酸化炭素とすす、および酸欠空気の割合が増加します。

　燃焼工学上"煙"は炭素の不完全燃焼により生じるすす（炭素微粒子）をいい、これが煙を黒くする原因なのです。"火災"は可燃物の著しい不完全燃焼の現象ですから、煙（すす）、一酸化炭素、酸欠空気の他に、いろいろな有毒ガスを含んだ燃焼生成物が著しい高熱で発生し、消防法令上では"煙"と表現されているわけです。

　一酸化炭素は恐ろしい一酸化炭素中毒の、酸欠空気は酸素欠乏症（窒息死）の原因となり、煙は著しく視界を悪くし、もちろん高熱ですから、高所へ向かって3〜4倍に急膨張するわけです。したがって、煙（燃焼生成物）の水平移動速度は 0.5〜0.75 m/秒、垂直方向の上昇速度は 1.5〜3.5 m/秒となり、4〜5階のビルなら数秒間で最上階まで煙が上昇してしまいます。

　ビル内で火災が発生し、消火活動が遅れると、いろいろな有害ガスを含み、高熱で、かつ視界をさえぎる煙が充満し、消火活動はもちろんのこと、避難上にも大きな障害となるのです。煙は"こわい"の一語につきると思います。火災発生時にこの恐ろしい煙を建物外へ排出し、消火活動や避難をしやすくするという消火活動上必要な施設の1つが**排煙設備**というわけです。

　排煙設備は火災による大量の煙を全部排出するためのものではなく、煙の拡散を防ぎ避難路を確保するために避難路の排煙に力点がおかれ、端的にいって排煙設備は避難のための時間かせぎをするためのものと考えてよいです。

---

point

排煙設備の必要がある防火対象物は？

　排煙設備の要否は、建築基準法と消防法の双方で規定されています。そのどちらも満足する設備を計画実施する必要があります。

排煙設備の設置を必要とする建築物

建築基準法上の規定	①特殊建築物（劇場、集会所、病院、共同住宅、ホテル、学校、体育館、博物館等）で延べ面積 500 m² 以上のもの ②階数が3以上の建築物で延べ面積 500 m² 以上のもの ③延べ面積 1,000 m² 以上の建築物で床面積 200 m² 以上の大居室があるもの ④排煙上有効な開口部を有しない居室（無窓居室）で床面積の 1/50 未満のもの
消防法上の規定	⑤特別避難階段の附室 ⑥地下街で各構えの接する地下道 ⑦非常エレベータの乗降ロビー（高さ 31 m を超える建築物） ①延べ面積が 1,000 m² 以上の地下街 ②劇場、映画館などの舞台部で、床面積が 200 m² 以上のもの ③キャバレー、百貨店、停車場、駐車場などの地階または無窓階で、床面積が 1,000 m² 以上のもの

1・5 煙の正体と怖さを知ろう！

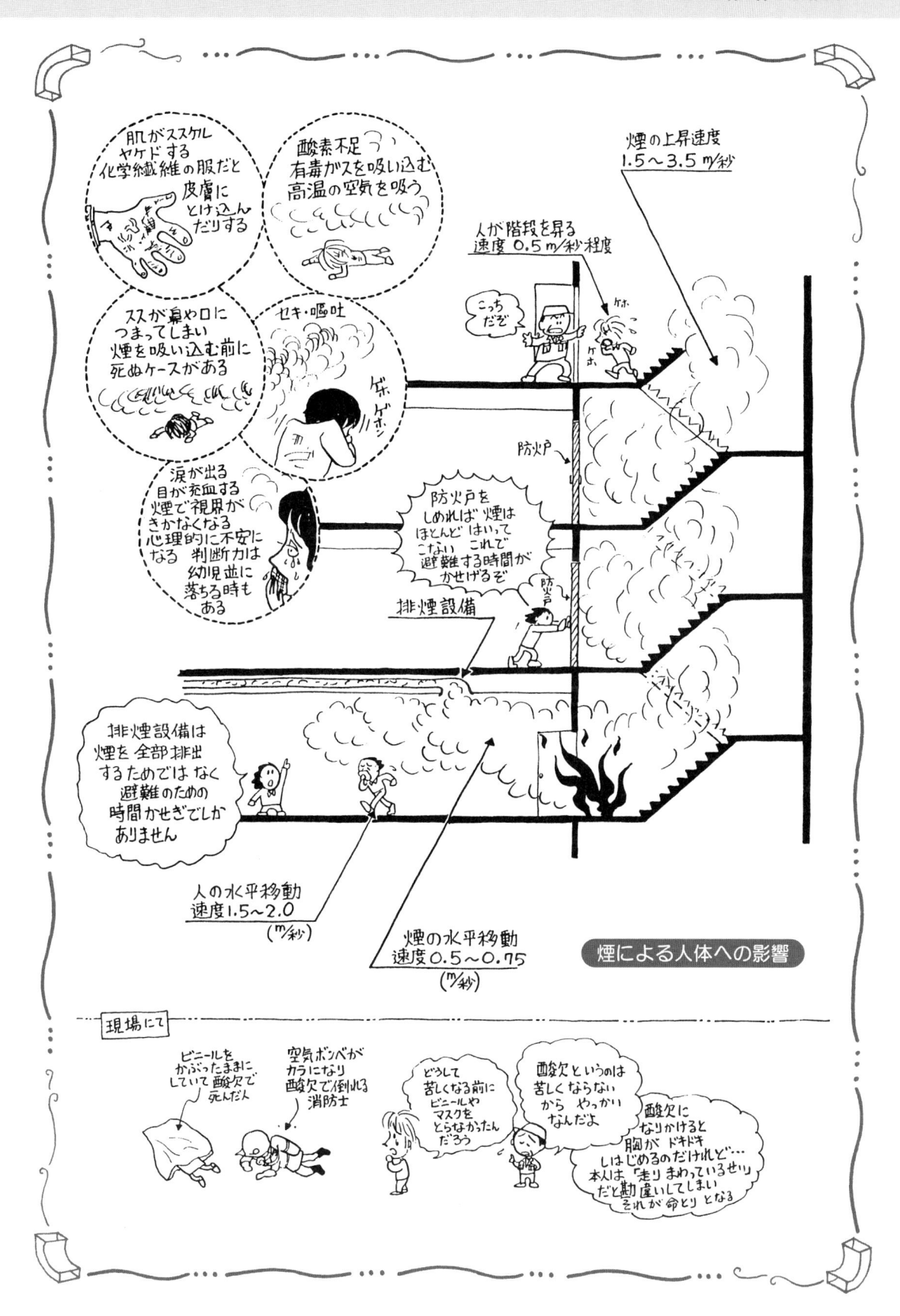

煙による人体への影響

- 肌がススケル ヤケドする 化学繊維の服だと皮膚にとけ込んだりする
- 酸素不足 有毒ガスを吸い込む 高温の空気を吸う
- ススが鼻や口につまってしまい煙を吸い込む前に死ぬケースがある
- セキ・嘔吐
- 涙が出る 目が充血する 煙で視界がきかなくなる 心理的に不安になる 判断力は幼児並に落ちる時もある

煙の上昇速度 1.5～3.5 m/秒

人が階段を昇る速度 0.5 m/秒程度

こっちだぞ

防火戸

防火戸をしめれば煙はほとんどはいってこない これで避難する時間がかせげるぞ

排煙設備

排煙設備は煙を全部排出するためではなく避難のための時間かせぎでしかありません

人の水平移動速度 1.5～2.0 (m/秒)

煙の水平移動速度 0.5～0.75 (m/秒)

現場にて

- ビニールをかぶったままにしていて酸欠で死んだよ
- 空気ボンベがカラになり酸欠で倒れる消防士
- どうして苦しくなる前にビニールやマスクをとらなかったんだろう
- 酸欠というのは苦しくならないからやっかいなんだよ
- 酸欠になりかけると胸がドキドキしはじめるのだけれど…本人は「走りまわっているせい」だと勘違いしてしまい それが命とりとなる

22 排煙設備の構成

排煙設備の構成は排煙方式によって異なります。

自然排煙方式は排煙機を用いることなく、煙の著しい膨張力、上昇力を利用して自然に排煙する方式です。つまり建物の上方に排煙口を設け、火災時にこの排煙口を手動開放装置により開放し、ここから自然排煙するシステムで設備は簡単です。

機械排煙方式は排煙風道（ダクト）の先に排煙機を設け、排煙機により強制的に排煙するシステムで、主にこの方式が採用されます。この方式による排煙設備は、排煙機、起動装置、ダクト、排煙口、電源などから構成され、火災感知器と連動して排煙機が運転され排煙する自動式と、排煙口を手動開放装置の「ハンドル」ないしは「押しボタン」によって開き、排煙機が起動する手動式があります。なお、機械排煙方式は煙を排煙機で吸い出す場合と、送風機（排煙機）により空気を送り込み、外部へ吹出す場合とがありますが、おもに前者が採用されます。

機械排煙方式は初期火災の段階では煙のすべてを排煙できますが、火災が拡大してくると煙だけではなく火炎も流入し、排煙ダクトを通じて火災が拡大する恐れが生じるので、火炎が流入しはじめ、ダクト内の温度が急上昇したときには、煙を自動的に遮断させるための**防火ダンパ**を排煙ダクトの各所に設けなければなりません。

いずれにしても排煙設備は、排煙境界壁で適当な面積の**排煙区画（防煙区画）**に区切り、各防煙区画には空気流入口、吸煙口（排煙口）および付属設備が設けられます。

point

防火区画とは？

火災の延焼拡大を防止し、避難、消火、救助活動を容易にするため、建築物内をある面積ごとに、耐火材で密閉できるようにした区画をいいます。防火区画はつぎの3種類があります。
①**面積区画**は、火災規模と被害範囲の抑制のために、建築物を一定の面積以下に区画したものです。②階段、エレベータ、ダクトスペース、吹抜け部分など、建築物を立てに貫通している部分では、急速に火炎が拡大（上昇）します。このため面積に関係なくこの部分を区画しなければなりません。このような区画を**立て穴区画**といいます。
③**用途区画**は、危険物を貯蔵したりする場所があると、当然、火災発生や拡大の危険性が顕著となります。そこでこのような特殊な用途に用いる部分を区画することをいいます。

防煙垂れ壁とは？

火災発生時に避難経路に煙が流れ込むのを防ぐために、天井から50 cm以上垂れ下がった壁状のものを設けます。これを防煙垂れ壁といい、固定式と火災発生時のみ天井から降ろす可動式とがあります。

特定防火対象物とは？

劇場、百貨店、ホテル、病院、雑居ビル、地下街など不特定多数の人が出入りする場合、あるいは老人福祉施設、精神薄弱者養護施設、幼稚園、盲学校など身体老幼弱者いわゆる社会的弱者の立場の人々が利用される場合の施設や建築物を**特定防火対象物**というのです。そして学校や図書館、美術館、事務所、倉庫など特定防火対象物に該当しない施設や建物を非特定防火対象物といいます。

1・5 煙の正体と怖さを知ろう!

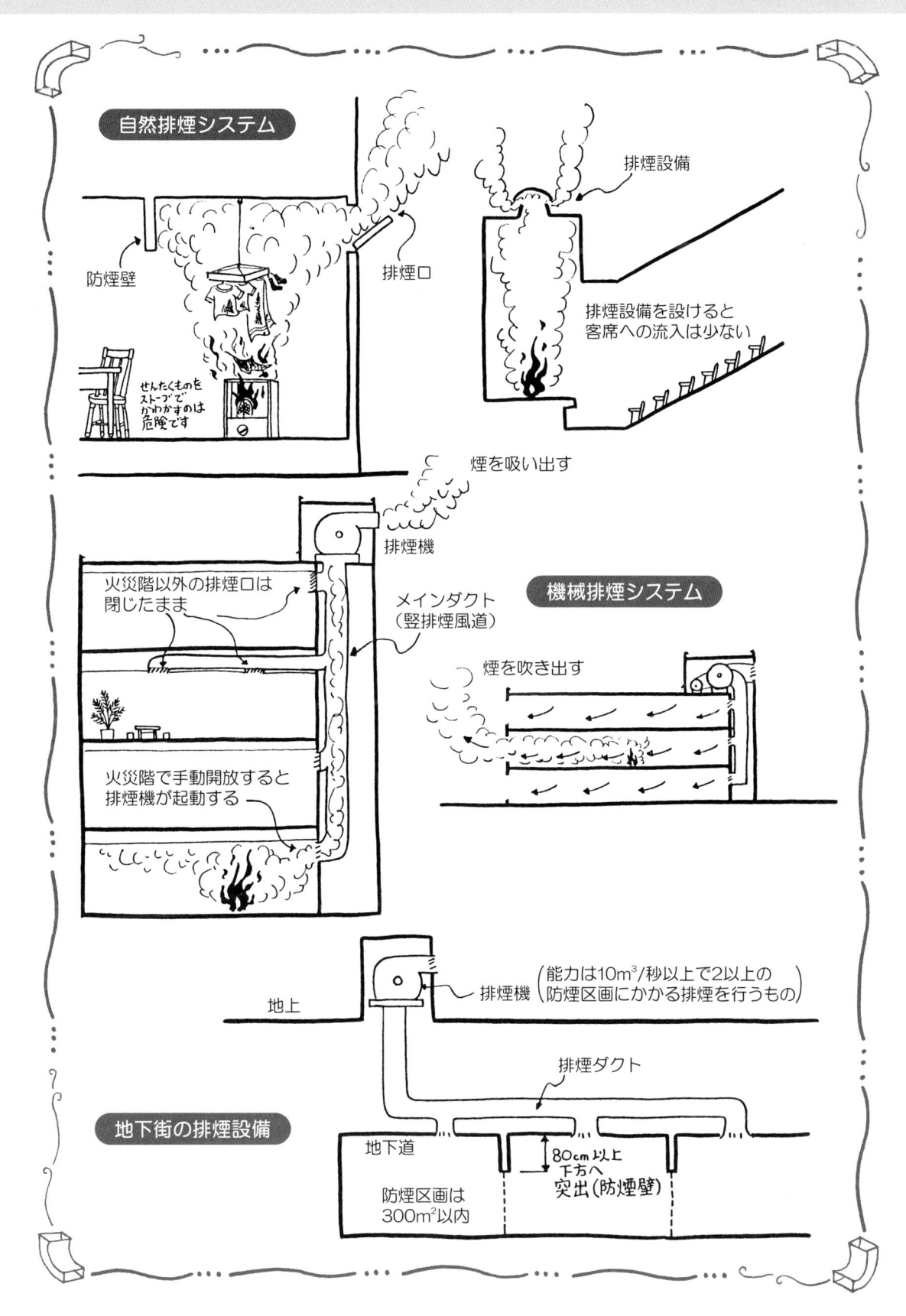

自然排煙システム

防煙壁
排煙口
せんたくものをストーブでかわかすのは危険です

排煙設備
排煙設備を設けると客席への流入は少ない

煙を吸い出す

排煙機
メインダクト（竪排煙風道）
火災階以外の排煙口は閉じたまま
火災階で手動開放すると排煙機が起動する

機械排煙システム

煙を吹き出す

地下街の排煙設備

地上
排煙機
（能力は10m³/秒以上で2以上の防煙区画にかかる排煙を行うもの）
排煙ダクト
地下道
80cm以上下方へ突出（防煙壁）
防煙区画は300m²以内

2章 空気調和負荷のはなし

23 冷房の方法は

　夏季に冷凍機などを用いて空気の熱を奪って、室内気温を所要の温度にまで冷却することを**冷房**といいます。冷房における室内空気条件としては、温度25〜27℃、相対湿度50〜60％が適当とされています。近年、省エネ化、節電を進める傾向があり、室温を28℃とするところが出現しています。

　冷房は空気調和機内に設けられている空気冷却器で空気の熱を奪い、冷却した空気を送風機によって室内へ冷風として供給しますが、空気冷却器へ供給する冷熱源（冷媒）の種類によって、直接膨張方式と間接膨張方式に大別されます。

　直接膨張方式は**冷媒方式**ともいい、フロンなど冷凍機の冷媒液を直接、空気冷却器に供給し、冷媒液の蒸発作用により、空気から熱を奪って冷風とする方式で、家庭用のルームクーラーやビルなどでも、パッケージ形空気調和機を用いて行うのはこの方式です。

　間接膨張方式は**冷水方式**ともいい、直接膨張方式によって水を6℃程度に冷却し、この冷水を空気冷却器に供給するもので、大規模な冷房ではこの方式が採用されています。

point

冷凍とは

　人工的方法により物体を0℃以下の温度に冷却することをいいます。冷凍の方法としては氷の融解熱、ドライアイスの昇華熱、液体窒素の気化熱などを利用する自然冷凍法と、冷凍機を用いて行う機械冷凍法に大別されますが、おもに後者が採用されています。

　冷凍は食品の保存や薬品や化学製品などの貯蔵が主目的です。

　例えば腐食しやすい食品を保存するには、どの程度の温度範囲が用いられるかといいますと、数日か数週間後に消費されるような食品は、凍結点の前後（−5〜＋5℃）の温度に保存されるのが普通です。しかし長い間の保存であれば、品物は何種類かある凍結法のうちの1つの方法（例えば、急速冷凍法）で、凍結して保存しなければなりません。

2・1 冷房および暖房のあらまし

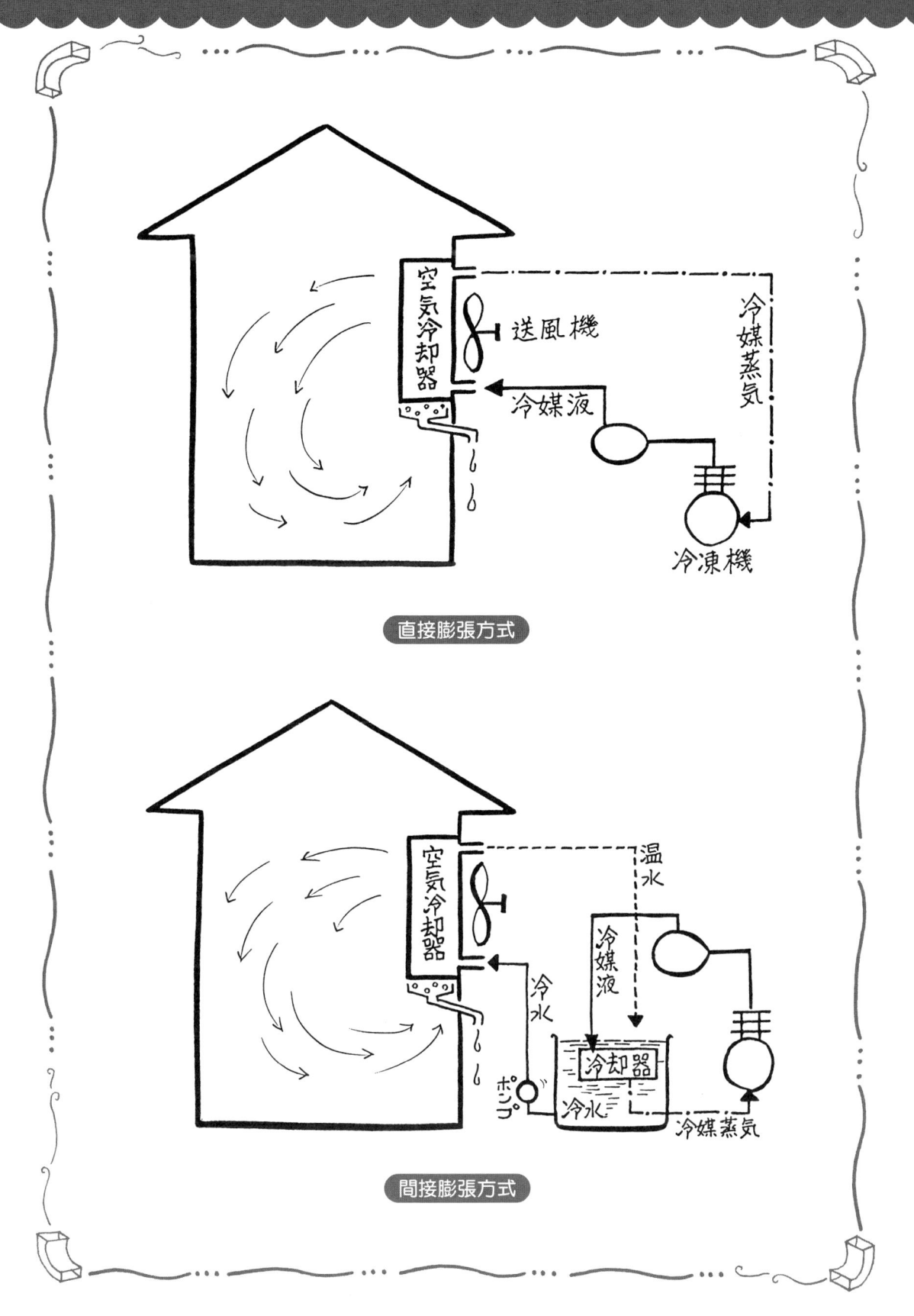

図中ラベル（直接膨張方式）:
- 空気冷却器
- 送風機
- 冷媒液
- 冷媒蒸気
- 冷凍機

直接膨張方式

図中ラベル（間接膨張方式）:
- 空気冷却器
- 温水
- 冷媒液
- 冷水
- 冷却器
- ポンプ
- 冷水
- 冷媒蒸気

間接膨張方式

24 除湿によって快適冷房

空気中に含まれる水分を除去し、低湿度のカラツとした空気にする操作を**除湿**または**減湿**といいますが、夏季の空気は高温多湿で著しい湿り空気で、不快感を与えるなどの弊害を生じます。このため冷房にさいしては、相対湿度を 50～60％ にまで減湿しなければなりません。

減湿するためには除湿器を用いますが、夏季における冷房時には高温多湿の空気が空気冷却器で急冷却されるときに結露して、空気中の水分が水滴（ドレン）として分離され、空気冷却器の下部に設けてあるドレンパンよりドレン管を介して室外に排除されます。つまり冷却除湿され、空気冷却器が除湿器の役目をも果すので、一般の冷房では除湿器を用いない場合が多いのです。

---

memo

露点法による除湿

これは冷凍機によって減湿する方法です。空気を冷凍機の空気冷却器（蒸発器）あるいは空調機の冷水コイル（空気冷却器）で、その露点温度以下に冷却すると、空気中の水蒸気の一部が凝縮つまり結露し、水滴（ドレン）がドレンパンに滴下し排除されます。したがって、一般の冷房では除湿器は不用ということになります。つまり冷房の場合は同時（自動的）に除湿も行われるのです。

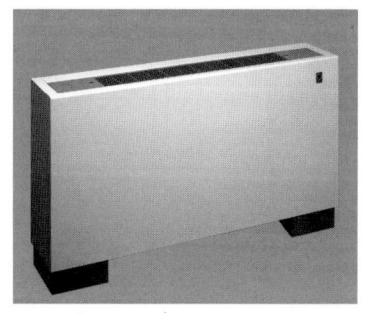

ファンコイルユニット （提供：新晃工業株式会社）

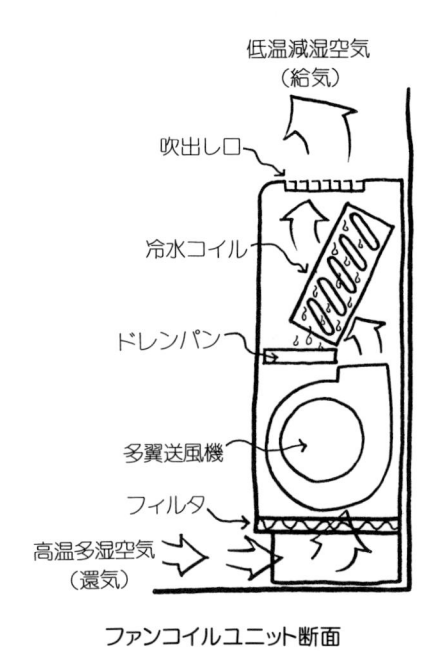

ファンコイルユニット断面
（低温減湿空気（給気）／吹出し口／冷水コイル／ドレンパン／多翼送風機／フィルタ／高温多湿空気（還気））

2・1 冷房および暖房のあらまし

25 外気冷房って何のこと?

　デパートなど大勢の人が出入りするビルでは人間の発熱や発汗などで、室内空気が高温多湿となるため、夏季以外の中間季（春季、秋季）や冬季でも冷房を行わなければならないことも多いのです。またビルの南側（南ゾーン）は冬季でも日が当り、太陽ふく射熱により著しい高温となるため冷房を行うこともあります。このような夏季以外における冷房を**中間季冷房**や**冬季冷房**と俗称されますが、この冷房の場合には外気は温度も低く、低湿度ですので、冷凍機を運転することはなく、室内に供給する全空気量を、外気をそのまま冷風として送風すればよいので**外気冷房（フリークーリング）**と呼ばれます。つまり外気冷房は、外気導入量をコントロールする換気だけでよいのです。

外気冷房ができる空調方式

　全空気方式、すなわち、単一ダクト方式、各階ユニット方式、二重ダクト方式、マルチゾーンユニット方式のすべての方式において外気冷房が可能です。外気冷房は外気温度が下がれば、外気取り入れダンパと排気ダンパの開度を大きくし、排気量と外気取り入れ量を多くし、還気量を少なくすることにより冷房が行えます。

クールチューブについて

　クールチューブとは、自然換気と地中熱の利用を前提とした自然エネルギー利用システムの一つです。地表から3m以下の地中温度は年間を通してほどんど変動せず、15～18℃の熱が活用できます。

　最近、地球温暖化防止と省エネルギー対策として採用されてきています。

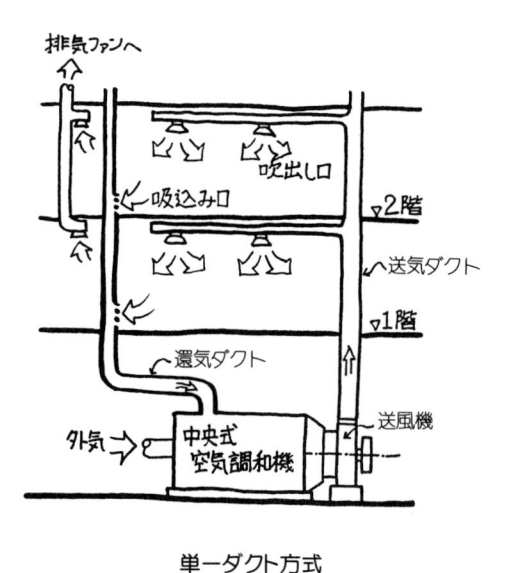

単一ダクト方式

クールチューブ

2・1 冷房および暖房のあらまし

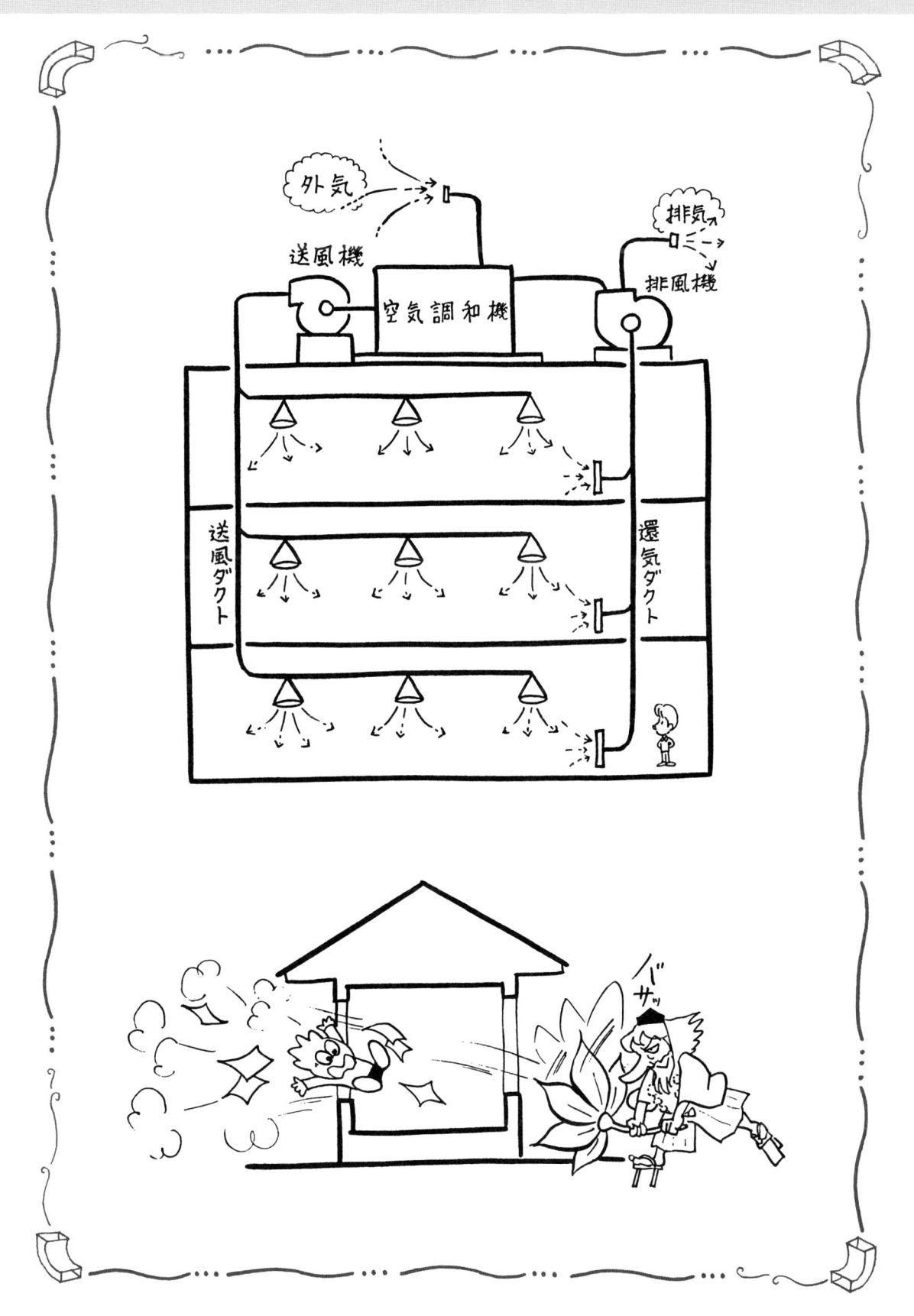

26 暖房の方法

冬季に室内気温を所要の温度に暖めることを暖房といいます。暖房における室内空気条件としては、温度 20 〜 22℃、相対湿度 40 〜 50% が適当とされています。暖房は空気調和機内の空気加熱器で空気を加熱し、送風機によって室内へ温風として供給しますが、空気加熱器へ供給する温熱源によって、温水暖房と蒸気暖房に大別されます。

温水暖房は温水ボイラなどで 80 〜 90℃ の温水をつくり、これを空気加熱器に供給して空気を加熱します。放熱して温度低下した水はボイラに戻して再び加熱し温水として供給されるというサイクルが、温水循環ポンプによって行われます。

蒸気暖房は蒸気ボイラで 49 〜 68.7 kPa（0.5 〜 0.7 kgf/cm^2）の圧力の蒸気を発生させ、この蒸気を空気加熱器へ供給するもので、空気を加熱したため潜熱（蒸発熱）を放出した蒸気は凝縮してドレン（復水）となり、空気加熱器内に生じたドレンは**蒸気トラップ**というドレンのみを自動的に排出するバルブによって、真空ポンプにより真空に維持された還水管に排出されます。このドレンは給水ポンプによってボイラに給水され、再び蒸気となるというサイクルで暖房を行う方式です。

空気加熱器（気密構造ダクト形）（提供：勝川熱工株式会社）

memo

太陽熱暖房とは何だろう

太陽ふく射熱を利用して暖房を行う方法です。太陽熱暖房は図のようなシステムにより高温（30 〜 40℃）で太陽熱を集熱してそのまま暖房を行う方法と、低温（10 〜 20℃）で集熱してヒートポンプで汲み上げて暖房を行う方法とがあります。後者の場合は、集熱板で集熱し、これを蒸発器で吸熱して、凝縮器で温水をつくり、これを暖房に使用します。

太陽熱暖房の運転コストは非常に安いのですが、設備費が割高で、よい条件の場所でなければ適用できません。

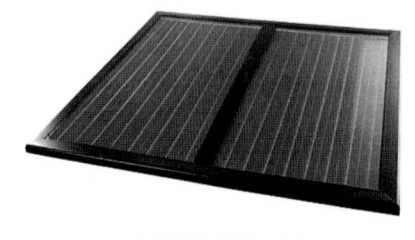

太陽熱集熱器の例

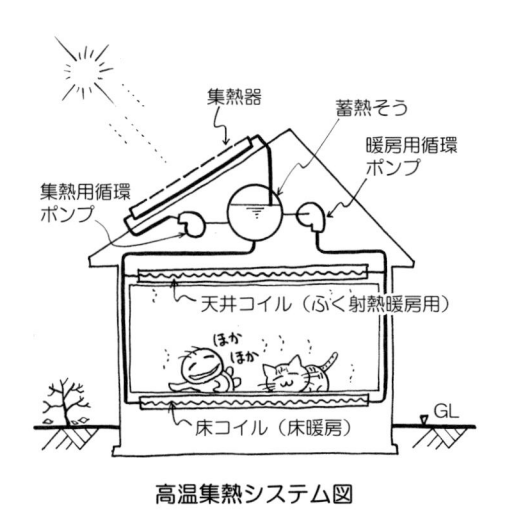

高温集熱システム図

2・1 冷房および暖房のあらまし

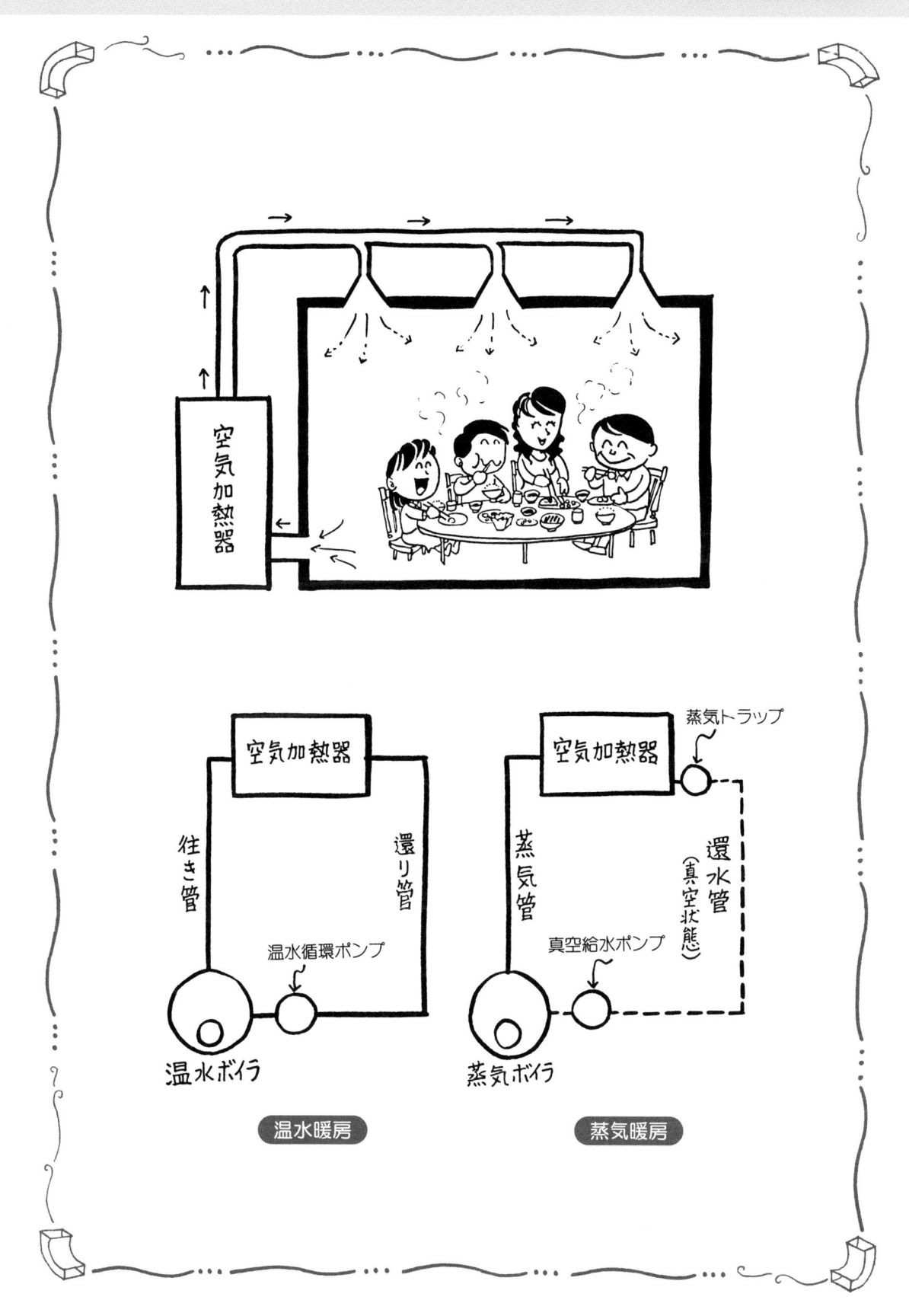

空気加熱器

温水暖房
空気加熱器
往き管
還り管
温水循環ポンプ
温水ボイラ

蒸気暖房
空気加熱器
蒸気トラップ
蒸気管
還水管（真空状態）
真空給水ポンプ
蒸気ボイラ

27 加湿で快適暖房

　空気に水分を与え湿度を高める操作を**加湿**といいます。冬季の空気は気象条件によって湿度の低い、俗にいう"カラカラ空気"です。

　この空気を暖房のために加熱すると、空気の性質から相対湿度がさらに低下します。相対湿度が低下すると、喉や鼻が乾いたり寒さを感じ、風邪をひきやすくなります。また静電気が発生しやすく、ほこりがたちやすい状態となり、生理的に水分を欲しがる現象につながります。

　したがって暖房の場合には、40～50％程度の相対湿度を維持するための加湿器を必要とします。

---

topics

エアワッシャって何に使うの？
　エアワッシャ（空気洗浄器）は、ノズルから水を噴霧して空気と水を物質交換させて、空気の状態を変化させる装置です。冷水を空気の通路に設けた数多くのノズルから噴霧し、空気を直接冷却するとともに、空気の洗浄作用も併せて行えます。また、噴霧する水温によっては空気の洗浄と加湿にも利用できます。

　エアワッシャは第2次世界大戦前までは空気の冷却、減湿用に広く使われてましたが、戦後は冷凍機の普及により、空調用としてはまったく使用されなくなりました。話しの種に記憶されておかれるのも一興です。

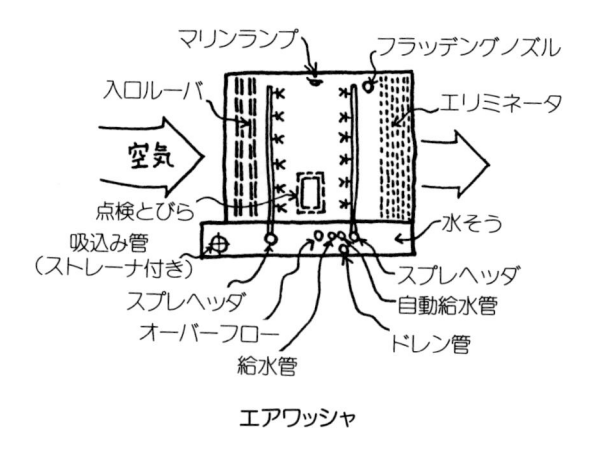

エアワッシャ

2・1 冷房および暖房のあらまし

28 冷房負荷って何だろう?

　空気調和において室内空気の温度、湿度を所定の値に維持するために、室内に供給する熱量(加熱するための熱)および室内から取り去る熱量(冷却するための熱)を総称して**熱負荷**と呼びます。空気調和の設計においてきわめて大切なことで、熱負荷を計算することによって、どの程度の大きさの空気調和設備(冷房および暖房設備)を設けるとよいかがわかるのです。熱負荷は冷房負荷と暖房負荷とに大別されます。

　冷房負荷とは冷房のために取り去るべき熱量、つまり冷却するため、および減湿するために必要な熱量を指し、多種ありますがそのおもなものを示します。

① 太陽ふく射熱……これは窓ガラスを通過して室内に入ってくる日射による熱で、すべて顕熱です。

② 内外の温度差により起こる伝導熱……これは室内と室外との温度差により窓ガラス、壁、屋根、天井、床などの壁体を通して入ってくる熱で、すべて顕熱です。

③ 室内で発生する熱(室内発生熱)……これはつぎのように分けられます。

- 照明器具より発生する熱(顕熱)で照明器具 1 kW 当り白熱灯で 3,600 kJ/h(860 kcal/h)、蛍光燈では 4,186 kJ/h(1,000 kcal/h)で計算されます。
- 人体より発生する熱(顕熱と潜熱)で、例えば事務作業時では 1 人当り 473 kJ/h(113 kcal/h)です。
- 室内設備器具(モータ、コピー機器、湯沸器など)より発生する熱で、器具に応じて顕熱だけのもの、顕熱と潜熱を発生するものもあります。

④ 外気による熱……これは窓などのすき間から入ってくるすき間風、換気のために室内に取り入れる外気による熱(顕熱と潜熱)です。

note

冷房負荷計算の基準となる都市別夏期外気温(DB)・湿度(RH)

時刻	8		10		12		14		16	
地名	乾球温度(℃)	絶対湿度(g/g(DA))	乾球温度(℃)	絶対湿度(g/g(DA))	乾球温度(℃)	絶対湿度(g/g(DA))	乾球温度(℃)	絶対湿度(g/g(DA))	乾球温度(℃)	絶対湿度(g/g(DA))
札幌	26.8	0.0158	29.2	0.0164	30.6	0.0163	30.7	0.0169	29.4	0.0166
仙台	28.3	0.0181	31.1	0.0186	32.1	0.0189	31.8	0.0186	30.9	0.0183
東京	29.4	0.0185	31.7	0.0186	33.1	0.0189	33.4	0.0186	32.4	0.0185
大阪	29.8	0.0185	32.3	0.0186	34.1	0.0186	34.6	0.0186	33.8	0.0185
福岡	29.6	0.0187	31.8	0.0193	33.3	0.0199	33.5	0.0199	32.9	0.0198

注) 6〜9月における TAC(危険率)2.5%の値

2・2 空調設計において熱負荷は大切

屋根からの伝熱負荷

ガラス面からの伝熱負荷

壁からの伝熱負荷

内部発生熱
（照明
人体
その他）

日射負荷

発熱量 (kJ/h)
627.9
418.6
209.3

顕熱　潜熱
（室温 27℃のとき）

運動と人体発熱の関係はこんな具合だよ

潜熱　顕熱

顕熱と潜熱をもって忍び込む外気

29 暖房負荷では室内発生熱と太陽ふく射熱を計算に入れない

暖房負荷は暖房のために加えるべき熱量、つまり加熱するため、および加湿するために必要な熱量を指します。冷房負荷は室内に入ってくる各種の熱の合計ですが、暖房負荷はその逆に室内から逃げていく、おもにつぎに示す熱を集計したものです。

①内外の温度差により起こる伝導熱……これは室内外の温度差により窓ガラス、壁、天井、床などの壁体を通して出ていく熱で、すべて顕熱です。

②外気による熱……すき間風や換気のために取り入れる外気による熱（顕熱と潜熱）。

冷房負荷に比べて太陽ふく射熱と室内発生熱が見当らないのに気付きます。この両熱はもちろん冬でもあり、室内温度を上昇させる暖房においてはプラスの負荷であり、これらの熱は暖房負荷から差し引いてもよい理屈になりますが、太陽ふく射熱は天候により生じるときや生じないときがあり、確実に期待できません。また室内発生熱も同様の考えで、通常は暖房負荷から差し引きません。

note

冷暖房負荷も建物や用途によっていろいろ

冷暖房負荷の概算値

建物種類	用途など	冷房負荷（kJ/m²）	暖房負荷（kJ/m²）
事務所建築	低　　　　層	293.024 〜 544.187（延）	293.024 〜 460.466（延）
	高　　　　層	418.605 〜 711.629（延）	418.605 〜 837.210
住宅・集合住宅	南　向　き	795.350 〜 1,046.513	（一般）418.605 〜 627.908
	北　向　き	586.047 〜 837.210	（寒冷地）544.187 〜 753.489
劇場・公会堂	客　　　　席	1,887.723 〜 2,302.328	1,632.560 〜 1,887.723
	舞　　　　台	418.605 〜 627.908	795.350 〜 1,004.652
デパート	1　階　売　場	1,465.118 〜 1,674.420	209.303 〜 418.605
	一　般　売　場	1,088.373 〜 1,465.118	209.303 〜 376.745
ホテル	客室・ロビー	293.024 〜 669.768（延）	418.605 〜 586.047（延）
病院	病　　　　室	334.884 〜 376.745	418.605 〜 627.908
	診　療　室	627.908 〜 920.931	460.466 〜 627.908
	手　術　室	1,255.815 〜 2,762.793	1,674.420 〜 3,348.840
	検　査　室	627.908 〜 1,381.397	544.187 〜 1,004.652

注）一般に空調面積は新築の場合で延べ面積の 60 〜 65%、増築は 70 〜 80%。
　　1 kcal = 4.18605 kJ

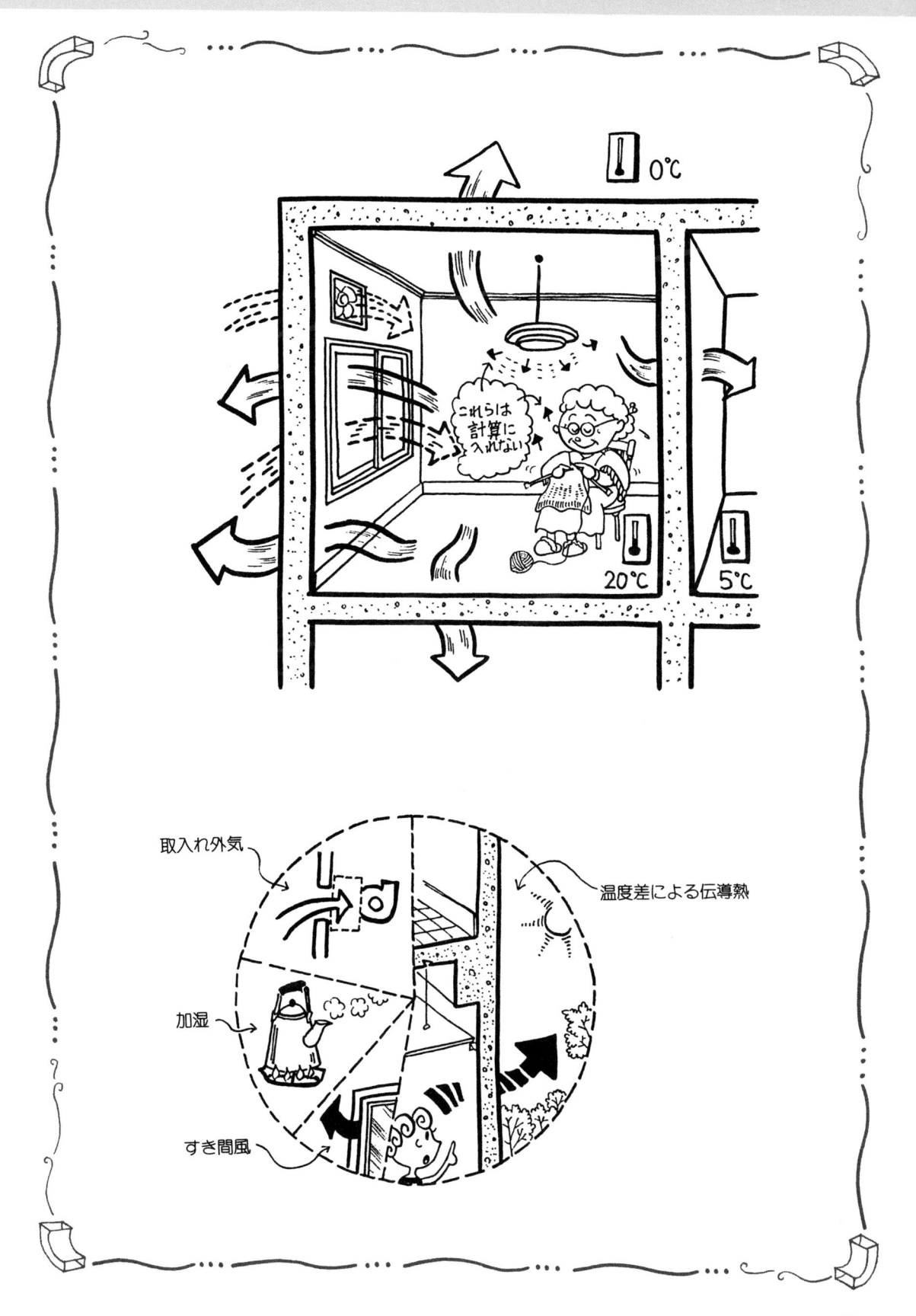

2・2 空調設計において熱負荷は大切

これらは計算に入れない

0℃
20℃
5℃

取入れ外気

温度差による伝導熱

加湿

すき間風

3章 空気調和の方式

30 全体制御方式とは

　空気調和の方式は多種に分けられますが、空調を計画する場合、基本的にはその制御方式により分けることが重要です。一般の建物はその中に幾種類かの空調装置を配置してそれぞれの装置を制御しています。1つの空調装置をまとめて**空調系統**と呼んでいますが、この空調系統が受け持つ範囲によって、全体制御方式、ゾーン方式、個別制御方式の3つに分けられます。

　全体制御方式は**単一ダクト定風量方式**ともいい、1つの建物を1つの空調装置で、夏は冷風をつくり、冬は温風をつくって、1つのダクト系で各部屋に一定風量で送風する方法です。全体制御方式はもっとも簡単な方法であり空調方式の原形で、他の方式はこの方式から発展したものです。しかしこの方式は各室の負荷にばらつきがあるので、暑過ぎたり、寒過ぎたりする欠点があります。また1つの部屋だけしか使用しない場合でも、建物全体を空調しなければならないという不合理な面があり、現在ではほとんど採用されていません。

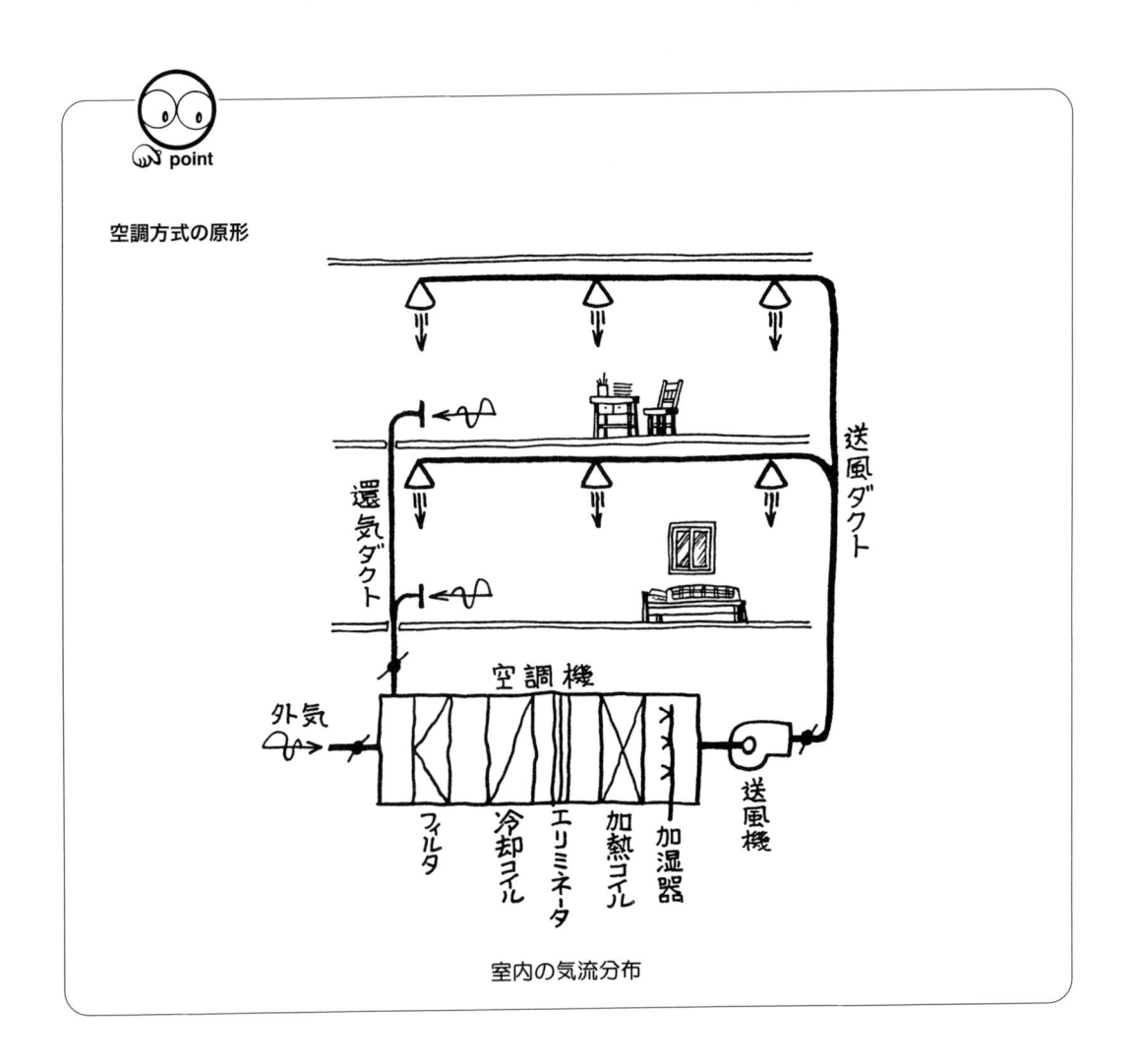

point

空調方式の原形

室内の気流分布

3・1 制御方式による空調方式の分類

31 ゾーン制御方式は合理的

　全体制御方式の大きな欠点を是正するためには、建物に空調を行う区域をいくつかに分割し、それぞれの区域に対する空調系統に分け、空調運転を経済的にし、温湿度などの条件を各区域ごとに調整するのがよく、これを**ゾーニング**といい、分割した区域を**ゾーン**といいます。ゾーニングは熱負荷の性質による方位別ゾーニングと、部屋の使用目的による使用別ゾーニングに大別されますが、一般にはこの両者を適当に組み合わせて行われます。

　方位別ゾーニングは建物の外周部から 5m 以内を**外部ゾーン（ペリメータゾーン）**、外部ゾーンの内側を**内部ゾーン（インテリアゾーン）**として 2 つのゾーンに大別し、外部ゾーンをさらに方位によって東ゾーン、西ゾーン、南ゾーン、北ゾーンに分割するゾーニングのことです。

　外部ゾーンは建物の外周部にガラス窓が多く配置されている関係上、とくにガラス窓からの日射による熱負荷の割合が大きく、しかもこの熱負荷は時間によりまた方位により大きく変化し、また外気温度の影響も大きいことになります。したがって外部ゾーンをさらに方位別に分割し、東西南北の各ゾーンごとに単独に制御できる空調装置を設けます。

　内部ゾーンは人間や照明などの内部負荷だけで、屋外の気象状態の影響をほとんど受けず、年間を通じて負荷が変動しない傾向にあるので、広い内部ゾーンでも、1 つの空調系統として制御すればよいことになります。

　なお、内部ゾーンの内側にある**コア部分**とは便所、湯沸室、エレベータ室、廊下など、建物の共用部分を 1 箇所にまとめた部分をいいます。コアは換気を必要とする箇所もありますが、空気調和はほとんど必要としていません。

---

note

ゾーンごとに熱負荷は変わるのだ

方位別ゾーンの負荷の性質

外部ゾーン	東側	朝 8 時の冷房負荷が最大で午後は小になる。
	西側	朝の冷房負荷は小さいが、午後 4 時の負荷が最大となる。冬の北西風のあるときは、暖房負荷は北側についで大きい。
	南側	夏の冷房負荷は大きくないが、中間期（4 月、10 月）の正午の冷房負荷は夏の東西面と同程度になる。
	北側	冷房負荷は小さいが、日射がないので暖房負荷は、他のゾーンに比べて大きくなる。
内部ゾーン		暖房負荷はほとんどなく、冬でも電灯、人員のための冷房負荷のみとなり、これは、年中、ほぼ一定となる。ただし最上階の内部ゾーンは暖房負荷も生じる。

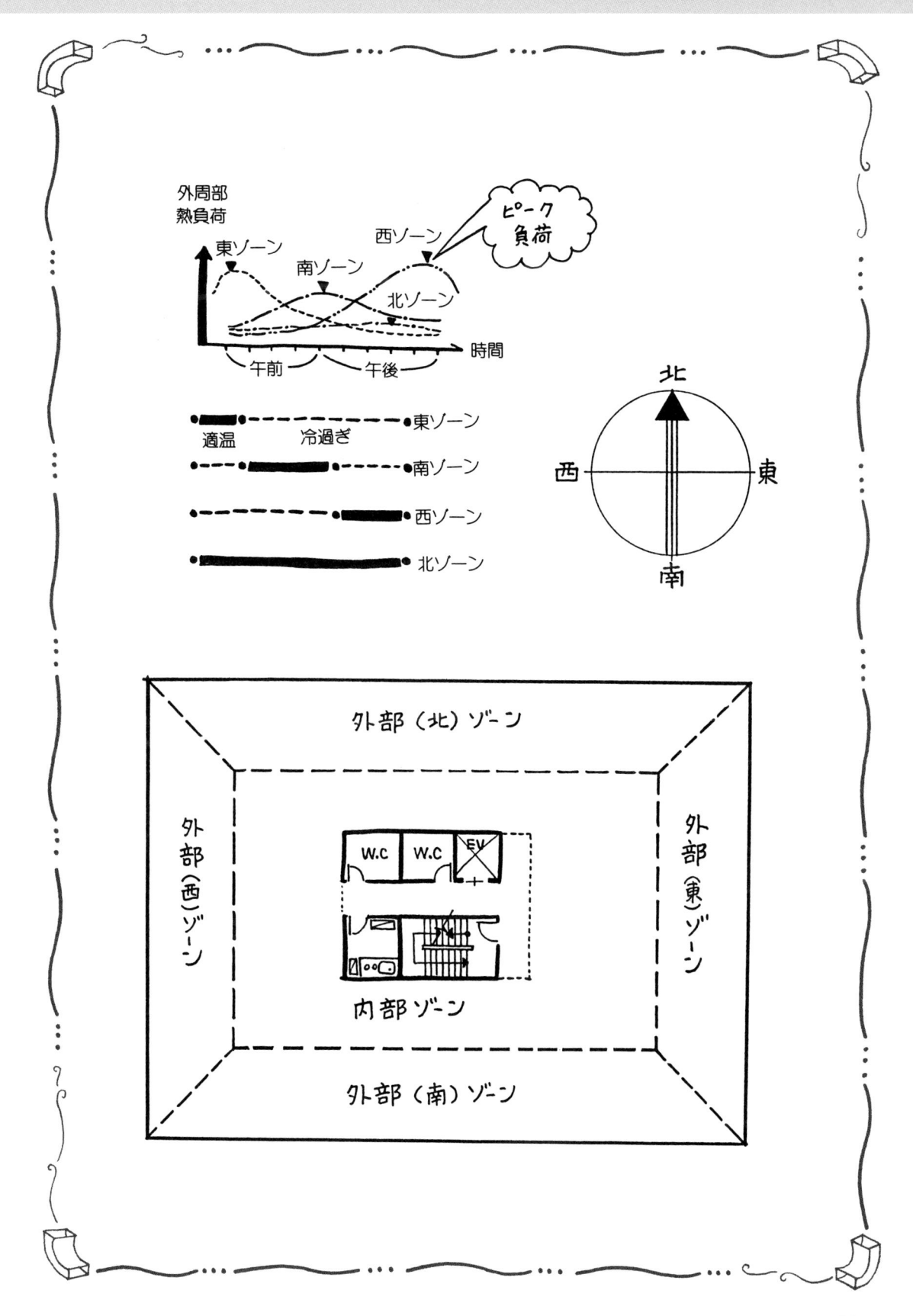

外周部熱負荷／東ゾーン／南ゾーン／西ゾーン／北ゾーン／ピーク負荷／午前／午後／時間

適温　冷過ぎ　東ゾーン
南ゾーン
西ゾーン
北ゾーン

北・西・東・南

外部(北)ゾーン
外部(西)ゾーン
外部(東)ゾーン
外部(南)ゾーン
内部ゾーン
W.C　W.C　EV

32 用途別ゾーニングとは

複合用途の建築物の場合、各階・各ゾーンにて使用用途が違ってくるので、それぞれの用途に区分してそれらに適合した空調計画を考えないといけません。

例えば地下は商店舗、1階は銀行、2～3階は事務所として、4階はレストランが使用するというように、建物の階や部屋別に分割し、部屋の使用目的や負荷のかかり方を調査し、ゾーニングする方式を**用途別ゾーニング**といいます。

しかし外部ゾーンは屋外の気象状態による熱負荷変動が激しいので、用途別ゾーニングを単独で行うことはなく、必ず方位別ゾーニングと組み合わせて行われます。

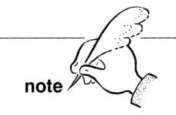

---

note

ゾーニングは組合せ次第

ゾーニングの種類

方位によって分ける場合	部屋の用途によって分ける場合	同一時期に冷房を必要とするスペースと暖房を必要とするスペースがある場合
外周部と内周部とに分け、さらに外周部を、例えば 東ゾーン 西ゾーン 南ゾーン 北ゾーン などに分ける	①オフィスとレストランなど使用時間の違う場合 ②コンピュータルームなど温湿度条件の違う場合 ③食堂、診察室など臭気発生のある場合 ④クリーンルーム、手術室など空気清浄度の高い場所 ⑤劇場、会議室など不規則に使用する場所 ⑥駐車場内の守衛事務室のように他と離れた場所の場合	①建物の外周部を暖房、内周部を冷房する ②建物の北ゾーンを暖房、南ゾーンを冷房する ③地上階を暖房、地下階を冷房する

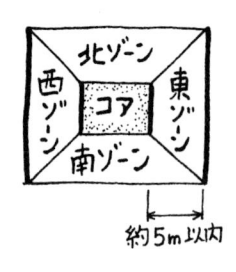

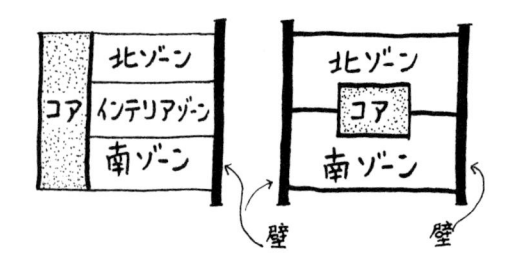

（図：北ゾーン・西ゾーン・東ゾーン・南ゾーン・コア／約5m以内、北ゾーン・コア・インテリアゾーン・南ゾーン、北ゾーン・コア・南ゾーン・壁）

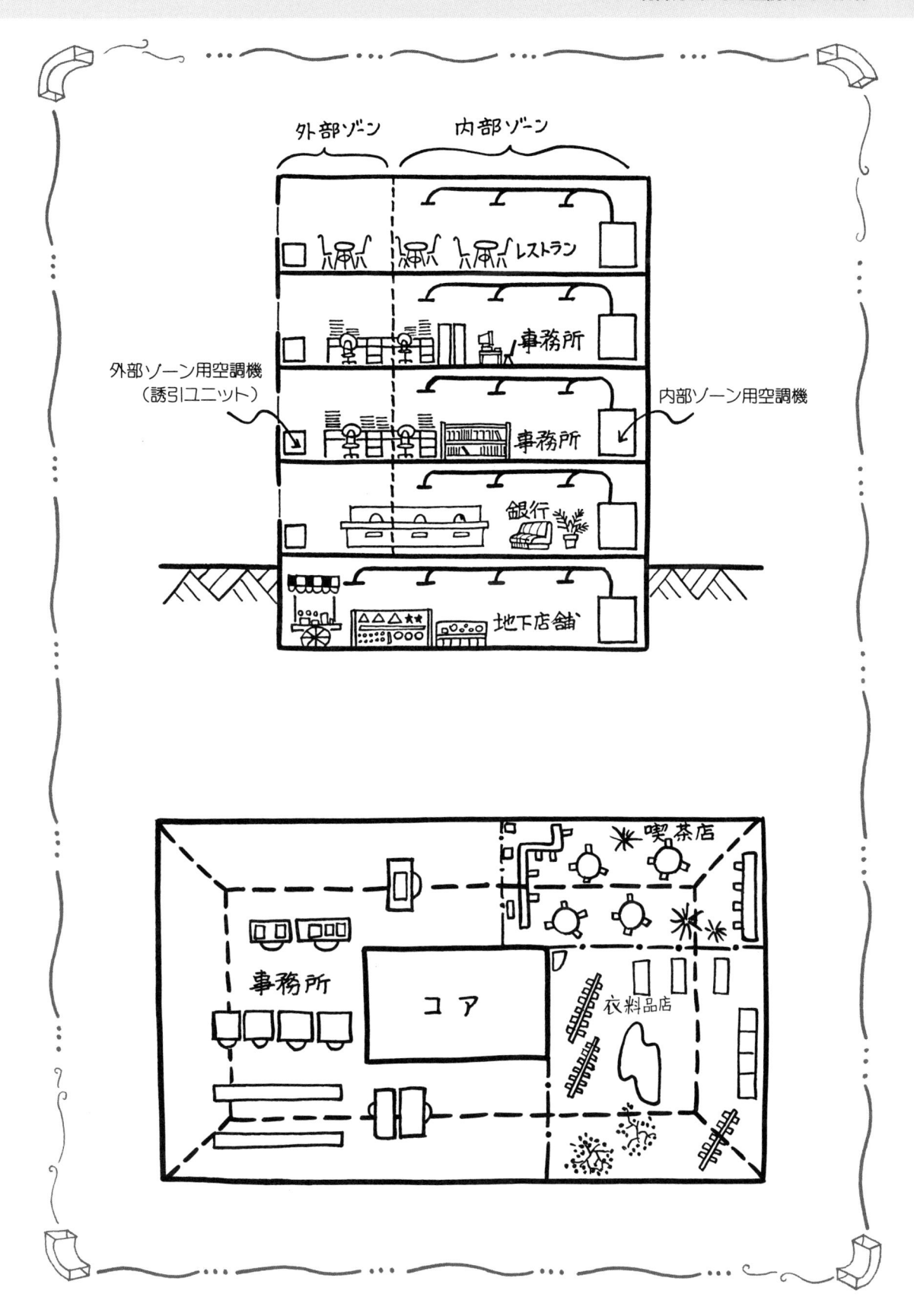

3・1 制御方式による空調方式の分類

外部ゾーン　内部ゾーン

レストラン

事務所

外部ゾーン用空調機
（誘引ユニット）

事務所

内部ゾーン用空調機

銀行

地下店舗

喫茶店

事務所　コア　衣料品店

33 ホテルや旅館では個別制御方式

　建物の各室ごとに空調ユニットを配置し、各室で適当に温度、湿度、気流が調節できるようにした方式を**個別制御方式**といいます。例えばホテルの場合、各室にはインドから来た人もいれば、カナダから来た人もおり、暑い寒いを希望する条件は人によって皆違ってきます。このようなとき全体制御方式あるいはゾーン制御方式のいずれかを用いて、全室を一定温度にしたのでは苦情がきます。そこで各室で温度、気流を調節できるようにと個別制御方式が採用されます。

　個別制御方式は建物の使用目的から、ホテル、旅館、病院などでおもに採用されます。建物の形状が複雑で建物自体の影の影響を受けるとか、隣接の建物の影の影響を大きく受ける外部ゾーンでは、方位別のゾーン制御方式で室温を制御することが不可能となり、個別制御方式を用いる必要があります。

　個別制御方式を採用する場合、影の影響などで、つねに冷房と暖房のいずれもが行えるようにしなければならないことが多く、例えば冬季に同じ建物なのに暖房を行う部屋が多いのは当然として、なぜ冷房を行わなければならない部屋が生じるのでしょうか。この理由は南側の外部ゾーンでは好天日には日光が直射し、いわゆる太陽ふく射熱で暑くなるからです。

　冬に自動車を運転する場合、例えば気温が6℃のとき、曇天で運転席に日光が射さない場合は、当然寒くてカーヒーターを入れますが、同じ6℃の気温のときでも、好天で日光が直射し続けると、暑くてカークーラーを入れたくなることをよく経験しますが、これと同じ理屈なのです。

個別制御方式はどの空調方式にも適用
　個別制御方式は単一ダクト定風量方式（全体制御方式）を除いて、いずれの空調方式でも個別制御方式が可能です。現在では、空冷ヒートポンプパッケージユニット方式が主流となっています。

3・1 制御方式による空調方式の分類

34 単熱源方式と複熱源方式

普通は「夏は涼しく、冬は暖かければよい」といわれ、夏は冷房、冬は暖房とはっきり区分して空調を行い、夏に冷風、冷水、冷媒のいずれかを空調機に送り、冬は温風、温水、蒸気のうちどれかを供給すればよいのです。このように季節に応じて冷熱源、温熱源のうち1つだけを空調機に供給して空調する方式を**単熱源方式**といいます。

個別制御方式や方位別ゾーン制御方式などで、つねに冷房と暖房のどちらも行う必要がある場合には、冷熱源と温熱源の両方を常に用意し、必要に応じてどちらも自由に空調機に供給できるようにしなければなりません。このような方式を**複熱源方式**といい、設備費や空調コストが高くなるのはやむを得ません。

---

memo

ヒートポンプ冷凍機を用いればボイラ不要

以前、複熱源方式は温熱源としてはボイラを、冷熱源としては冷凍機と複数の熱源装置を用いていましたが、これでは設置場所を多く要し、コストも高くつくという欠点があり、さらにボイラの煙突からの排煙は大気汚染公害に、冷凍機が建物内から奪った熱は冷却塔から大気中に放出する（捨ててしまう）ので、公害になるとともに、熱の無駄ということになります。

冷凍機は冷却のためだけに用いるのではなく、放熱する熱を利用すれば、ボイラを用いることなく、1台の冷凍機で冷熱源と温熱源が同時に得られるわけで一石二鳥です。

このように冷凍機を冷源と温源が同時に得られるように応用したものを**ヒートポンプ冷凍機**といい、この件については後述しますが、ヒートポンプ冷凍機を用いて建物内で合理的な熱の移動を行って、空調を行う方式を**熱回収方式、熱平衡方式**などといい、主要な空調方式の1つとなっています。

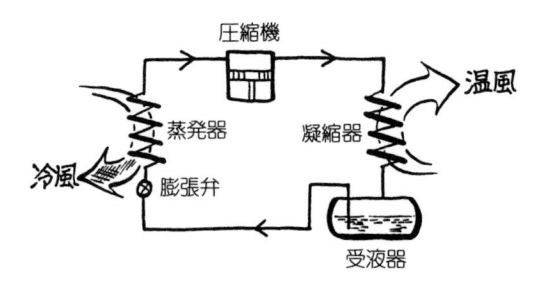

ヒートポンプ冷凍機の原理

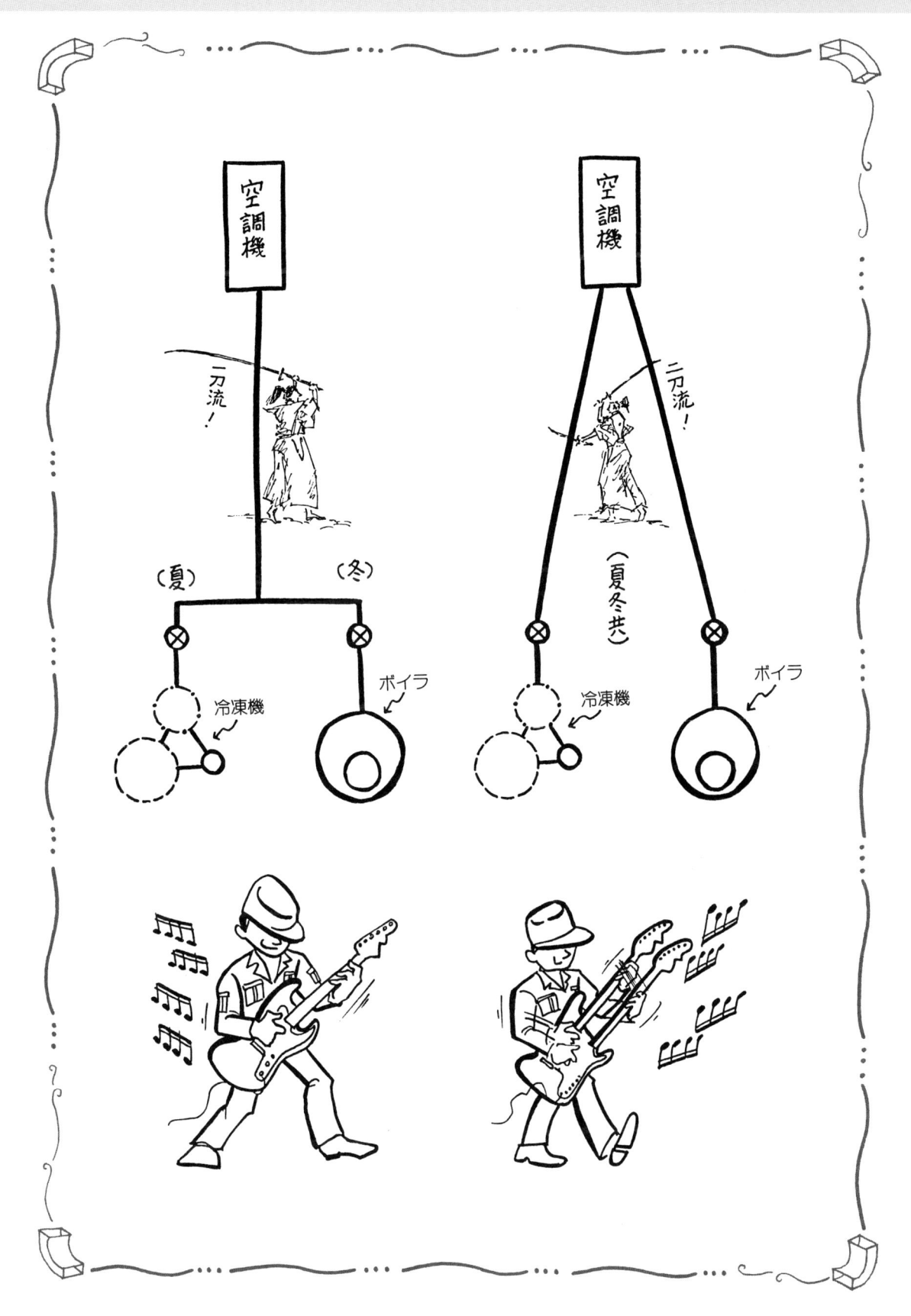

3・1 制御方式による空調方式の分類

35 熱媒運搬方式による空調方式とは

　物を加熱するのに、熱を運ばせるために用いる流体を総称して**熱媒**といい、暖房の熱媒としては温風、温水、蒸気が用いられます。

　逆に物を冷却（吸熱）するのに熱を運ばせるために用いる流体を総称して**冷媒**といいますが、狭義の意味の冷媒というのは、フロンガスなど冷凍機の冷凍サイクルとなる動作流体をいい、**1次冷媒**ともいいます。そして冷凍機で冷却した水いわゆる**冷水**は、狭義には**2次冷媒**といいます。冷房における冷媒としては冷風、冷水（2次冷媒）、冷媒（1次冷媒）が用いられます。

　空調において熱媒や冷媒の運搬方法、つまり何を用いて部屋から熱を移動させるかによって、**全空気方式、全水方式、空気・水方式、冷媒方式**の4つに大別されます。

---

note

どの方式が有利？

各空調方式の比較

方式の分類	方式の名称	設備費	維持管理	個別制御	各室湿度制御	外気冷房	間比切に対するフレキシビリティ	必要スペース
全空気方式	単一ダクト方式（低速ダクト）	B	A	D	C	A	(A)	D
	単一ダクト方式（高速ダクト）	C	A	D	C	A	(A)	C
	二重ダクト方式	C	B	A	B	A	A	D
	マルチゾーンユニット方式	C	A	A	B	A	A	D
空気・水方式	単一ダクトレヒート方式	D	B	A	A	A	(A)	D
	各階ユニット方式	C	B	C	C	A	(B)	(A)
	誘引ユニット方式	C	C	A	A	D	A	B
	ファンコイルユニット・ダクト併用方式	B	C	A	D	A	A	B
	ふく射パネル・ダクト併用方式	D	A	B	B	D	(A)	B
全水方式	ファンコイルユニット方式	A	D	A	C	—	(C)	A
冷媒方式	パッケージユニット方式	A	A	A	C	—	C	B
	小型ヒートポンプユニット方式	A	A	A	A	B	A	A

注）A、B、C、Dは有利なものから不利なものへの順序を示す。（　）は方法がよければその順位になることを意味する。

3・2 熱媒運搬方式による空調方式の分類

方式の分類	方式の名称		制御方式	熱源方式
全空気方式	単一ダクト方式		全体制御式	単熱源方式
	各階ユニット方式		個別制御式	〃
	二重ダクト方式		〃	複熱源方式
	マルチゾーンユニット方式		〃	〃
全水方式	ファンコイルユニット方式	2管方式	個別制御式	単熱源方式
		3管方式	〃	複熱源方式
		4管方式	〃	〃
空気・水方式	誘引ユニット方式		個別制御式	複熱源方式
	ファンコイルユニット・ダクト併用方式		〃	〃
冷媒方式	パッケージユニット方式		個別制御式	単熱源方式
	小型ヒートポンプユニット方式		〃	複熱源方式

36 全空気方式とは

　全空気方式とは地下室や屋上などに設ける中央の空気調和機で、所定の調整空気（冷風または温風）をつくり、ダクトで各室に供給し空調を行う方式で、室内で発生する負荷はすべて空気で処理されます。全空気方式は単一ダクト方式、各階ユニット方式、二重ダクト方式、マルチゾーンユニット方式などとして用いられます。

　単一ダクト方式は、1本のダクトに冷風または温風を送り、各室の吹出し口より供給し空調する方式です。

　各階ユニット方式は、各階あるいは各ゾーンごとに単一ダクト方式の空調機を配置（分散）して、ゾーン制御が行えるようにした方式で、デパートなどで採用され、外気処理する1次空調機を中央空調室に配置し、各階または各ゾーンに室内負荷を処理する2次空調機を配置して、両者を組み合せて行うことが多いのです。

　二重ダクト方式は、中央式空調機で冷風と温風をつくり、それぞれ別のダクトで送風し、各ゾーンまたは各室の吹出し口に、冷風と温風を適当な比率で混合する**混合チャンバー**を設け、各室のサーモスタットからの制御信号に応じて、冷風と温風を混合し、適当な温度として室内に送風する方式です。

　マルチゾーンユニット方式は、空気加熱器と空気冷却器を並列に並べた空調機の出口部に、二重ダクト方式の混合箱を大きくしたものを数個まとめて、ここで冷風と温風を混合し、各ゾーンへダクトで送風するマルチゾーンユニットという空調機を用いて、各ゾーンごとのサーモスタットの指令により、ゾーンごとに適した温風と冷風を混合して送風する方式です。

---

memo

単一ダクト方式には定風量方式と可変風量方式がある

　定風量方式はCAV方式ともいい、送風量をつねに一定に保ち、室内の冷暖房負荷の変動に応じて送風温度を変化させ、かつ加湿、減湿しながら、室内空気の温湿度を制御する方式です。

　可変風量方式はVAV方式ともいい、送風温度をつねに一定に保ち、室内の冷暖房負荷の変動に対応して、送風量を加減し、室内温度を所定範囲に自動制御する方式です。

3・2 熱媒運搬方式による空調方式の分類

ダクト

単一ダクト方式

二重ダクト方式

混合チャンバー

各階ユニット方式

マルチゾーンユニット方式

37 全水方式は大きいダクトスペースが不要だ

　全水方式とは**ファンコイルユニット**という冷温水コイル、送風機、エアフィルタなどをケーシング内におさめた小型の空調機を各室に配置し、このファンコイルユニットまで直接、暖房時には温水を、冷房時には冷水を中央機械室より供給して、室内空気を強制循環させながら冷房、暖房を行う方式です。したがって「全水方式＝ファンコイルユニット方式」と解釈できます。

　全水方式は中央機械室と各室のファンコイルユニットの間を冷温水配管だけで結ばれますので、全空気方式のような大きなダクトスペースを必要としない利点があります。旅館や料亭など比較的居住人員密度の小さい小規模建物におもに用いられますが、この理由は外気の供給が出入口の戸の開閉時など、すき間風のみによるので、安定した換気量が得られないからです。

---

point

ファンコイルユニット方式には2管方式、3管方式、4管方式がある

　2管方式は、冷水または温水の往き管と還り管の2本の配管で、単熱源となります。

　3管方式は、冷水と温水の往き管2本と還り管1本の3本の配管であり、複熱源です。還り管が1本なので還水の冷温水の混合損失が生じます。

　4管方式は、温水専用の往き管と還り管、そして冷水専用の往き管と還り管の4本の配管で、もちろん複熱源です。還水の混合損失をさけることができますが、ファンコイルユニットがシングルコイル（冷温水併用）の場合は、ユニット出入口とも3方弁を必要とします。

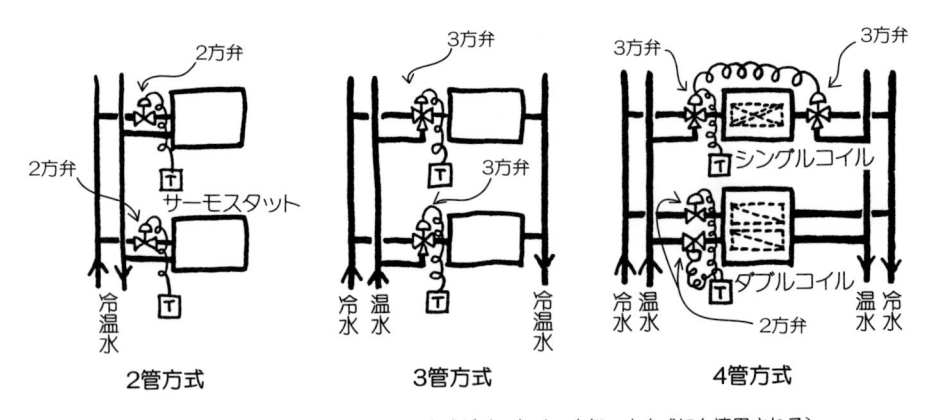

（注：これらの配管方式は全水方式だけでなく、空気・水方式にも適用される）

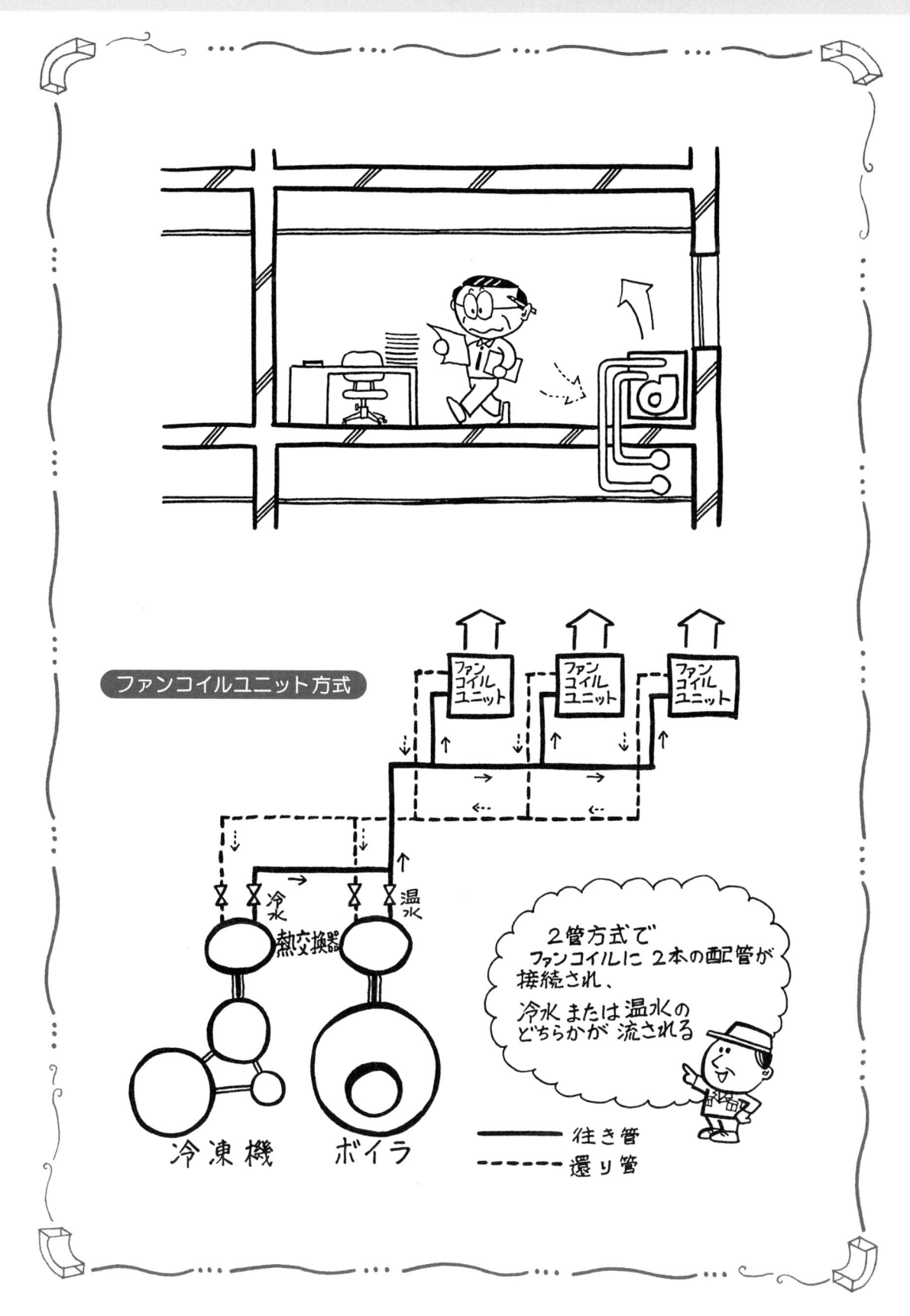

3・2 熱媒運搬方式による空調方式の分類

ファンコイルユニット方式

2管方式でファンコイルに2本の配管が接続され、冷水または温水のどちらかが流される

―― 往き管
---- 還り管

38 空気・水方式とは全空気方式と全水方式の併用システム

　空気・水方式は室内に配置した空調機に、空気と水とを送って冷暖房を行う方式で、誘引ユニット方式とファンコイルユニット・ダクト併用方式がおもに用いられます。

　ファンコイルユニット・ダクト併用方式は、ファンコイルユニット方式では十分な換気が行えない欠点を是正するために、在室者に必要な外気を、1次空調機よりダクトによって室内に供給するのがファンコイルユニット方式です。

　誘引ユニット方式は**インダクションユニット方式**ともいい、各室に誘引ユニットという空調機を配置し、中央機械室の1次空調機で必要外気量を冷却減湿、また加熱加湿した空気を高速ダクトで誘引ユニットに送風します。この1次空気がユニット内のノズルから高速で噴出する際、霧吹き器と同じ原理でユニット下部から室内空気を2次空気として、空気が室内を強制循環します。そしてユニット内の冷温水コイルにやはり中央機械室から供給される冷水、温水によって循環する室内空気（2次空気）が加熱あるいは冷却され、冷・暖房が行われます。誘引ユニット方式は大規模なホテル、病院など多室建物の外部ゾーンの空調にすぐれた適性を有しています。

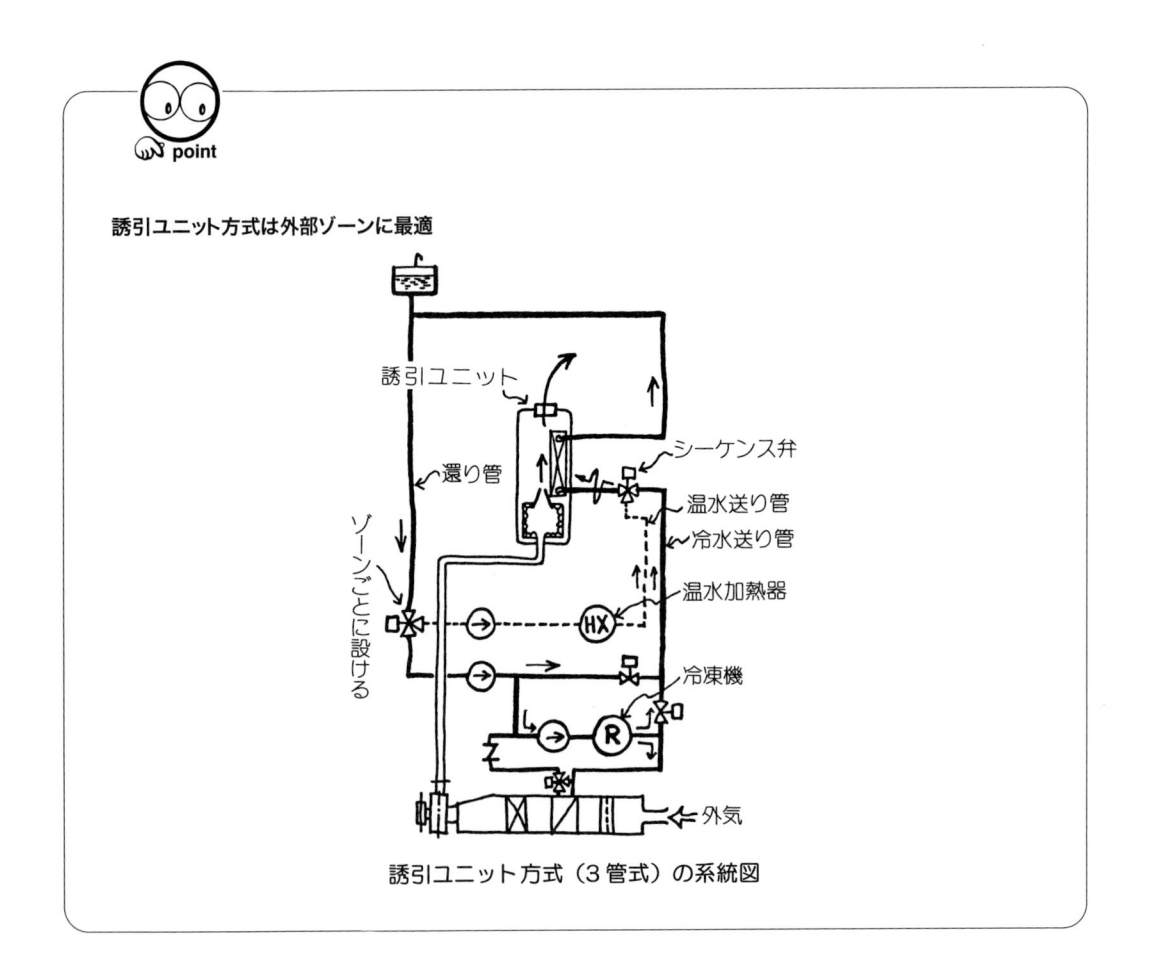

point

誘引ユニット方式は外部ゾーンに最適

誘引ユニット方式（3管式）の系統図

3・2 熱媒運搬方式による空調方式の分類

ファンコイルユニット・ダクト併用方式

誘引ユニット方式

39 冷媒方式とは

冷媒方式は、基本的にヒートポンプ原理を活用した熱源システムです。

では、ヒートポンプとはどのようなものなのでしょうか。簡単にいえば低い低熱源からフロンガス等を熱媒として、高温熱まで汲み上げて暖房・冷房・給湯に利用するものです。ヒートポンプの熱源として、代表的なものとして、空冷方式と水冷方式の2種類があります。空冷方式は、右図のように室外の空気熱交換器を媒体に、外気の空気温度を利用して冷暖房をするものです。現在、家庭用のエアコンの90％以上はこの空冷式が採用されています。

しかし、業務用では水冷式パッケージ方式も活用されているので次にその仕組みについてお話します。これは冷凍機の冷凍サイクルとなる冷媒（1次冷媒）を、冷凍機の蒸発器（冷却コイル）で気化させ冷房を行う方式で、パッケージユニット方式と小型ヒートポンプユニット方式に大別されます。

パッケージユニット方式とは、冷凍機、冷却コイル、送風機、エアフィルタなどを1つのケーシングに組み込んだ空調機を**パッケージユニット**、または**パッケージ形空調機**といいますが、このユニットを室内やゾーンに配置して冷房を行う方式です。暖房はユニットに加熱コイルを付設内蔵し、これに蒸気または温水を供給して行います。

小型ヒートポンプユニット方式は、小型のヒートポンプユニットを建物の内部ゾーン、外部ゾーンに配置し、冷却水配管（冷水配管と兼用）で結ぶ方式で、このユニットは冷房負荷のある部屋では冷房サイクルになり、冷却水に熱を捨て冷房を行います。そして暖房負荷のある部屋のユニットでは暖房サイクルとなって、冷却水から熱を奪って暖房を行います。

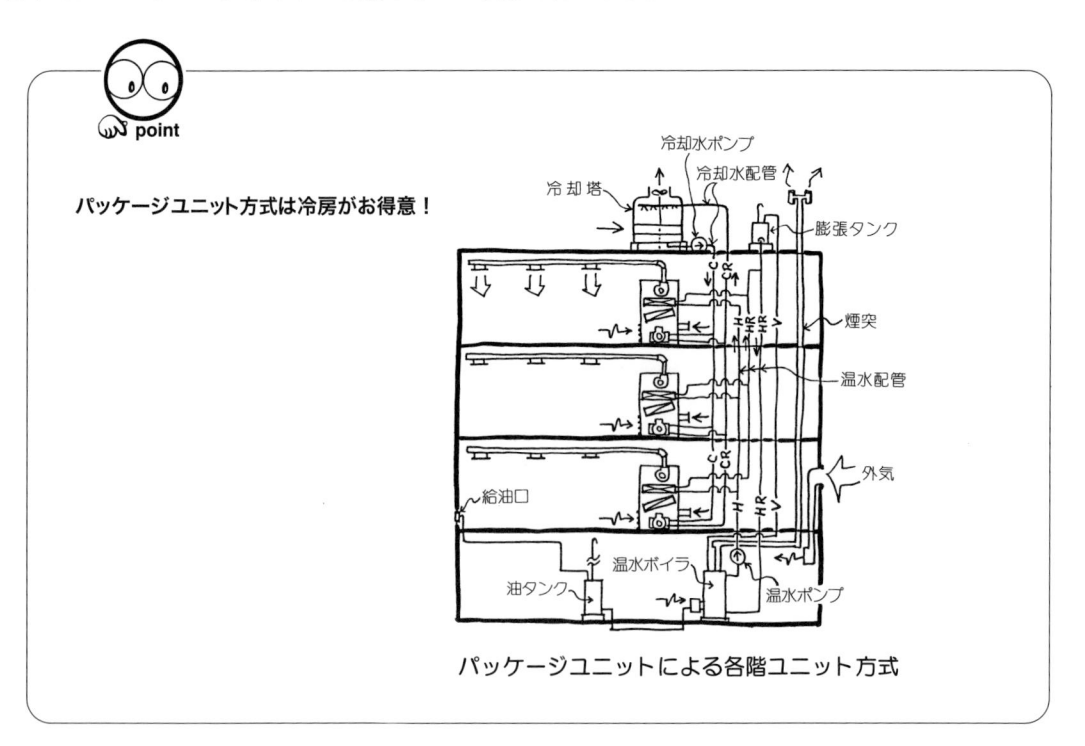

point

パッケージユニット方式は冷房がお得意！

パッケージユニットによる各階ユニット方式

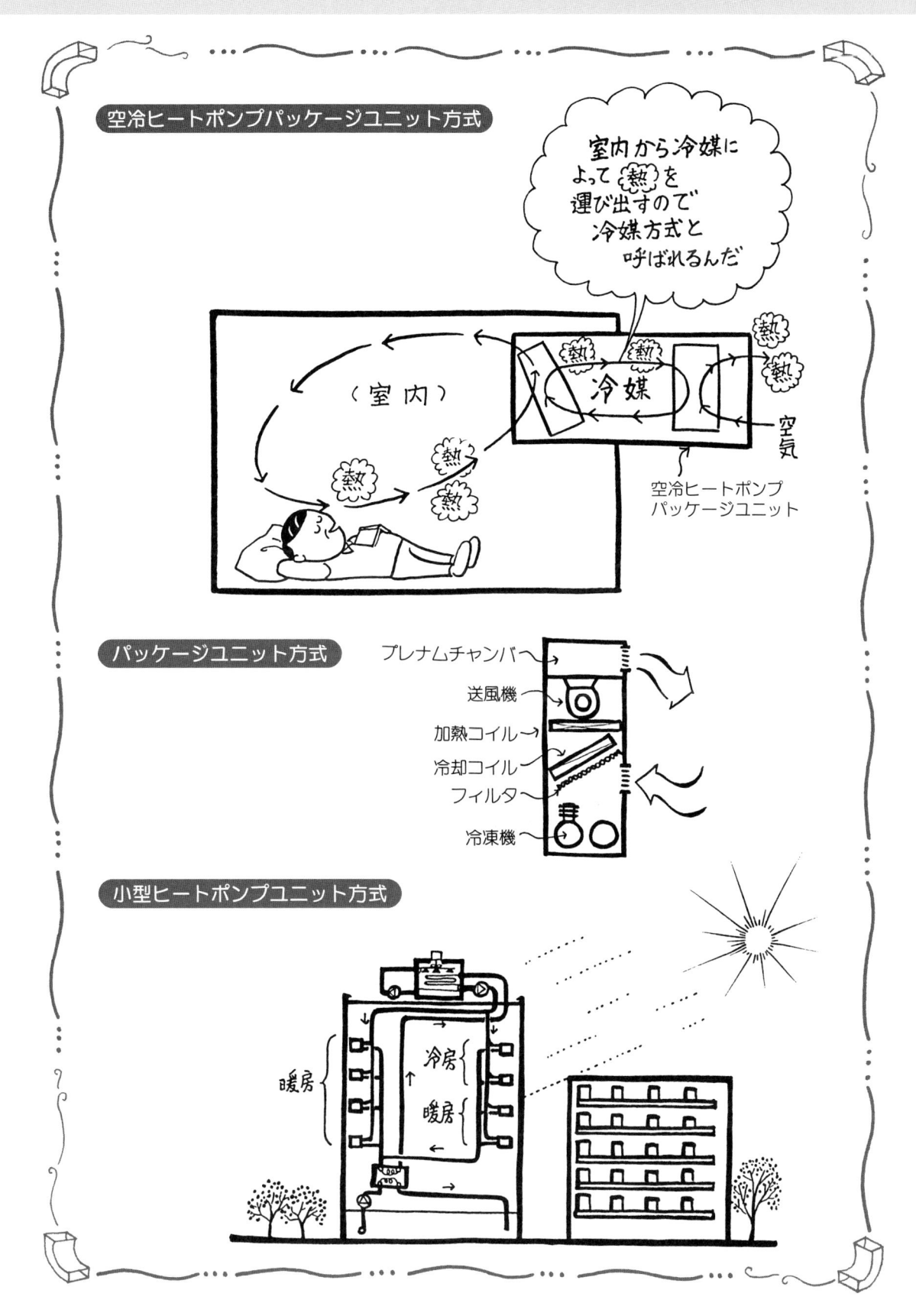

3・2 熱媒運搬方式による空調方式の分類

空冷ヒートポンプパッケージユニット方式

室内から冷媒によって熱を運び出すので冷媒方式と呼ばれるんだ

（室内）
熱 熱 冷媒 熱 熱 空気
空冷ヒートポンプパッケージユニット

パッケージユニット方式

- プレナムチャンバ
- 送風機
- 加熱コイル
- 冷却コイル
- フィルタ
- 冷凍機

小型ヒートポンプユニット方式

暖房
冷房
暖房

40 空気調和設備の装置

　以上の説明で理解されたように空気調和を行う方式は多種あり、建物の使用目的や立地条件などによってそれぞれに適応した空調方式が採用されます。しかしいずれの方式にしましても、空気調和の4要素をその目的に合った条件に調整し、この調和空気を室内に均一に分布させるのに必要な主機や補機、付属品などの装置をひっくるめて**空気調和設備（空調設備）**といい、基本的には空気調和装置（空気調和機）、熱源装置、熱運搬装置、自動制御装置により構成されます。

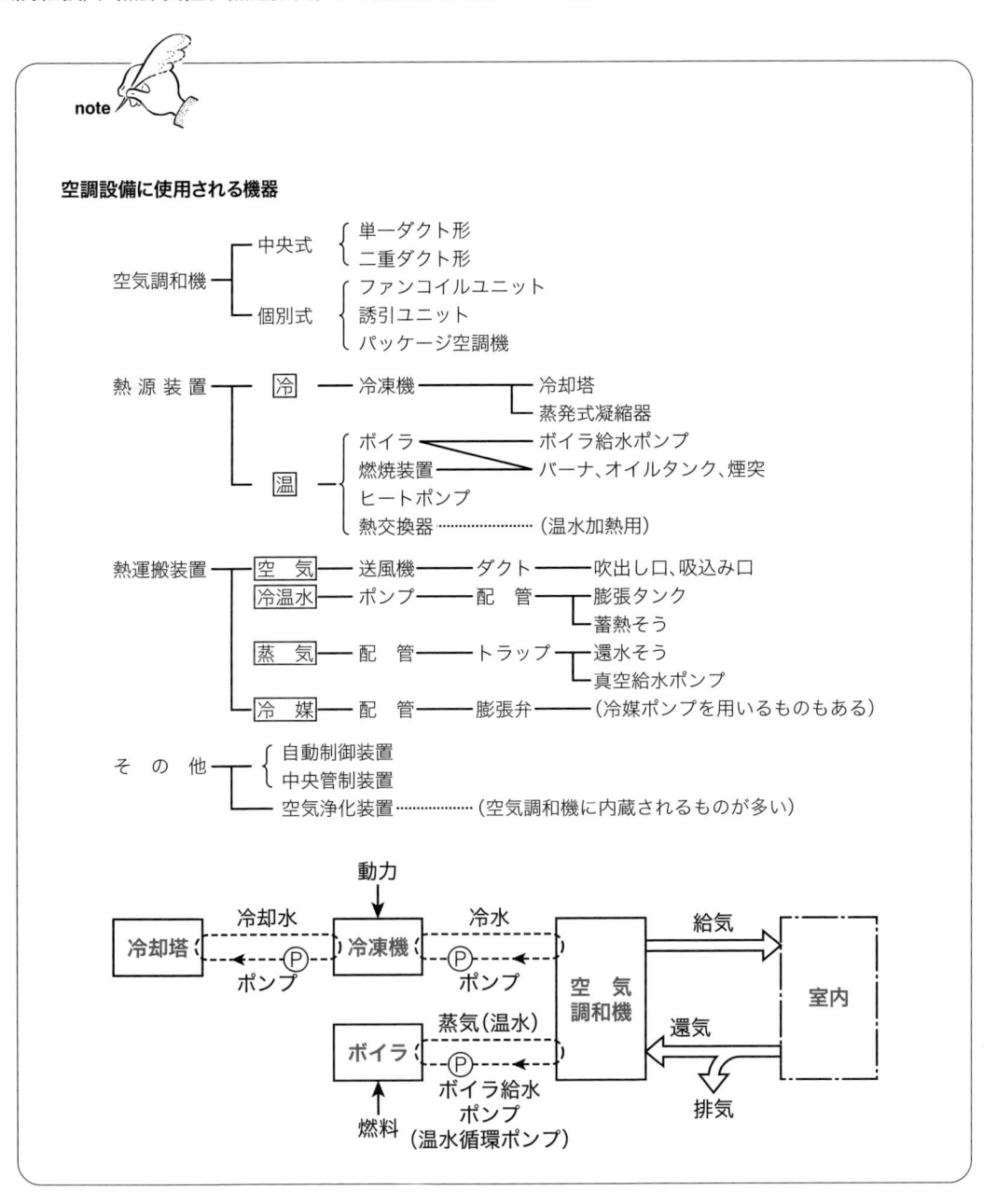

> note
>
> **空調設備に使用される機器**
>
> ```
> 空気調和機 ─┬─ 中央式 ─┬─ 単一ダクト形
>           │          └─ 二重ダクト形
>           └─ 個別式 ─┬─ ファンコイルユニット
>                    ├─ 誘引ユニット
>                    └─ パッケージ空調機
>
> 熱源装置 ─┬─ 冷 ── 冷凍機 ─┬─ 冷却塔
>         │                └─ 蒸発式凝縮器
>         └─ 温 ─┬─ ボイラ ────── ボイラ給水ポンプ
>               ├─ 燃焼装置 ───── バーナ、オイルタンク、煙突
>               ├─ ヒートポンプ
>               └─ 熱交換器 …………（温水加熱用）
>
> 熱運搬装置 ─┬─ 空気 ── 送風機 ── ダクト ── 吹出し口、吸込み口
>           ├─ 冷温水 ── ポンプ ── 配 管 ─┬─ 膨張タンク
>           │                           └─ 蓄熱そう
>           ├─ 蒸気 ── 配 管 ── トラップ ─┬─ 還水そう
>           │                            └─ 真空給水ポンプ
>           └─ 冷媒 ── 配 管 ── 膨張弁 ──（冷媒ポンプを用いるものもある）
>
> その他 ─┬─ 自動制御装置
>        ├─ 中央管制装置
>        └─ 空気浄化装置 …………（空気調和機に内蔵されるものが多い）
> ```
>
> ```
>                     動力
>                      │
> 冷却塔 ←冷却水← 冷凍機 ←冷水← 空気    →給気→ 室内
>       →ポンプ→      →ポンプ→ 調和機  ←還気←
>                                      →排気→
>              ボイラ →蒸気(温水)→
>                    ボイラ給水ポンプ
>              ↑燃料  （温水循環ポンプ）
> ```

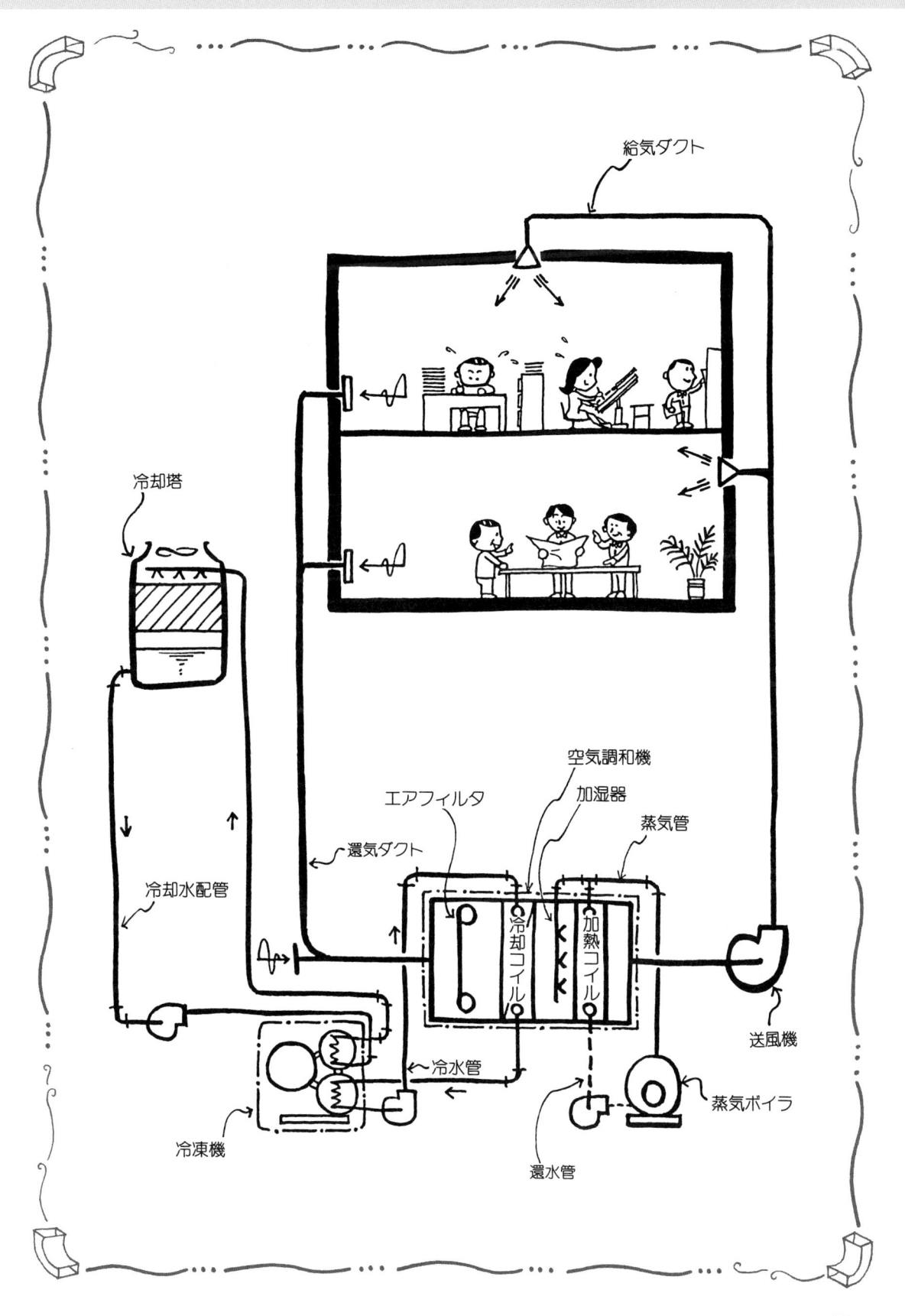

3・2 熱媒運搬方式による空調方式の分類

給気ダクト

冷却塔

空気調和機
加湿器
エアフィルタ
蒸気管
還気ダクト
冷却コイル
加熱コイル
冷却水配管
送風機
冷水管
蒸気ボイラ
冷凍機
還水管

87

4章 空気調和機の構成と種類

41 中央式空気調和機とは

　空気調和装置は空気を浄化、冷却・減湿、加熱・加湿を行うセクションですが、このセクションに送風機をセットし、各室内に送風するための機能を加味したものを空気調和機といいます。すなわち空気ろ過器、空気冷却器、減湿器、空気加熱器、加湿器および送風機などの機器を1～2のケーシングにまとめたユニットを**空気調和機**または**空調機**といい、中央式空気調和機と個別式空気調和機とに大別されます。

　中央式空気調和機は全体制御方式やゾーン制御方式において、中央の空調機室またはゾーンごとの空調機室に配置するものをいい、中央式空調機は施設形空調機、エアハンドリングユニット、マルチゾーン空調機に分類されます。

　施設形空調機は現場組立式空調機ともいい、大規模建物の中央空調機、または1次空調機として用いられる大形の空調機であり、冷熱源（冷水）や温熱源（温水）の供給を受けて、空気との熱交換を行う熱交換部分（空気加熱器、空気冷却器など）と、空気をろ過したり送風する空気処理部分をそれぞれ単独に現場で組み立て、その間を連絡ケーシングでつないで一体としたものをいいます。

　エアハンドリングユニットは**空気調和ユニット**ともいい中形、小形の中央式空調機の設備費の低廉、施工の省力化などをはかる目的で、メーカーの工場であらかじめ各機器を1つのケーシング内に組み込みパッケージ化したものをいいます。

　マルチゾーン空調機は一台で数ゾーンの空調つまりマルチゾーンユニット方式の空調を行うようにしたものです。送風機は普通、押込み式で、空気冷却器と空気加熱器とに空気を送り、出口でこの2つの空気をダンパで適当に混合して、そのゾーンの必要な送風温度に調整する調整ダンパセクションを数個組み合わせてマルチゾーン空調機はできています。

---

note

エアハンドリングユニットの種類

種類		空調方式	使用風量
垂直型	床置形	中央式・各階ユニット方式 VAV方式用	3,000～92,400 m³/h
水平型	床置形		
	懸垂形	個別空調方式用	1,300～1,600 m³/h
マルチゾーン型	床置形	マルチゾーン方式用	5,800～73,000 m³/h
二重ダクト型	床置形	二重ダクト方式用	

4・1 空気調和機をよく知ろう

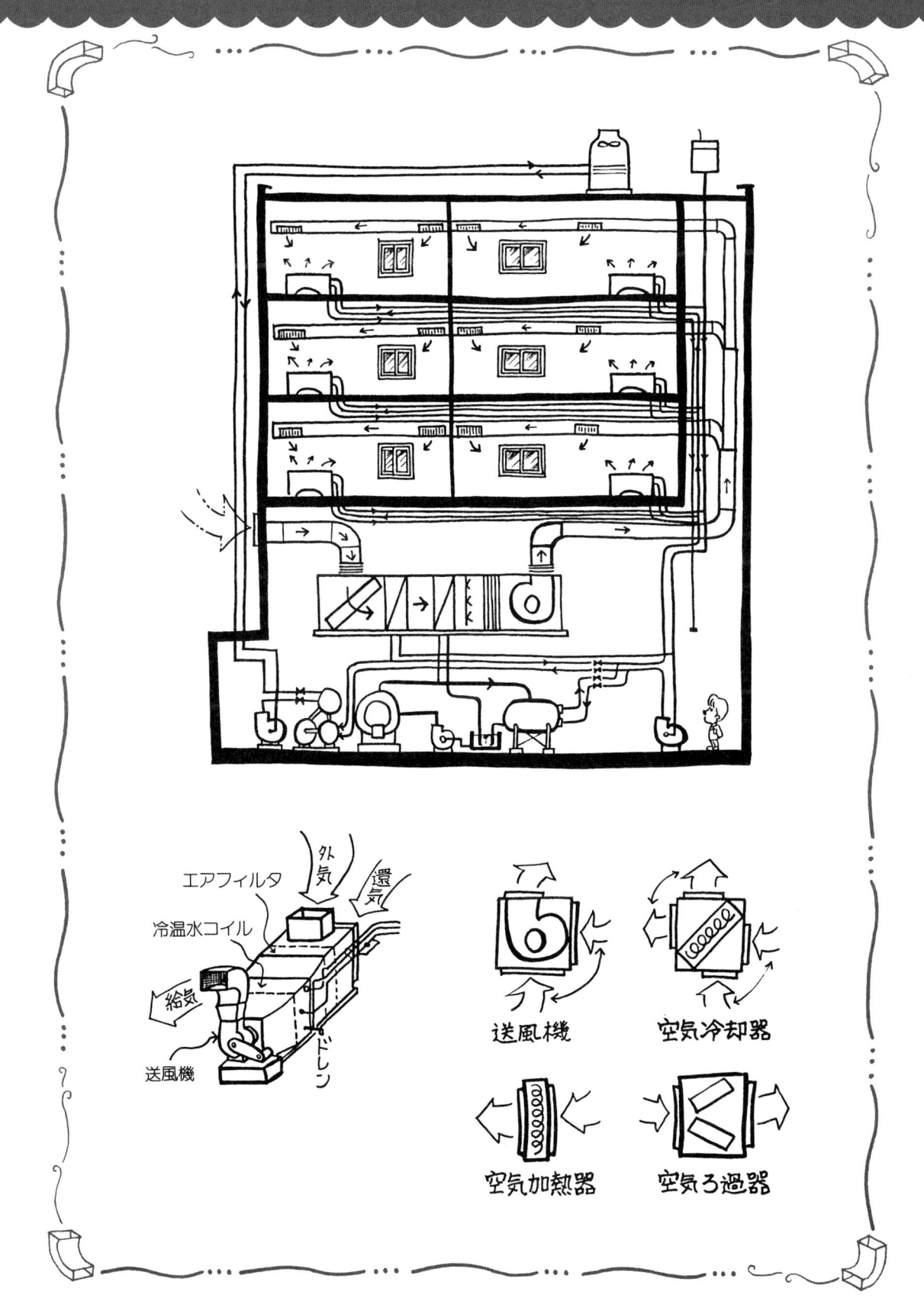

エアフィルタ
冷温水コイル
外気
還気
給気
送風機
ドレン

送風機

空気冷却器

空気加熱器

空気ろ過器

42 個別式空気調和機とは

　これは個別制御方式の空調において各部屋に配置される小容量の空調機をいい、空調用の各機器がケーシング内に合理的に収納され、その容量や用途に応じた機種があり、小規模建物の空調用とともに、中規模や大規模建物においても中央式（一次）空調機と併用して使用されます。個別式空気調和機はファンコイルユニット、誘引ユニット、パッケージ形空調機に大別されます。

　ファンコイルユニットは、ファンコイルユニット方式の空調に用いるもので、空気冷却器加熱器兼用の冷温水コイル、エアフィルタ、送風機および同期電動機をケーシング内に収納し、ユニット化したものであり、床置形と天井吊形があります。送風機はおもに多翼送風機が用いられ、通常、スイッチ操作により強風、中風、弱風の3段に切替えられるようになっています。

　誘引ユニットは、誘引ユニット方式の空調に用いるもので、冷温水コイル、エアフィルタおよび中央式空調機から高速ダクトで送風されてくる1次空気の消音、吹出し用ノズル付きチャンバがケーシングに収納されており、床置形と天井吊形があります。

　パッケージ形空調機は冷凍機、エアフィルタおよび送風機をケーシング内に収納したもので、基本的には冷房用ですが、空気加熱器、加湿器などを組み込むことにより、いわゆる冷・暖房用とすることができます。なお、この方式としては、水冷式と空冷式とがありますが、現在ではほとんど空冷式が採用され、水冷式は用いられなくなっています。理由は設備が複雑になっているからです。また、この空調機はおもに個別制御方式の空調に用いられますが、ダクトや吹出し口などを併用することによって、ゾーン制御方式を行うこともできます。

note

パッケージ空調機の種類と用途

	種類		容量（圧縮機出力）	用途・備考
水冷式	床置形	一般用	0.75～120 kW	空調一般・事務所・店舗
		ルームユニット	0.6～2.2 kW	中形以上はダクト接続形。床置きの低形は窓下設置
		電算室用	2.2～11 kW	小風量用、大風量用、オールフレッシュ用、電算室用など特殊仕様のものもある
空冷式	ウインド形		0.6～1.5 kW	住宅・マンション・小事務所
	壁掛形		1.5～2.2 kW	
	セパレート形			
	・床置形		0.6～15 kW	住宅・マンション・小事務所
	・壁掛形		0.6～2.2 kW	
	・天井吊形		2.5～3.75 kW	小事務所・店舗
	リモートコンデンサ形			
	・床置形		1.5～15 kW	一般空調・事務所・店舗
	ルーフトップ形		2.2～15 kW	低層建築等の住宅・店舗・スーパーマーケット

4・1 空気調和機をよく知ろう

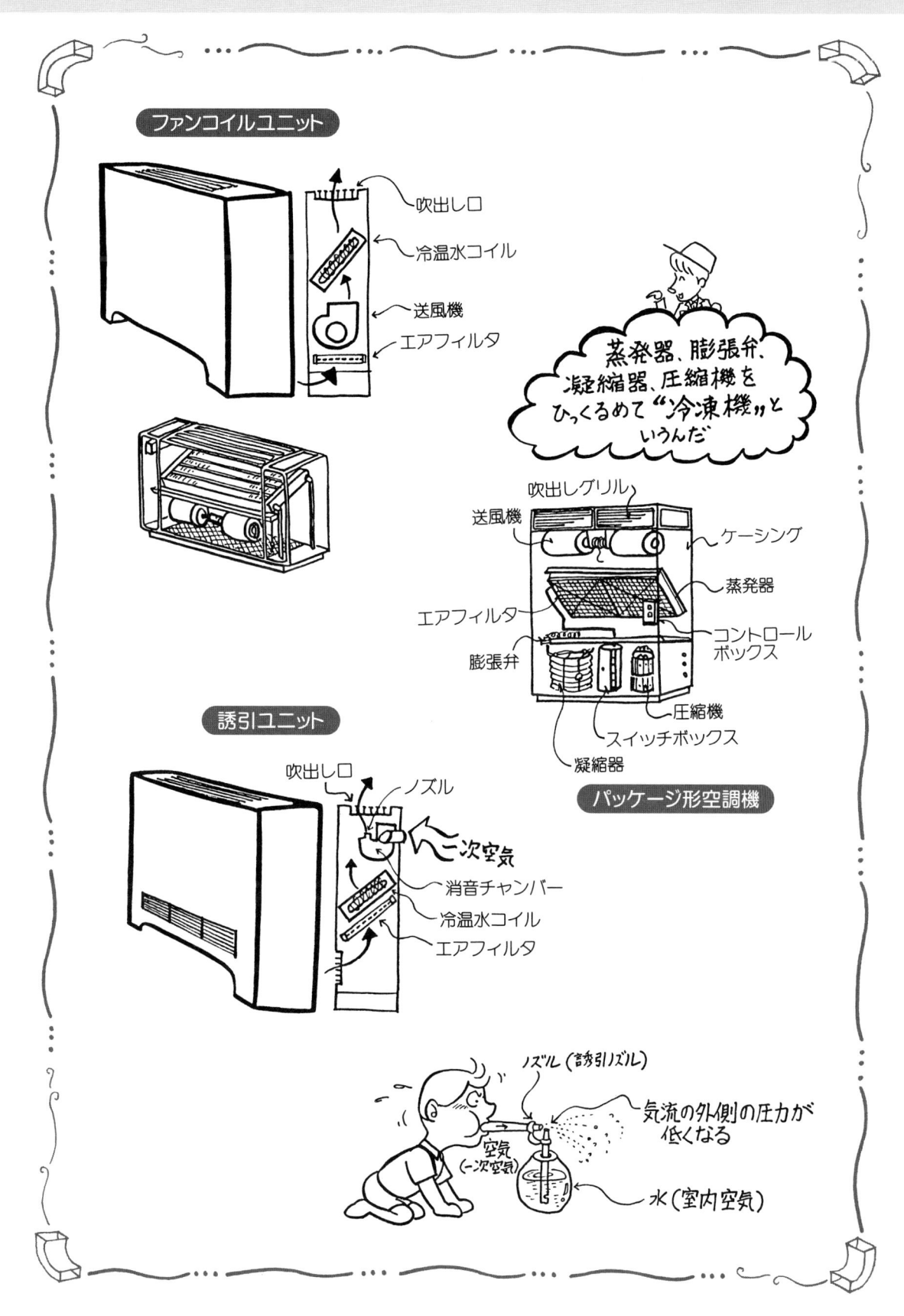

ファンコイルユニット
- 吹出し口
- 冷温水コイル
- 送風機
- エアフィルタ

蒸発器、膨張弁、凝縮器、圧縮機をひっくるめて"冷凍機"というんだ

パッケージ形空調機
- 吹出しグリル
- 送風機
- ケーシング
- 蒸発器
- エアフィルタ
- コントロールボックス
- 膨張弁
- 圧縮機
- スイッチボックス
- 凝縮器

誘引ユニット
- 吹出し口
- ノズル
- 二次空気
- 消音チャンバー
- 冷温水コイル
- エアフィルタ

ノズル（誘引ノズル）
気流の外側の圧力が低くなる
空気（一次空気）
水（室内空気）

43 空気ろ過器の働き

　空気ろ過器は一般に**エアフィルタ**または**フィルタ**といわれ、綿、ガラス繊維、不織布、プラスチックスポンジなどのろ材により、通過空気中の粉じんなどを補集するもので、空気の流れに乗って飛んできた粉じんなどが、ろ材に数度ぶつかると、いままで持っていたエネルギーを使い果し、ダウンしてしまう原理を応用したものです。空気ろ過器は用途などにより各種に分けられます。

　乾式エアフィルタはガラス繊維や合成繊維などのろ材の層を通過させてろ過させる形式のもので、エアフィルタの大部分は乾式が用いられます。たんにエアフィルタといえば乾式エアフィルタを意味していると解釈してもよいほどです。そして乾式のろ材は付着した粉じんを水洗浄して除去し、再使用できるものと、ガラス繊維のように材質上、洗浄が不可能で定期的に新しいろ材と交換するという使い捨てのものとがあります。

　湿式エアフィルタは**粘着式エアフィルタ**ともいい、繊維状にした銅、鉄、アルミニウムなどのろ材に無臭性の粘着油を吸引させ、通過空気中の粉じんを分離付着させるもので、おもに粗じん捕集用として用いられます。

　ユニット形エアフィルタは50 cm角程度の大きさの枠内にろ材を納め、1枚のユニットとしたもので、必要に応じた枚数を用います。

　U形エアフィルタは**バッグフィルタ**ともいい、ろ材をU形（袋状）にしてろ過面積を増したものです。

　高性能フィルタは病院の手術室やコンピュータの組立て工場などのように、とくに清浄空気としなければならない**クリーンルーム**に用いるエアフィルタです。例えばグラスウール等の1 μm以下の密度の高いろ材を折りたたみ、間隔を保つためにセパレータを入れ、ろ過面積を広くしたものなどがあります。高性能フィルタは1 μm以下の粉じんの捕集率が99％以上の性能を必要とされます。

note

空気中の微粒子の大きさ(μm)

砂ぼこり	90～2,000
フライアッシ	3～80
ダスト	0.9～120
フューム	0.1～1.0
煙草のけむり	0.06～0.5
バクテリア	0.22～10
ビールス	0.015～0.22

4・1 空気調和機をよく知ろう

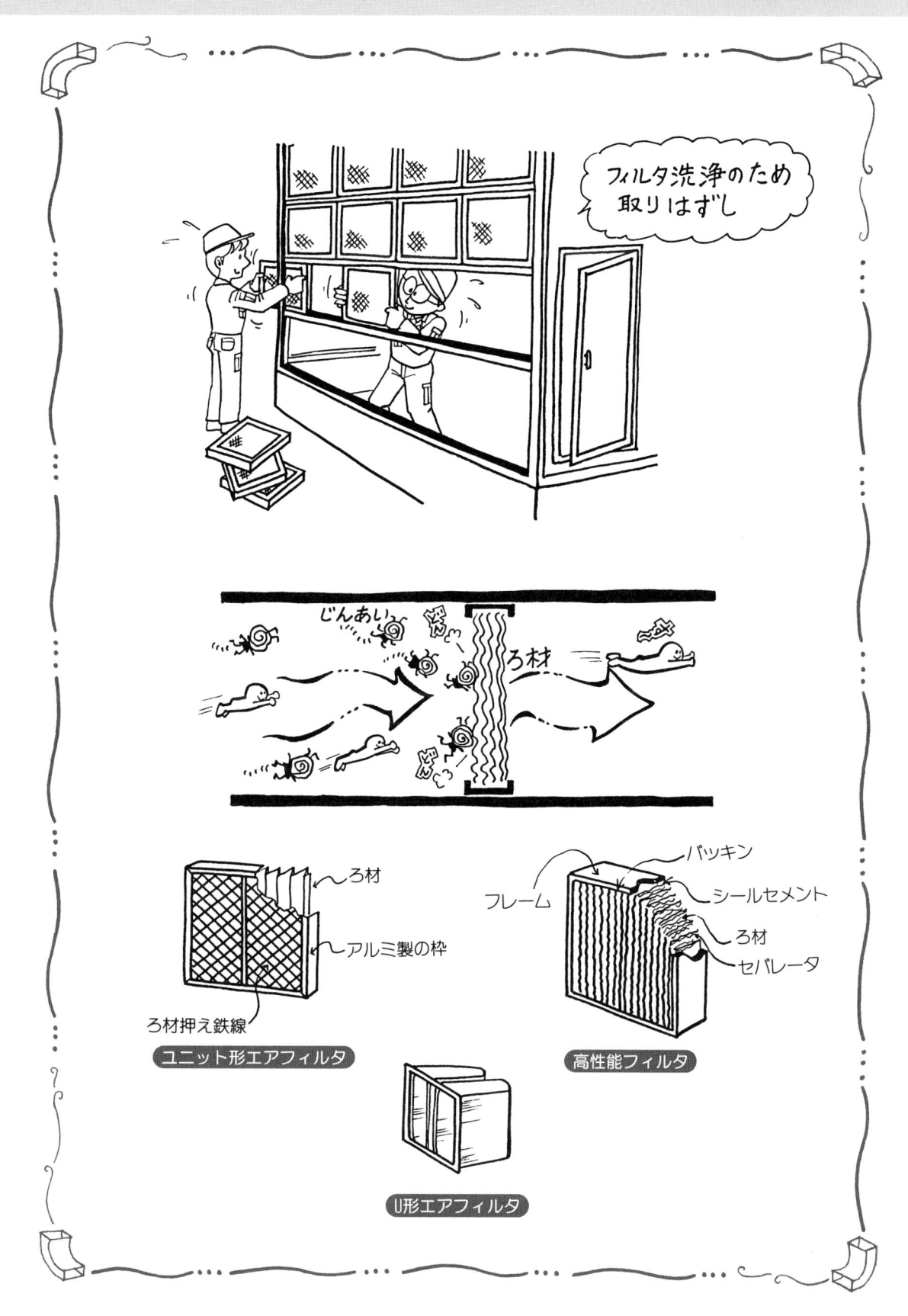

フィルタ洗浄のため
取りはずし

じんあい　ろ材

ろ材
アルミ製の枠
ろ材押え鉄線
ユニット形エアフィルタ

パッキン
フレーム
シールセメント
ろ材
セパレータ
高性能フィルタ

U形エアフィルタ

44 自動巻取り形フィルタは合理的

　自動巻取り形フィルタは**ロールフィルタ**ともいい、ろ材をマット状にし、長さ20 mぐらいのものをロール状に巻いておき、モータ駆動により自動的に送られ、集じん後のろ材を巻き取っていく構造のエアフィルタです。

　ろ材を巻き取る方法としては、集じん量が増加するに伴い、ろ材前後の差圧が増加することを利用して、差圧で圧力スイッチを働かせ、モータを間欠的に駆動させる方法と、タイマー装置により空調機の一定時間運転ごとに、ろ材を巻き取っていく方法に大別されます。そして使用後のろ材は水洗浄して再使用する場合と、使い捨てのろ材を用いる場合とがあります。

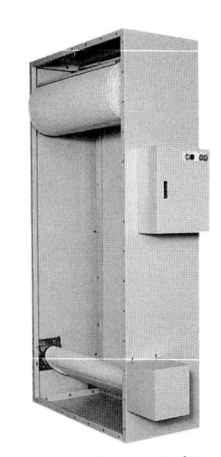

ロールフィルタ
（提供：日本スピンドル製造株式会社）

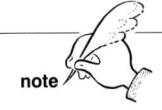

エアフィルタの種類と性能

形式		内　容	対象じんあい	捕集効率（％）	細菌	空気抵抗（Pa）	価格
電気集じん器		ごみを含む空気を放電電場に通し、ゴミに帯電させ、帯電したゴミを陽極板に吸引し除去する。	小	85～90（比色法）	○	30～200	大
ユニット形	乾性ろ過式	ふるいのようにフィルタの目より大きいごみをこして除去する、グラスファイバー、ビニールスポンジ、不織布などのろ材を用いる。	中	50～80（重量法）大気じんあいの場合：10～50	×	30～150	小
	粘性式	フィルタ中を通る気流がろ材の繊維をさけながらジグザグに進む間にごみがろ材表面（油塗布）に付着し、除去される。	中	30～50（重量法）大気じんあいの場合：10～30	×	30～150	小
	高性能	放射性物質を取り扱う施設やクリーンルームなどの高い除じん率が要求される場合で微細なグラスファイバー等で除去する。	小	99.9以上（計数法）	○	250～2,000	大
連続形	巻取り形乾式	ロール状のグラスファイバーなどのろ材を少しずつ巻き取って長時間使用できるようにしたもの。ロール1本で半年から1年間使用できる。	中	50～85（重量法）大気じんあいの場合：10～50	×	50～150	中
	湿式回転形	網状のパネルを下部の油そうを通して油を浸し、一定速度で連続的に回転して使用するもので、付着したじんあいは油そうで洗浄され、そう内にたまる。	中	30～50（重量法）大気じんあいの場合：20～30	×	50～150	中

4・1 空気調和機をよく知ろう

新しいろ材

ダクト

モータ

汚れたろ材

電装ボックス

巻取り部

電動機および
ギヤボックス

にている

ちょっとめんどう

まきとリ式が
あったらなぁ

45 空気冷却器には減湿器が不要

空気冷却器はたんに**冷却器**とか**冷却コイル**ともいい、器内（コイル内）を通る冷媒と、器外を通過する空気とを熱交換、つまり冷媒によって空気より吸熱し、空気を冷却させ冷風とする機器です。直接膨張方式（冷媒方式）の冷房の場合はコイル内を冷凍機の冷媒液（1次冷媒液）が流動することになり、これは冷凍機の蒸発器がその役目を果します。

しかし通常、冷房は冷凍機の蒸発器によって水を6℃程度に冷却した**冷水**を2次冷媒とし、空調機の空気冷却器に供給し、冷風とする間接膨張方式（冷水方式）の冷房がとられ、この場合の空気冷却器は**冷水コイル**と称されます。

空気冷却器は空気の冷却効率を高めるため、銅管の周囲に銅製またはアルミ製の多数のフィンをプレート状に取り付けたプレートフィン形、あるいはリボン状や、ら旋状に取り付けたエロフィン形があります。これは自動車のエンジンの冷却水の温度を上昇させないため、ラジエータのコイルに多数のフィンを取り付け、放熱面積を多くするのとまったく同じ理屈です。

空気冷却器を暖かい空気が通過するとき、急冷却されて結露し、空気中の水分が水滴として分離され、冷却器に付着し、滴下していきます。

空気冷却器は空気を冷却するとともに、冷却減湿の機能をも兼ねることになります。

> **note**
>
> **各部形式のコイル主要寸法**
>
> | コイルの形式 | エロフィン7形 | エロフィン8形 | プレートフィン8形 |
> |---|---|---|---|
> | 材質 | 銅管、銅フィン | 銅管、銅フィン | 銅管、銅またはアルミフィン |
> | フィンピッチ | 3.6 mm（1/7″）[注1] | 3.15 mm（1/8″）[注1] | 3.15 mm（1/8″）[注1] |
> | フィンの高さ | 9.5 mm | 10.3 mm | 3.8×4.5 m |
> | 銅管外径/内径 | 15.8/14.6 mm | 同 | 同 |
> | 外表面積〔m^2/m〕 | 0.50 | 0.61 | 0.91 |
> | 内外表面積比 R | 10.0 | 12.3 | 18.4 |
> | a [注2]〔m^2/m^2列〕 | 12.95 | 15.95 | 22.9 |
>
> 注 1　1インチ（25 mm）当りのフィンの数を示す
> 　　2　aは前面積1m^2当り、1列当りの外表面積〔m^2〕

4・1 空気調和機をよく知ろう

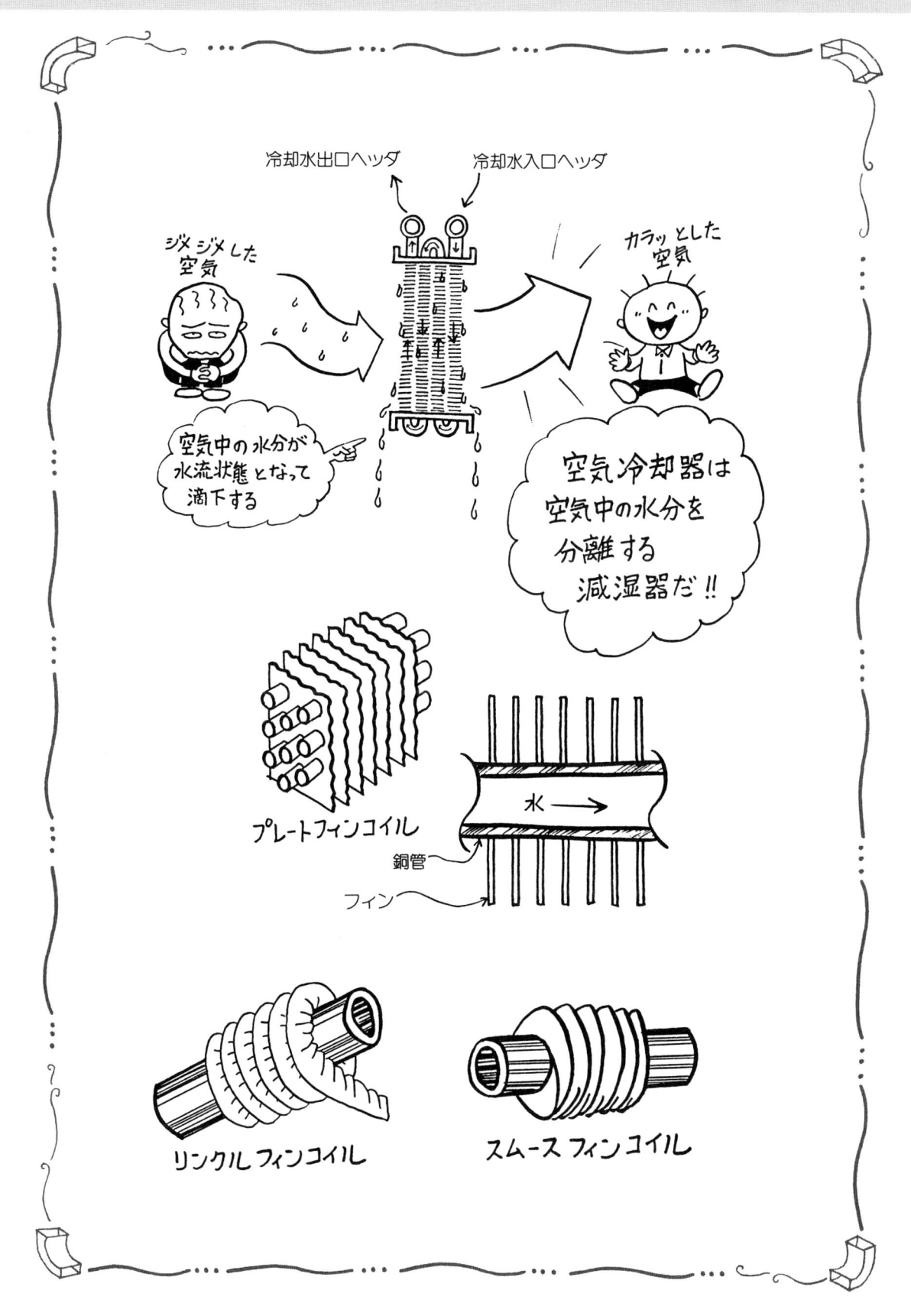

冷却水出口ヘッダ　冷却水入口ヘッダ

ジメジメした空気

カラッとした空気

空気中の水分が水流状態となって滴下する

空気冷却器は空気中の水分を分離する減湿器だ!!

プレートフィンコイル

水 →

銅管
フィン

リンクルフィンコイル　　スムースフィンコイル

46 空気加熱器には加湿器が必要

　空気加熱器は**空気加熱コイル**や**加熱コイル**ともいい、器内（コイル内）を通る熱媒（蒸気または温水）と、器外を通過する空気とを熱交換させ、空気を加熱し温風とする機器で、その構造などは空気冷却器とほぼ同じです。しかし空気を加熱すると相対湿度が低下し、風邪をひきやすくなるなど、環境衛生上いろいろな弊害を生じますので、適度に加湿する必要があり、したがって空気加熱器には加湿器を併設しなければなりません。

　空気加熱器は、熱媒として器内に温水ボイラから温水を流動させる場合は**温水コイル**と称され、冷房時に冷水方式をとる場合、冷水コイルと温水コイルの2つを設けることなく、1つのコイルに冬は温水を夏は冷水を流動させる**冷・温水コイル**とするのが一般です。

　空気加熱器の熱媒として蒸気ボイラからの蒸気を用いる場合は**蒸気コイル**と称されます。パッケージ形空調機のように直接膨張方式で冷房を行うものでは、冷凍機の蒸発器を空気冷却器とするので、空調機には別に空気加熱器を付設する必要があり、この場合の空気加熱器としては蒸気コイルとすることが多く、蒸気コイルとする場合の必須条件は空気加熱器の出口に蒸気トラップを備えることです。

　蒸気を熱媒とする場合、利用できる熱量は蒸気の保有する全熱量のうちの潜熱だけであって、空気の加熱のために潜熱を放出すると凝縮し、**凝縮水**（**ドレン**または**復水**ともいう）に状態変化し、熱媒としての役目を終えることになります。蒸気コイルからコイル内で生じた凝縮水のみを排除するバルブ、つまり蒸気だけのときは弁を閉じ、凝縮水がたまると弁を開き、凝縮水を排出するバルブを**蒸気トラップ**といいます。**蒸気トラップ**は凝縮水を排除する作動原理から多種に分類されますが、蒸気コイルには主としてフロート式が用いられます。

> **point**
>
> **コイルの列数とは**
> 　空気がコイルのフィン付き管を通過する場合の本数を列といい、一般の冷却コイルで6列程度、加熱コイルで2列程度、外気専用コイルでは10列程度です。

4・1 空気調和機をよく知ろう

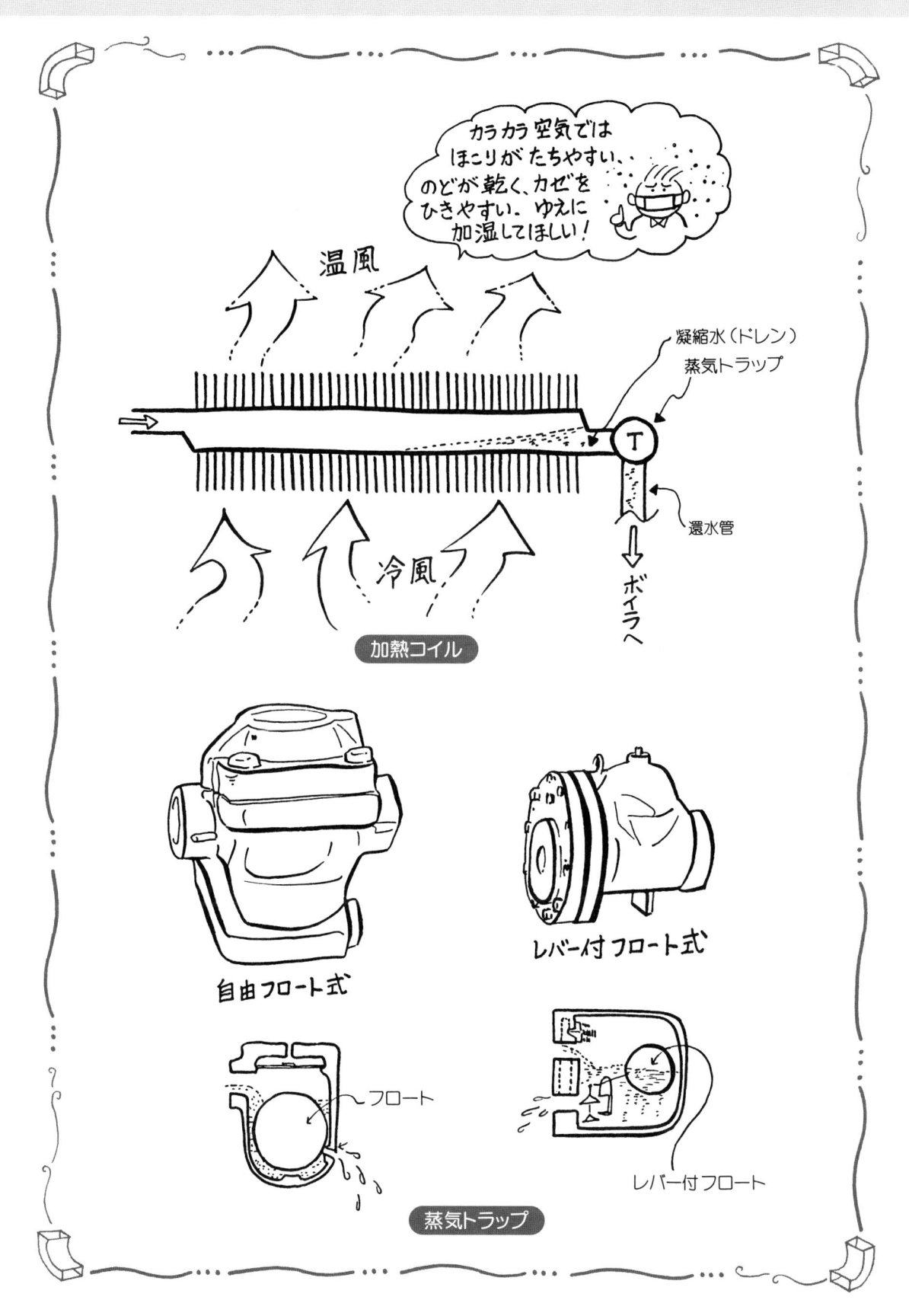

カラカラ空気では
ほこりがたちやすい、
のどが乾く、カゼを
ひきやすい。ゆえに
加湿してほしい！

温風

凝縮水（ドレン）
蒸気トラップ

還水管

ボイラへ

冷風

加熱コイル

自由フロート式

レバー付フロート式

フロート

レバー付フロート

蒸気トラップ

47 加湿を行う方法

空気に水分を与えて湿度を高めるための装置を**加湿器**といい、加湿の方法により多種あります。

水噴霧式加湿器は**エアワッシャ形加湿器**ともいい、ポンプで水を 294 kPa（3 kgf/cm²）以上に加圧し、ノズルから噴霧し、噴霧された水の細かい粒子を空気と熱交換して蒸発させ加湿するもので、加湿器として広く用いられます。水噴霧式加湿器は噴霧された水滴が送風機などの機器に付着したり、給気ダクトに運ばれるとトラブルを発生するので、これを防止するためアルミウールまたはサラン網などによる**エリミネータ**という、水の飛散を防止する装置を設けなければなりません。

蒸気噴射式加湿器は蒸気ボイラからの 29.4 kPa（0.3 kgf/cm²）程度の蒸気を噴射させるもので、加湿の制御性が良好ですが、蒸気ボイラを用いる場合に限られます。

遠心噴霧式加湿器は遠心力で水を霧化させるとともに、風で吹き上げ加湿する方式で、室内の隅に配置し、その部屋しか加湿できません。

強制蒸発形加湿器は**パン形加湿器**ともいい、水そう（パン）内の水を電熱器で加熱し、水面より蒸発する蒸気により加湿するもので、おもにパッケージ形空調機で用いられます。この方式の加湿器は水中の不純物が濃縮、析出されて湯あかやスケール（缶石）となり、これが電熱器に付着するので毎年これを取り除くことが肝要です。

気化式加湿器は、上水を浸透膜等を用いて蒸発させることにより加湿を行うものです。エネルギーの使用量が少なく、気化熱により温度が低下するため、内部発熱の大きな用途に適します。水噴霧式や蒸気噴射式に比べ制御性は悪いのですが、一般的に消費電力が小さいためオフィスビルの空調等で広く採用されています。また、近年では全熱交換機やフィルターユニット等に組み込まれるケースもあります。ただし、不使用時のエレメントの乾燥や定期的な清掃が必要となります。

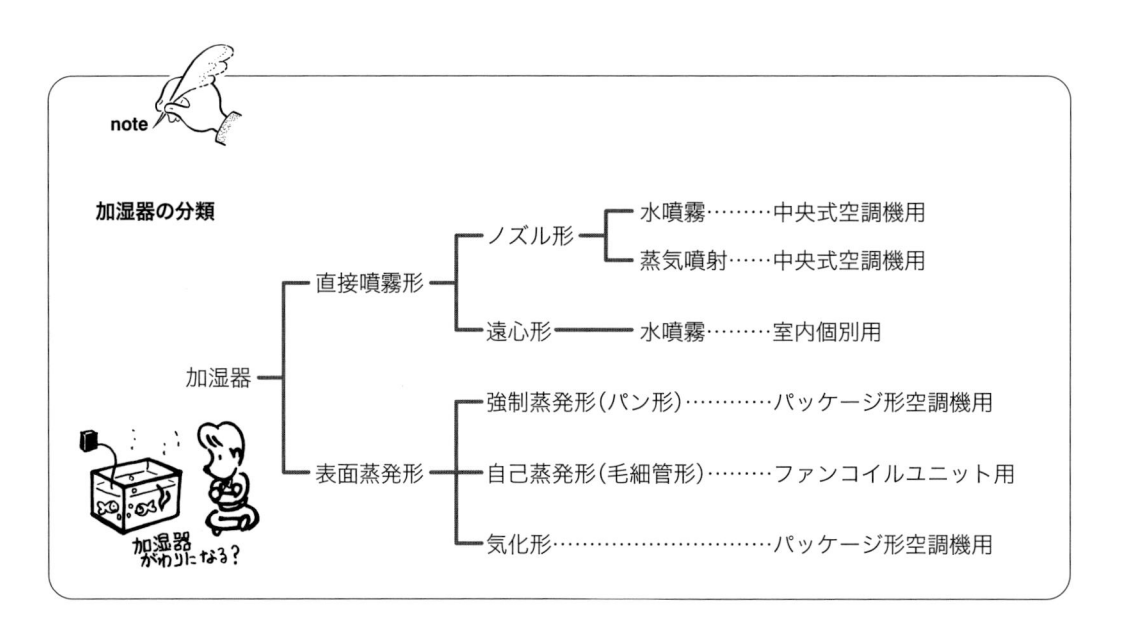

note

加湿器の分類

加湿器
- 直接噴霧形
  - ノズル形
    - 水噴霧………中央式空調機用
    - 蒸気噴射……中央式空調機用
  - 遠心形———水噴霧………室内個別用
- 表面蒸発形
  - 強制蒸発形（パン形）…………パッケージ形空調機用
  - 自己蒸発形（毛細管形）………ファンコイルユニット用
  - 気化形………………………パッケージ形空調機用

4・1 空気調和機をよく知ろう

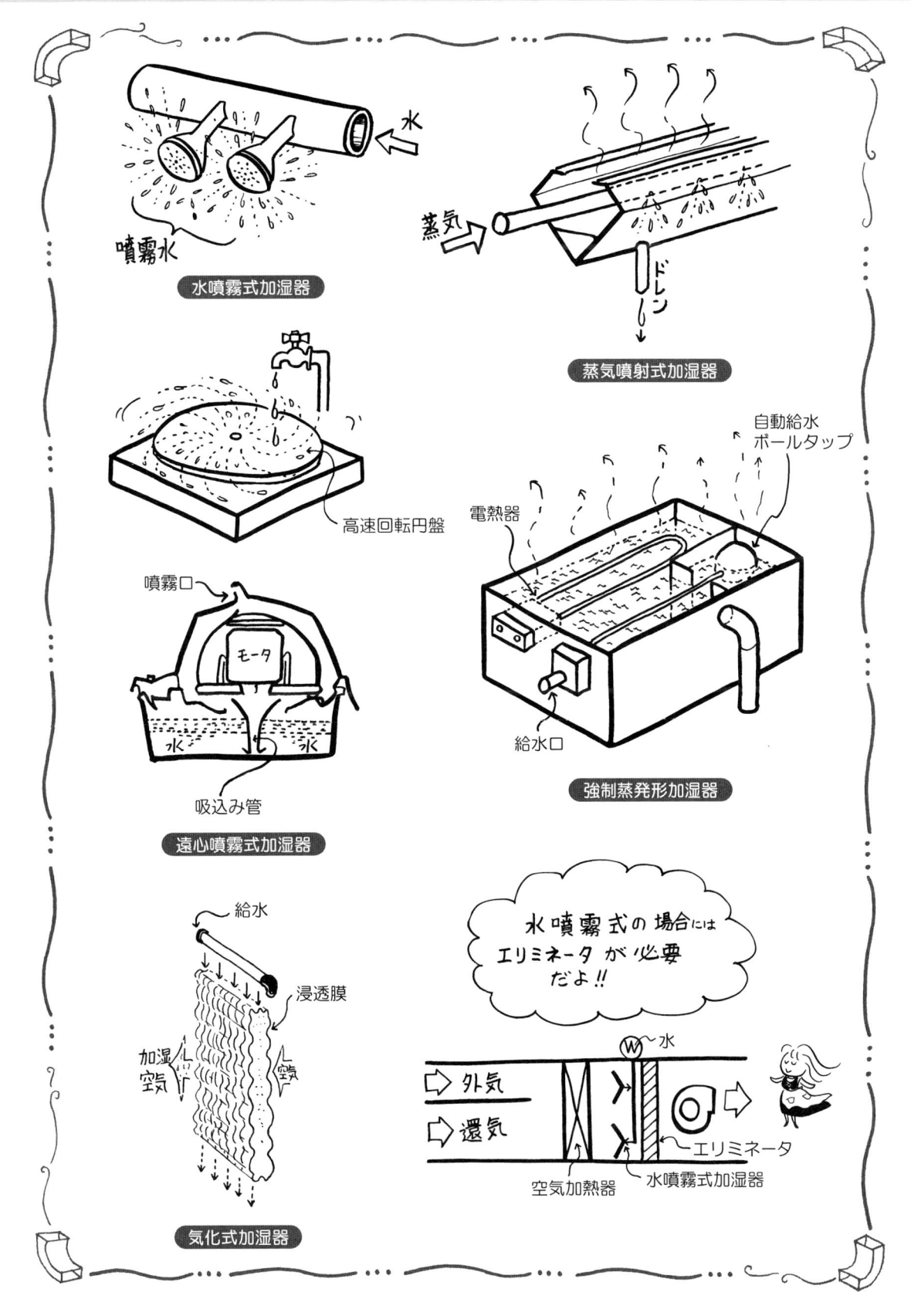

噴霧水

水噴霧式加湿器

蒸気 → ドレン

蒸気噴射式加湿器

高速回転円盤

噴霧口
モータ
水　水
吸込み管

遠心噴霧式加湿器

自動給水ボールタップ
電熱器
給水口

強制蒸発形加湿器

給水
浸透膜
加湿空気

気化式加湿器

水噴霧式の場合には
エリミネータが必要
だよ!!

外気
還気
空気加熱器　水噴霧式加湿器　エリミネータ　水

101

5章 熱源装置

48 七変化する冷媒！

　物を冷却するには相手の物体から熱を奪うため（熱を吸収するため）の熱源を必要とし、このように熱を吸収するための熱源を**冷熱源**といい、冷熱源をつくり出す装置の主役が**冷凍機**です。冷凍機は低温から高温へと熱を移動させる（熱を汲み上げる）ためのポンプの役目を果すもので、熱を汲み上げる媒体をするのが冷媒です。

　病院などで注射するとき、消毒のためアルコールをぬられますが、ぬった部分はとても冷たく感じます。これはアルコールは気化しやすい物質で、すぐに液体から気体へと状態変化、つまり蒸発し、そのとき身体の表面から蒸発に必要な潜熱を奪っていくからです。夏の暑い盛りの夕方、庭に打ち水をまくと涼しくなるのもこれと同じ理屈です。冷凍機はアルコールのように蒸発しやすい液体を媒体として用い、液体が蒸発するときの潜熱を対象物体から奪い冷却するわけで、この媒体を**冷媒**といい、空調の場合は**1次冷媒**ともいいます。

　冷凍機に封入された冷媒は内部を循環しますが、圧縮機により圧縮され高温・高圧のガス（**冷媒ガス**）となり、凝縮器に入って冷却水で冷やされ（熱を奪われ）凝縮液化され**冷媒液**にと状態変化します。この冷媒液は膨張弁で減圧され蒸発器に送られて蒸発し、このさいの、蒸発潜熱により蒸発器周囲の物体の熱を奪って冷却の目的を果します。このように冷媒は冷凍機の中で"蒸発→圧縮→凝縮→膨張"の四つの状態変化を繰り返しながら、熱を低温部から高温部に運ぶという冷却作用を行いますが、このサイクルを**冷凍サイクル**といいます。

　空調用冷凍機の冷媒としては"R"と記号する**フロン冷媒**が用いられます。しかしフロンは大気に放出すると地球のオゾン層を破壊する作用があるので、近い将来フロンに換わる冷媒が開発されるでしょう。

---

note

フロン冷媒とは
　ハロゲン化炭化水素系冷媒のうち、ふっ素を含む系の冷媒の名称です。アンモニアや二酸化硫黄のように毒性や可燃性がなく、また二酸化炭素のように非常に高い凝縮圧力を必要とせず、優れた特性をもった冷媒です。フロン冷媒はRという符号をつけることが規定され、種類としては、R-11、R-12、R-13、R-21、R-22、R-113、R-114、R-500、R-502などがあります。

特定フロンの生産・輸出入規制
　日本ではモントリオール議定書に基づき、1988年「特定物質の規制等によるオゾン層の保護に関する法律（オゾン層保護法）」を制定し、1989年7月からオゾン層破壊物質の生産・輸出入の規制を始めました。

	原子構成	スケジュール	
CFC系	Cl、F、C	1996年	全廃
HCFC系	H、Cl、F、C	2004年	65%
		2010年	35%
		2015年	10%
		2020年	全廃
HFC系	H、F、C	なし	

1989年消費量（生産量＋輸入量－輸出量）の実績を基準とする

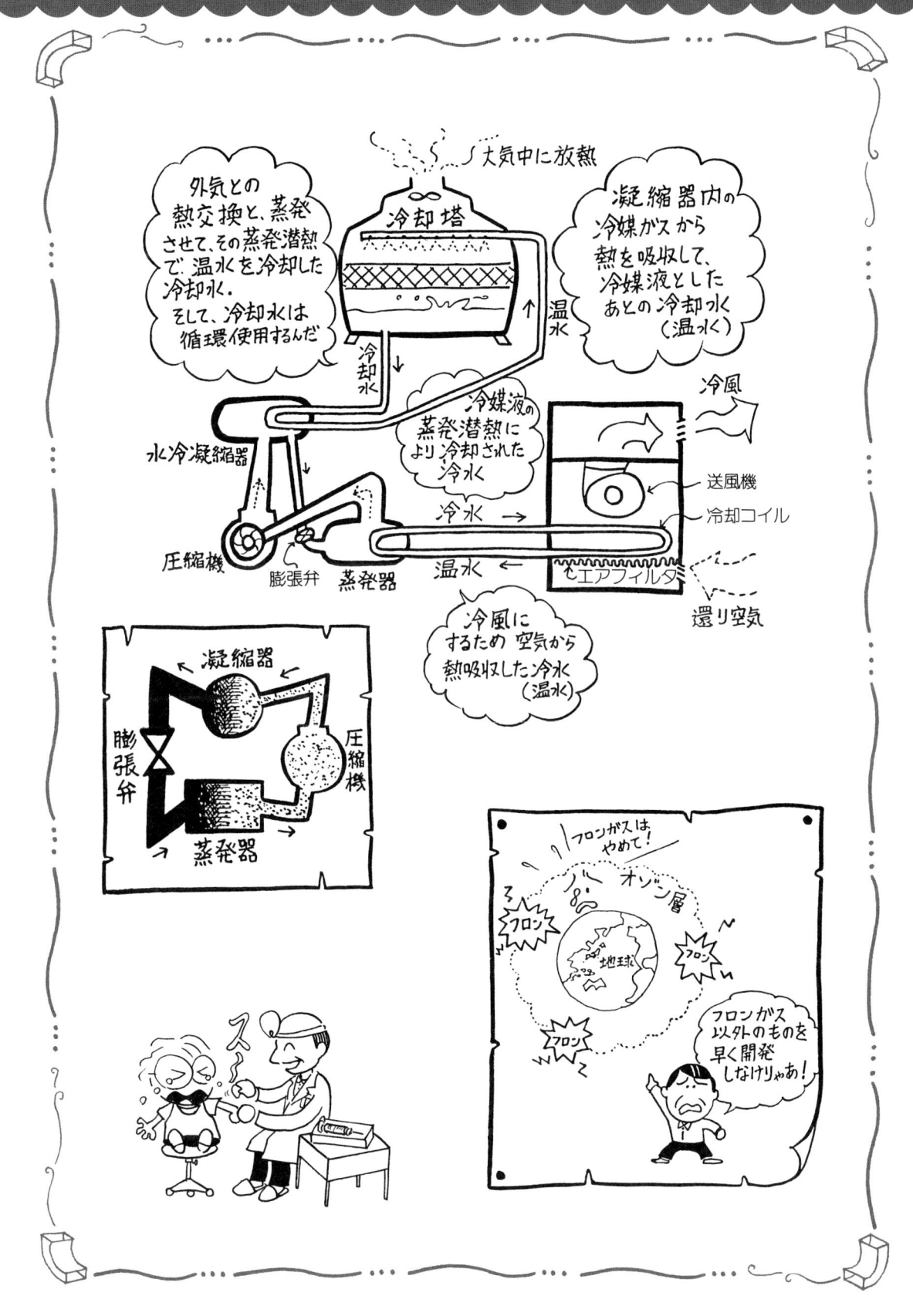

5・1 冷熱源装置とは冷凍機なのだ

49 冷凍機を構成するもの

　冷凍機は基本的には圧縮機、凝縮器、膨張弁、蒸発器の4つで構成されます。
　圧縮機は冷凍サイクルにおいて、圧力の低い蒸発器から、圧力の高い凝縮器へ冷媒ガスを送り込むために、冷媒ガスにエネルギーを加える（加圧する）ための装置で、圧縮の方式により、つぎのように分けられます。シリンダー内に冷媒ガスを吸引し、これをピストンで圧縮する**往復圧縮機**、後曲りの羽根車を高速回転させ、冷媒ガスを圧縮する**遠心圧縮機**、シリンダー壁とローターとの間に吸い込まれた冷媒ガスをブレードと呼ぶ封じ機構の助けを借りて圧縮する**ロータリー圧縮機**、同期歯車のついた雄雌の2本のローターの反方向の回転により圧縮する**スクリュー圧縮機**があります。
　凝縮器は圧縮機より吐き出された高圧・高温の冷媒ガスを冷却して、凝縮（液化）させ、冷媒液とするための熱交換器で、空気（大気）と熱交換して冷媒ガスを冷却する**空冷凝縮器**と、冷却水と熱交換し冷媒液とする**水冷凝縮器**があり、この場合は冷却塔を必要とします。しかし前者は小型の冷凍機にしか用いられません。
　膨張弁は冷凍サイクルで凝縮器を出た冷媒液を蒸発器に供給する直前に、減圧（膨張）させ、冷媒液の流量を冷凍負荷や温度などによって調節するためのバルブをいいます。
　蒸発器は冷凍サイクルで被冷却物から蒸発熱を奪って冷却するために、冷媒液に蒸発作用を行わせる部分で、被冷却物の（外部の）熱を内部の冷媒に速く奪い、蒸発させる必要上、凝縮器の場合と同じく、熱伝導率のよい銅やアルミニウムを材料としてつくられます。蒸発器は空気を冷却する場合は**空気冷却器**や**蒸発コイル**などと称され、水を冷却する目的で用いる場合は**水冷却器**などと称されます。通常の冷房は蒸発器（水冷却器）で水から熱を奪って6℃程度の冷水とし、この冷水を空調機の空気冷却器に供給し、冷風とする**冷水冷房方式**が行われ、この場合の冷水を**2次冷媒**といいます。

---

topics

冷凍機がなくても水や空気を冷やせる!?
　空気の乾いた暑い地方では、飲み水などを冷却するのに、素焼の土器に水を入れ、栓をして風に当てています。水は素焼土器の無数の毛細管から外側へ少しずつしみ出し、空気中へ蒸発しますが、その際の蒸発熱は土器および内部の水から奪うので、それだけ水は冷却されるわけです。こうして水は理論的には空気の乾球温度まで冷却することができます。
　これと同じ理論で、空気の乾いた地方では、例えば常温の水を噴霧して気流中で蒸発させるだけで、空気の温度をかなり下げることができます。

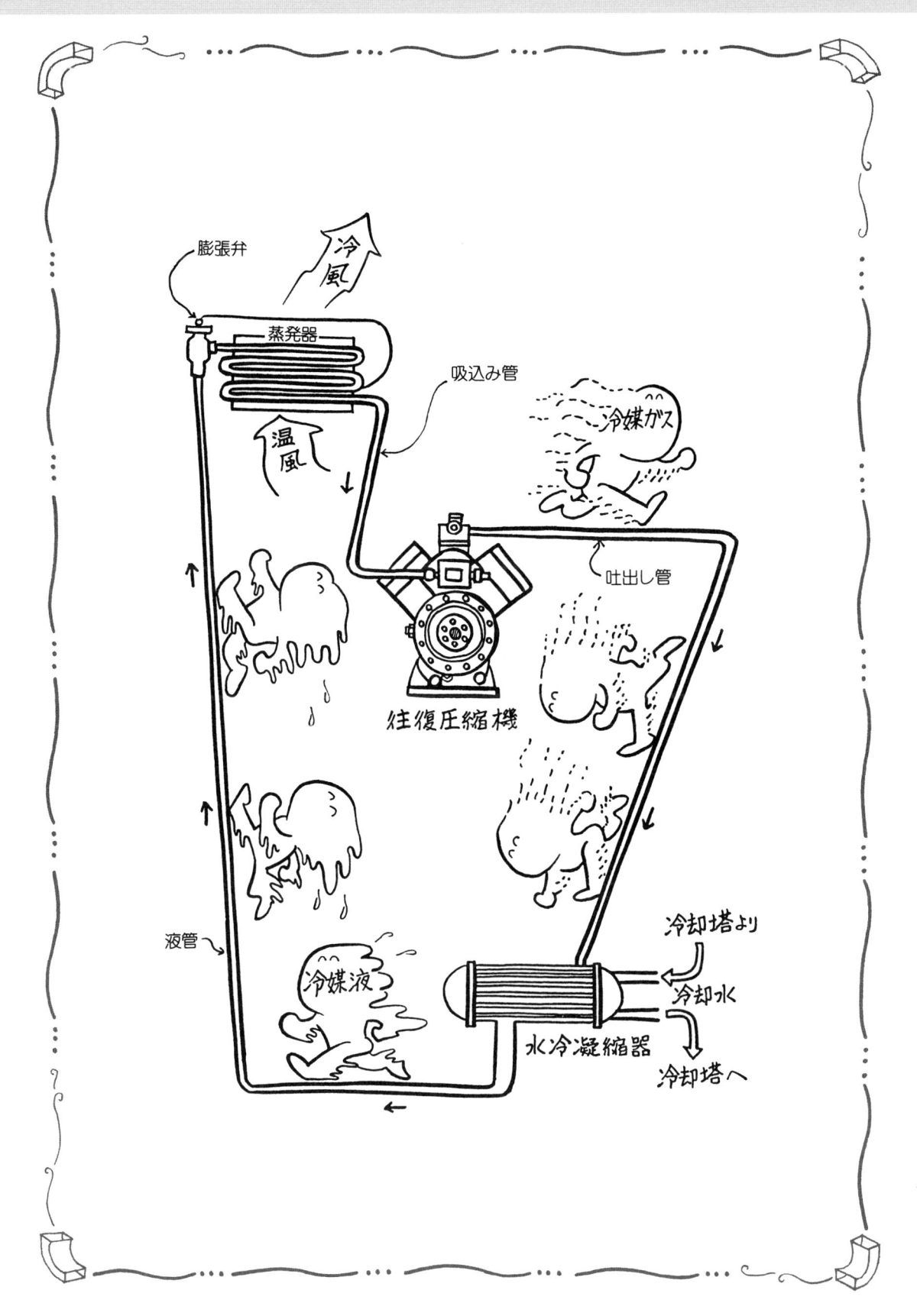

5・1 冷熱源装置とは冷凍機なのだ

50 冷凍トンって何のこと？

　冷凍トンは冷凍機の冷凍能力を表わす一般的な方法として用いられるもので、冷凍機を24時間連続運転した場合、何トンの重さの氷をつくる能力をもっているかを表示する方法です。これを"RT"という単位記号で表示します。冷凍トンは日本冷凍トンとアメリカ冷凍トンに大別されますが、両者には約1割の差があります。現在では、アメリカ冷凍トン（USRT）を使用するのが一般的となっています。

● 日本冷凍トン

　1 JRT ＝（1,000 kg × 79.68 kcal/kg）/24 h＝3,320 kcal/h＝3.86 kW

● アメリカ（米国）冷凍トン

　1 USRT ＝（2,000 lb × 144 BTU/lb）/24 h ＝ 12,000 BTU/h ＝ 3,024 kcal/h＝3.52 kW

　日本冷凍トンはわが国における標準冷凍能力を表わす単位で、0℃の水1トンを24時間で0℃の氷にする能力を、1冷凍トンといいます。0℃の水を0℃の氷にするには、水から融解熱に相当する熱量だけ取り去ればよく、この熱量は水1kgについて333.5 kJ（79.68 kcal）ですから、24時間に蒸発器で333,544 kJ（79,680 kcal）の熱量を奪い得れば1日本冷凍トンの冷凍機ということになります。

冷凍機の種類・使用冷媒・用途

形式		種類	容量範囲 RT[注1]	冷媒[注2]	用途
蒸気圧縮式	往復式（レシプロ式）	小形	0.2～13	R-12　R-22	小規模空調用
		高速多気筒形	12～220	R-500　R-502	冷凍用
	回転式	ロータリー式	2～200	R-12	①小形クーラー
		スクリュー式	10～2,000	R-22	②冷凍、中・大形はヒートポンプ用
	遠心式（ターボ式）	密閉形	30～1,600	R-113　R-114　R-11　R-22	③中・大規模空調用
		開放形	100～10,000	R-500　R-22	④地域冷房用
吸収式		直焚式冷温水発生器	50～1,400	H₂O（冷媒）	⑤組合せ方式
		二重効用式	110～1,600	LiBr（吸収液）	⑥中大規模空調用
		一重効用式	70～1,500	NH₃（吸収液）	⑦小中規模空調用

注1　1 USRT ＝ 3,024 kcal/h ＝ 3.52 kW　　注2　冷媒については48 note 参照

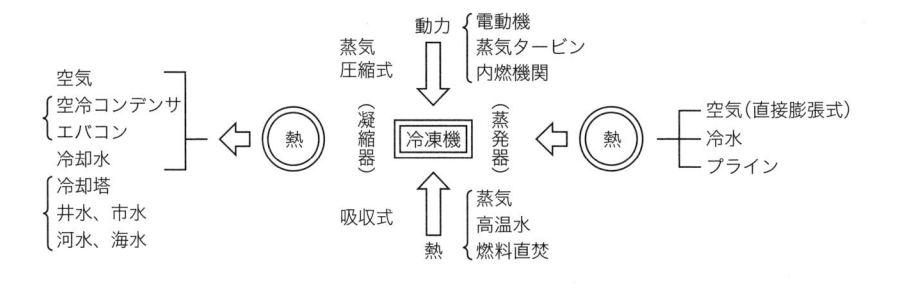

5・1 冷熱源装置とは冷凍機なのだ

51 蒸気圧縮式冷凍機とは

冷凍機は原理的に蒸気圧縮式と吸収式に大別されます。

蒸気圧縮式冷凍機（圧縮式冷凍機）は冷凍サイクルにおいて、冷媒蒸気（冷媒ガス）を圧縮させるのに圧縮機という機械的な手法による方式をいい、使用する圧縮機の種類に応じてつぎのように分けられます。

往復冷凍機は圧縮機として往復圧縮機（レシプロ圧縮機）を用いた冷凍機で、一般に**レシプロ冷凍機**と呼ばれ、冷凍能力が300US冷凍トン程度以下の場合に用いられます。

回転冷凍機は回転式圧縮機を用いたもので、ロータリー圧縮機を用いた場合を**ロータリー冷凍機**といい、一般に180US冷凍トン以下に用いられます。そしてスクリュー圧縮機を用いるものが**スクリュー冷凍機**で、2,000US冷凍トン程度以下に用いられます。

遠心冷凍機は通常**ターボ冷凍機**といわれ、ターボ送風機を増速機として使って、高速で回転させて冷媒ガスを圧縮するという遠心圧縮機（ターボ圧縮機）を用いる冷凍機です。往復冷凍機では冷媒として高圧ガスのR-12やR-22がおもに用いられるのに対し、遠心冷凍機の冷媒はおもに低圧ガスのR-11が使われ、遠心冷凍機は冷凍能力が10,000US冷凍トン以下の大容量の冷凍機として多く用いられます。

note

冷凍機の比較

項目	往復式	遠心式	吸収式
設備費	1	2	3
運転費	3	1	2
寿命	3	1	2
容量制御	3	2	1
自動制御	3	2	1
C.O.P.	2	1	3
騒音	3	2	1
設置スペース	1（最小）	2	3
低音	1	2	3

項目	往復式	遠心式	吸収式
直膨式	1	2	—
冷媒損失	3	2	1（最小）
潤滑油年間補給量	3	2	1（最小）
冷媒チャージ量	2	3	1
機械重量	1	2	3
容量範囲（US冷凍トン）	0.2～220	30～10,000	50～1,600
使用エネルギー	電気	電気または蒸気	蒸気または高温水、燃焼ガス

注）1、2、3は有利さの順序を示す。1が最有利
　　1 USRT ＝ 3,024 kcal/h ＝ 3.52 kW（現在はkWを使わなければならないが、どちらの単位も使用されている）

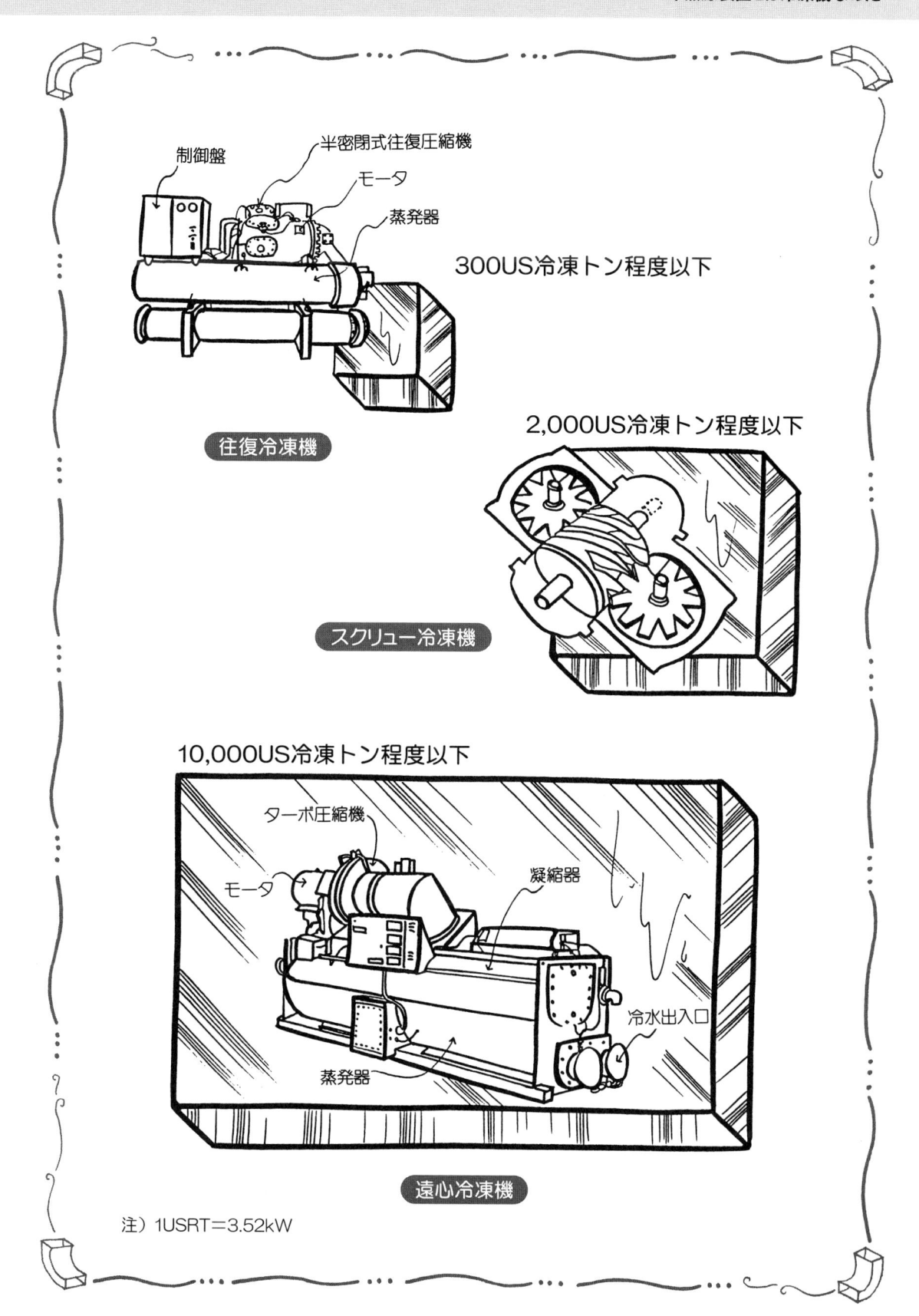

5・1 冷熱源装置とは冷凍機なのだ

- 制御盤
- 半密閉式往復圧縮機
- モータ
- 蒸発器

300US冷凍トン程度以下

往復冷凍機

2,000US冷凍トン程度以下

スクリュー冷凍機

10,000US冷凍トン程度以下

- ターボ圧縮機
- モータ
- 凝縮器
- 冷水出入口
- 蒸発器

遠心冷凍機

注）1USRT＝3.52kW

52 蒸気圧縮式冷凍機の法規制

　往復冷凍機および回転冷凍機（ロータリー冷凍機およびスクリュー冷凍機）は冷媒として、危険性のきわめて高い、高圧ガスを用いるので、高圧ガス保安法という法律の規制を受けることになります。

　遠心冷凍機（ターボ冷凍機）は、冷媒として低圧ガスで危険性の低いR-11、R-113を使用していたときは高圧ガス保安法の規制を受けませんでした。現在、フロン回収・破壊法、オゾン層保護法により、冷媒はオゾン層を破壊しない高圧ガスの新冷媒であるHFC134a（R-134a）を使用しているので、高圧ガス保安法の規制対象となっています。

　高圧ガスの冷媒を用いる冷凍機は、1日の冷凍能力が3トン以上（使用冷媒がフロンガスの場合は20トン以上）の場合に法規制を受けます。

> **point**
>
> **第一種製造者**
> 　1日の冷凍能力が20トン以上（使用冷媒がフロンガスの場合は50トン以上）の設備を使用して冷凍のためガスを圧縮し、または液化して高圧ガスの製造をしようとする者は、都道府県知事の許可が必要で、この許可を受けた者を第一種製造者と呼んでいます。
> 　ここにいう1日の冷凍能力は、冷凍保安規則で定める冷凍能力の算定基準に基づき、複雑な計算を経て定まるもので、冷凍機の銘板に表示されている冷凍トン数は、法定冷凍トンと呼んでいます。
>
> **第二種製造者**
> 　第一種製造者となるためには都道府県知事の許可が必要で、製造許可―工事完成―完成検査―冷凍保安責任者と代理者の選任―危害予防規程の認可―保安教育計画の届出―製造開始―製造開始届出等のような手続きが必要です。
> 　一方、1日の冷凍能力が3トン以上（使用冷媒がフロンガスの場合は20トン以上）20トン未満（フロンガスの場合は50トン未満）の場合は第二種製造者といい、製造施設の設置にあたっては都道府県知事に届出ること、従業者に教育をほどこすこと、廃止したときはすぐに届出ることなどが義務づけられています。
>
> **冷凍施設能力と冷凍保安責任者との区分**
>
> | 製造（冷凍）施設の区分 | 冷凍保安責任者の区分 |
> | --- | --- |
> | 1日の冷凍能力が300トン以上のもの | 第1種冷凍機械責任者免状の交付を受けている者 |
> | 1日の冷凍能力が100トン以上300トン未満のもの | 第1種冷凍機械責任者免状または第2種冷凍機械責任者免状の交付を受けている者 |
> | 1日の冷凍能力が20トン以上100トン未満のもの | 第1種冷凍機械責任者免状、第2種冷凍機械責任者免状または第3種冷凍機械責任者免状の交付を受けている者 |
>
> ※冷媒ガス種類ごとの製造許可等の詳細資料を巻末（p.206）に付録。

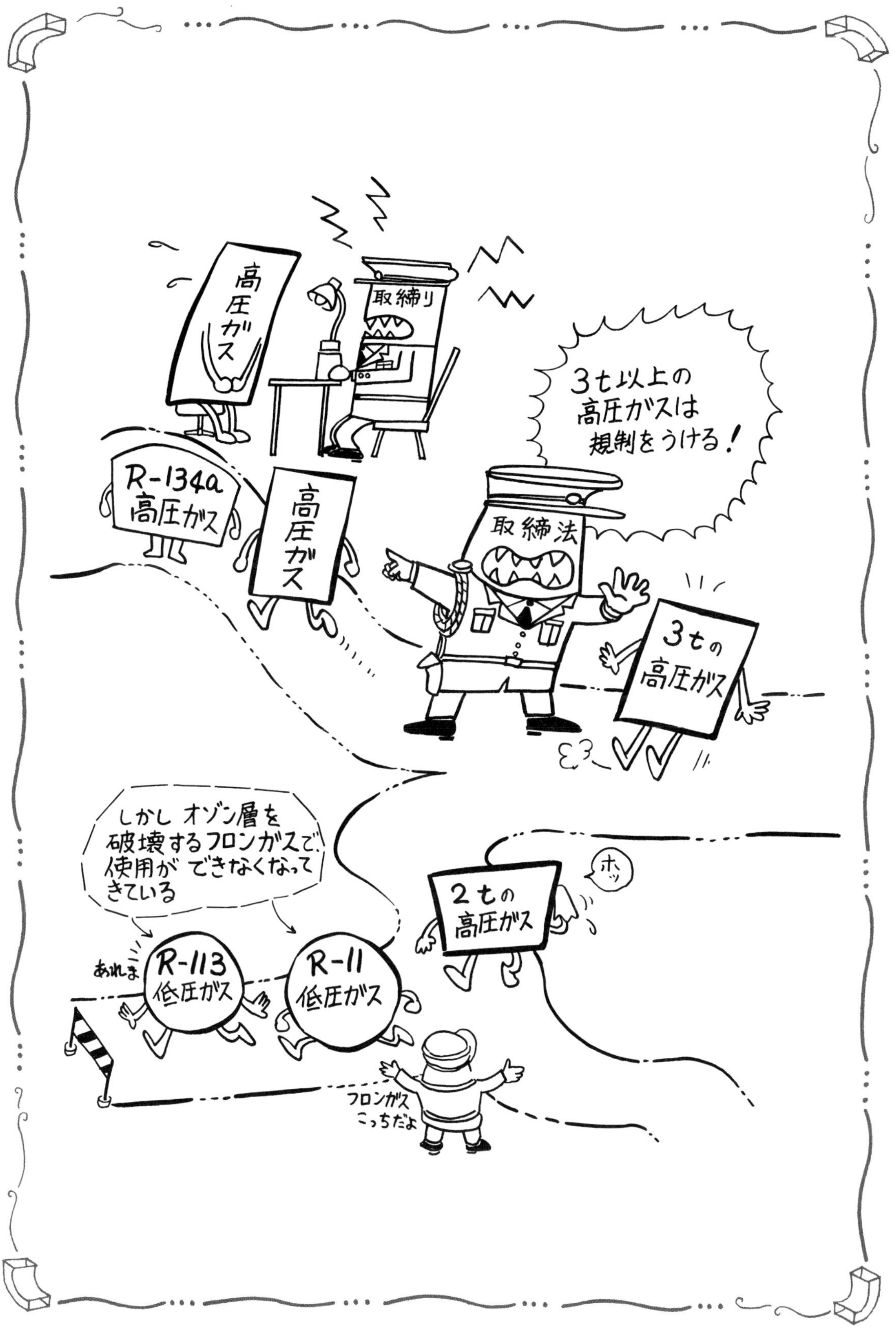
高圧ガス
取締り
3t以上の
高圧ガスは
規制をうける！
R-134a
高圧ガス
高圧ガス
取締法
3tの
高圧ガス
しかし オゾン層を
破壊するフロンガスで、
使用が できなくなって
きている
ホッ
2tの
高圧ガス
あれま
R-113
低圧ガス
R-11
低圧ガス
フロンガス
こっちだよ

53 吸収冷凍機の仕組み

吸収冷凍機はガスの圧縮に相当する過程で、圧縮機という機械的エネルギーを使わず、ボイラからの蒸気や高温水または燃焼ガスといった熱エネルギーを使う冷凍機です。そして冷媒に相当するものが化合物でなく水であり、冷凍サイクルの遂行に吸湿性の大へん強いリチウムブロマイド（臭化リチウム）といった吸収液を用い、化学的な働きによって冷却作用が行われるので、振動や騒音を発することなく、運転は実に静かです。そして真空で運転されるので高圧ガス保安法の適用は受けません。

吸収冷凍機は吸収器、再生器、凝縮器、蒸発器などで構成されます。真空ポンプ（抽気ポンプ）により蒸発器内が高い真空度に維持され、ここに水（冷媒）を送ると低い温度で蒸発し、周囲より蒸発熱を奪って冷却作用をします。この蒸気を吸収器に送り、吸水能力の大きい吸収液であるリチウムブロマイドに吸収されます。濃度の薄くなった吸収液は再生器に送られ、高温で加熱して水分を蒸発させます。分離した吸収液は吸収器に戻し、蒸気は凝縮器に送り、凝縮され、水となり、再び蒸発器に送られます。このようなサイクルで冷却作用が行われます。

再生器での加熱源としてはボイラからの蒸気または高温水を用いることが多いのですが、再生器内に燃焼室を設け、バーナで重油またはガス燃料を燃焼させ、この燃焼ガスで希薄になった吸収液を直接、加熱して濃縮させることもありますが、これを**直火式吸収冷凍機**といいます。

なお吸収冷凍機は大・中規模の空調用として、1,500 冷凍トン程度以下に用いられます。しかし、機器の成績係数（COP）はそんなに高くありません。

---

memo

化学的なプロセスにより冷却作用が行われる吸収冷凍機

水―リチウムブロマイド吸収冷凍機の系統図

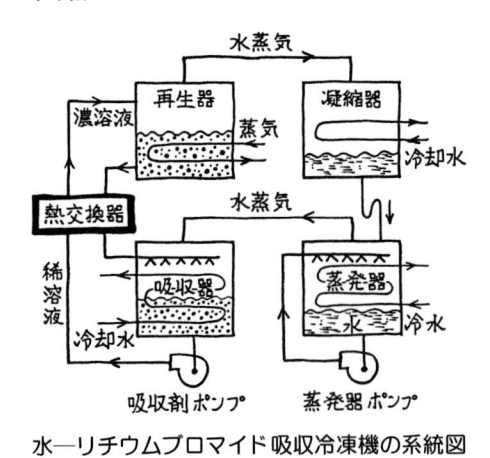

潜熱回収ボイラとはなにか

燃料（液体燃料・気体燃料）を燃焼させると、高温の燃焼ガスの中に水蒸気が発生します。この水蒸気の持つ熱（凝縮潜熱）を回収しボイラ効率を UP させ、100％（低位発熱量）を上回る高効率ボイラが誕生しています。このボイラのことを潜熱回収ボイラと呼び、今現在主流のボイラとなっています。

凝縮潜熱とは、蒸気が温度一定で凝縮水に変化するときに放出される熱量のことをいいます。

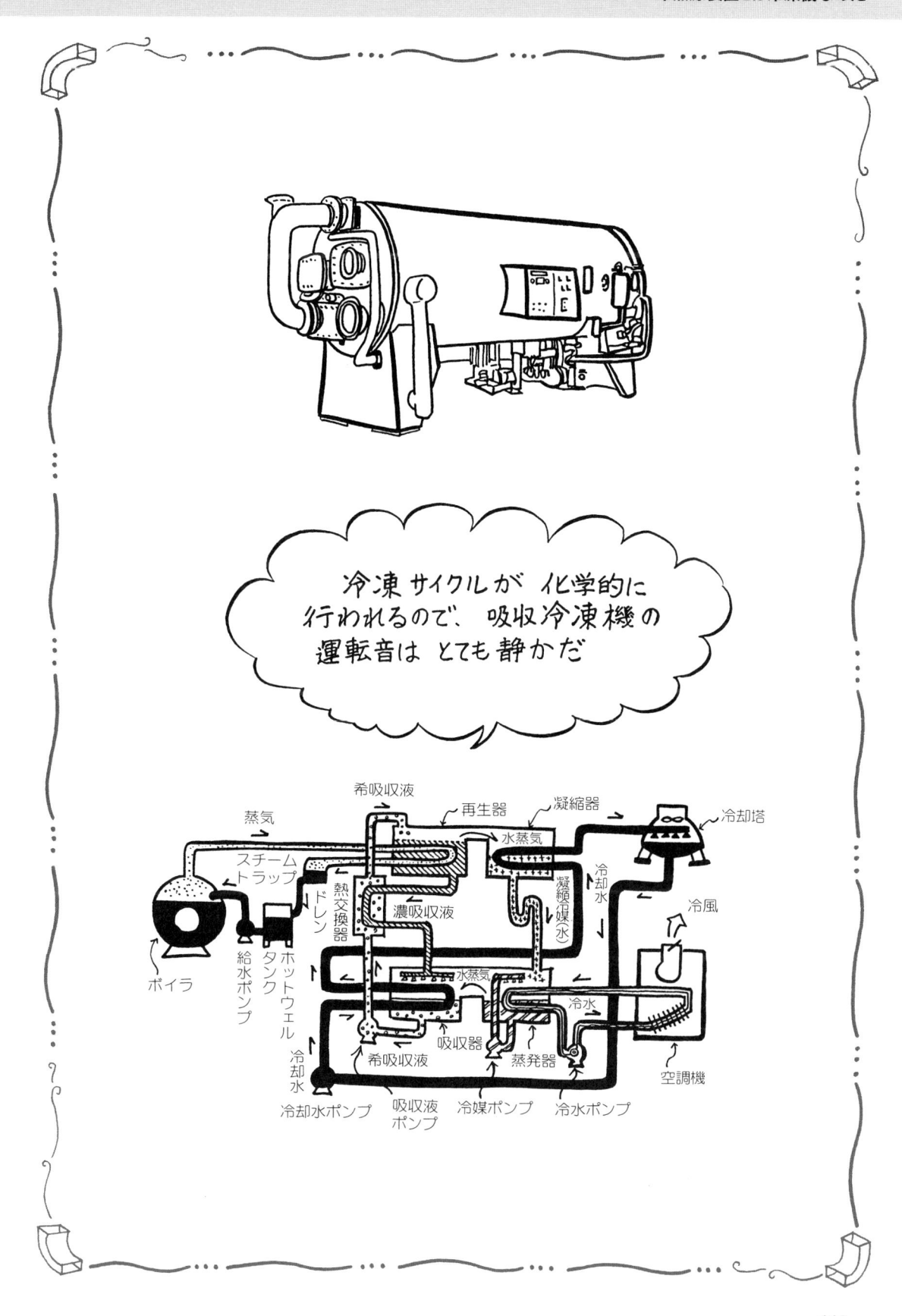

5・1 冷熱源装置とは冷凍機なのだ

> 冷凍サイクルが化学的に行われるので、吸収冷凍機の運転音はとても静かだ

54 冷凍機には冷却塔が必要

冷却塔は一般に**クーリングタワー**といわれ、冷凍機の凝縮器で冷媒ガスを冷却し、液化させ、温度の上昇した冷却水を大気に触れさせるとともに、その一部を蒸発させて、気化熱にて冷却水の温度を下げる（大気中に凝縮熱を捨てる）という水冷凝縮器の冷却水を捨てずに、何回も繰り返して循環使用できるようにする役目を果す装置です。したがって、ルームクーラーなどの家庭用に用いる空冷凝縮器を用いた小型の冷凍機では冷却塔は用いません。

冷却塔は水（冷却水）を効率よく冷却させるためにさまざまな工夫がなされ、送風機（ファン）を設けて、塔内へ大気を強制的に取り入れるとともに、充てん材を取り付けて、空気（大気）と水ができるだけ長い時間、接触する（熱交換する）ようにされています。冷却塔は空気と水の流れ方向によって**向流型**（カウンターフロー型）と**直交流型**（クロスフロー型）に大別されます。そしていずれの型式の冷却塔であっても、空気と冷却水との接触を良好にするため、合成樹脂材を蜂の巣状に組んだ**充てん材**と呼ぶ介在物を入れて、冷却水が下まで滴下する時間が長くなるようにされています。なお、冷却塔における冷却水の温度差（冷却塔入口水温度と出口水温の差）は5℃が一般的で、凝縮器から温度上昇した冷却水を5℃下げるのが限度です。

冷却塔の機器選定をするさいは、とくに吸い込み空気温度に十分気をつけること（一般的には、湿球温度26℃WBですが、27℃WBで選定したほうがよいケースがあります）。

---

point

ダブルフロー式冷却塔とは

図のように上部に2つのファンを設置し、各ファン両側より空気を吸引するようにしたもので、ダブルフロー式冷却塔は大容量の冷却塔に採用されます。

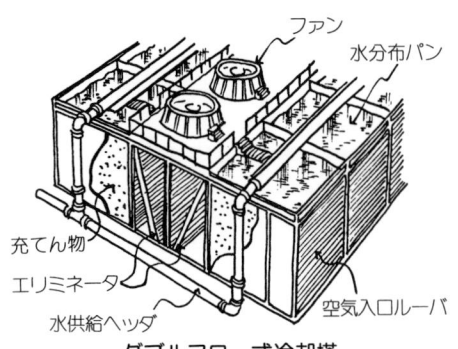

1 冷却トンとは

1冷却トンとは、1冷凍トンの冷凍機を運転するために必要な冷却塔の能力すなわち、空調用（圧縮冷凍機対象）として日本冷却塔工業会が決定しています。

標準温度条件（入口水度37℃、出口水温32℃、入口空気湿球温度27℃、循環水量13 ℓ/min）のときは、1RT = (37 − 32) × 13 × 1 × 60 = 3,900 (Kcal/hr.Rt) となります。

ダブルフロー式冷却塔

（ファン、水分布パン、充てん物、エリミネータ、水供給ヘッダ、空気入口ルーバ）

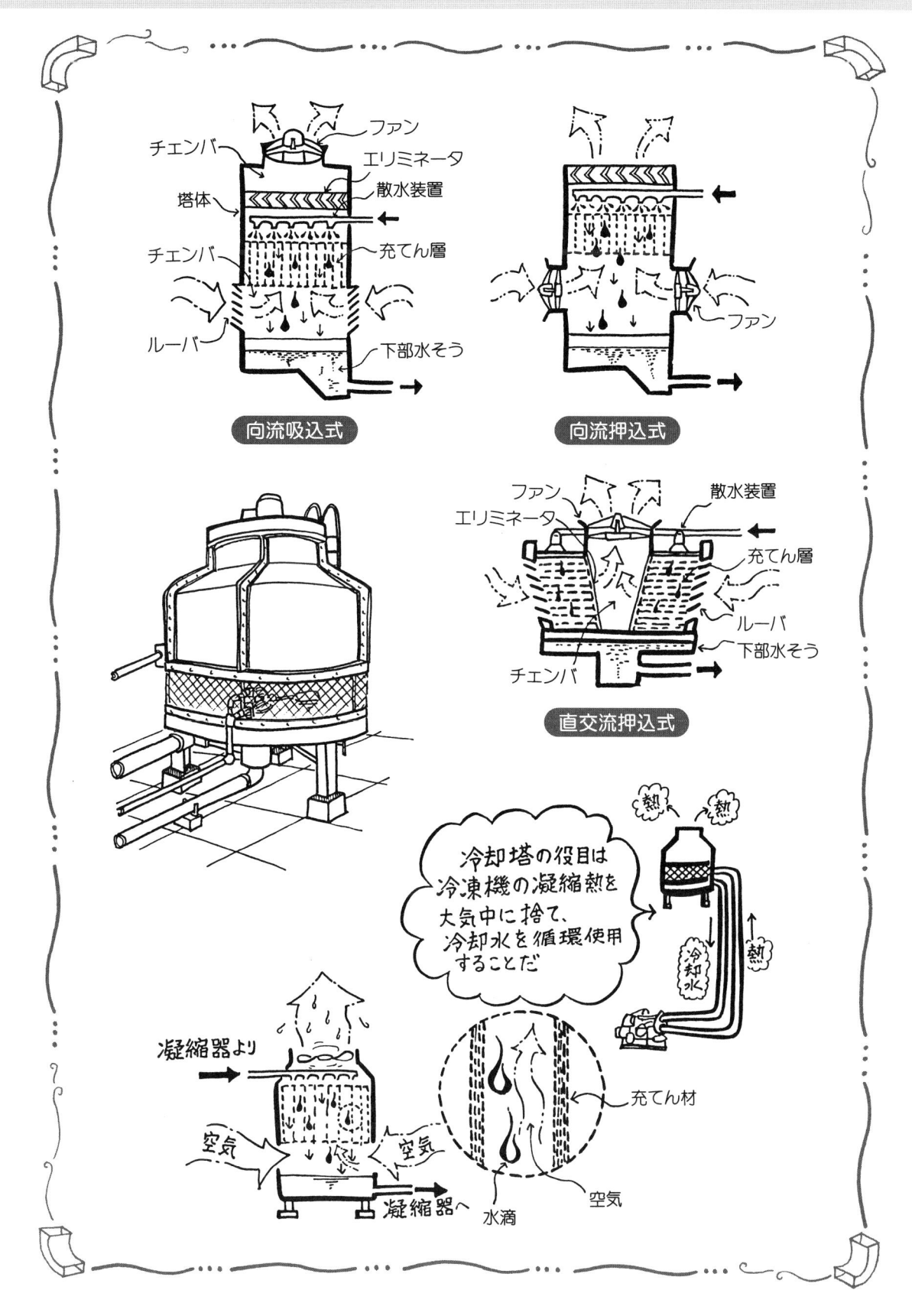

5・1 冷熱源装置とは冷凍機なのだ

向流吸込式
- チェンバ
- ファン
- エリミネータ
- 散水装置
- 塔体
- チェンバ
- 充てん層
- ルーバ
- 下部水そう

向流押込式
- ファン

直交流押込式
- ファン
- エリミネータ
- 散水装置
- 充てん層
- ルーバ
- 下部水そう
- チェンバ

冷却塔の役目は冷凍機の凝縮熱を大気中に捨て、冷却水を循環使用することだ

- 凝縮器より
- 空気
- 凝縮器へ
- 充てん材
- 水滴
- 空気

115

55 冷凍機で暖房！？　ヒートポンプのあらまし

　冷凍機は蒸発器の吸収熱で冷房を行うものであり、原則として物を冷却するために用いられます。しかし冷凍機で暖房を行うことも可能で、冷凍機を冷房のみでなく、暖房にも用いられるように装置した場合を**ヒートポンプ**または**ヒートポンプ冷凍機**と称されます。

　冷凍機は蒸発器で空気または水から熱を吸収し冷房するのが目的ですが、凝縮器は外部より供給された仕事（蒸発器よりの冷媒ガスを圧縮機で圧縮する）および蒸発器で吸収した熱量（冷房するため外気より吸収した熱量）を冷却水に放熱（加熱）し、そしてこの熱は冷却塔により大気中に放熱されます。この放熱する熱量を利用して暖房を行うのがヒートポンプです。つまり凝縮器で高圧・高温の冷媒ガスが凝縮して液化するときの凝縮熱を暖房に利用するのです。

　ヒートポンプは空気熱源方式と水熱源方式に大別されますが、前者を例にその概略を説明します。夏（冷房時）は屋外の凝縮器（室外コイル）に外気を通して室内の蒸発器（室内コイル）で室内を冷房し、冬（暖房時）は四方切換弁によって、冷媒の流れる回路を切り換えて、室外コイルを蒸発器として利用し、室内コイルを凝縮器として暖房に用います。

　ヒートポンプとしては往復（レシプロ）冷凍機、スクリュー冷凍機、遠心（ターボ）冷凍機が応用され、ヒートポンプを利用すればボイラとその関連の装置が不要となるなどの大きなメリットがあります。最近では、外気温度が－15℃程度まで下がっても運転可能な機種があり、極低温地域以外の日本各地でヒートポンプを用いることが可能となっています。

ヒートポンプの種類

　ヒートポンプにおける利用熱源としては、井戸水、海水、河川水、空気、太陽熱などが利用され、つぎのように分けられます。

①水対水ヒートポンプ……井戸水、河川水、海水あるいは空調された室内の熱を回収して温水をつくります。

②水対空気ヒートポンプ……凝縮器により直接温風をつくります。

③空気対水ヒートポンプ……外気を利用して温水をつくります。

④空気対空気ヒートポンプ……外気を利用して温風をつくります。

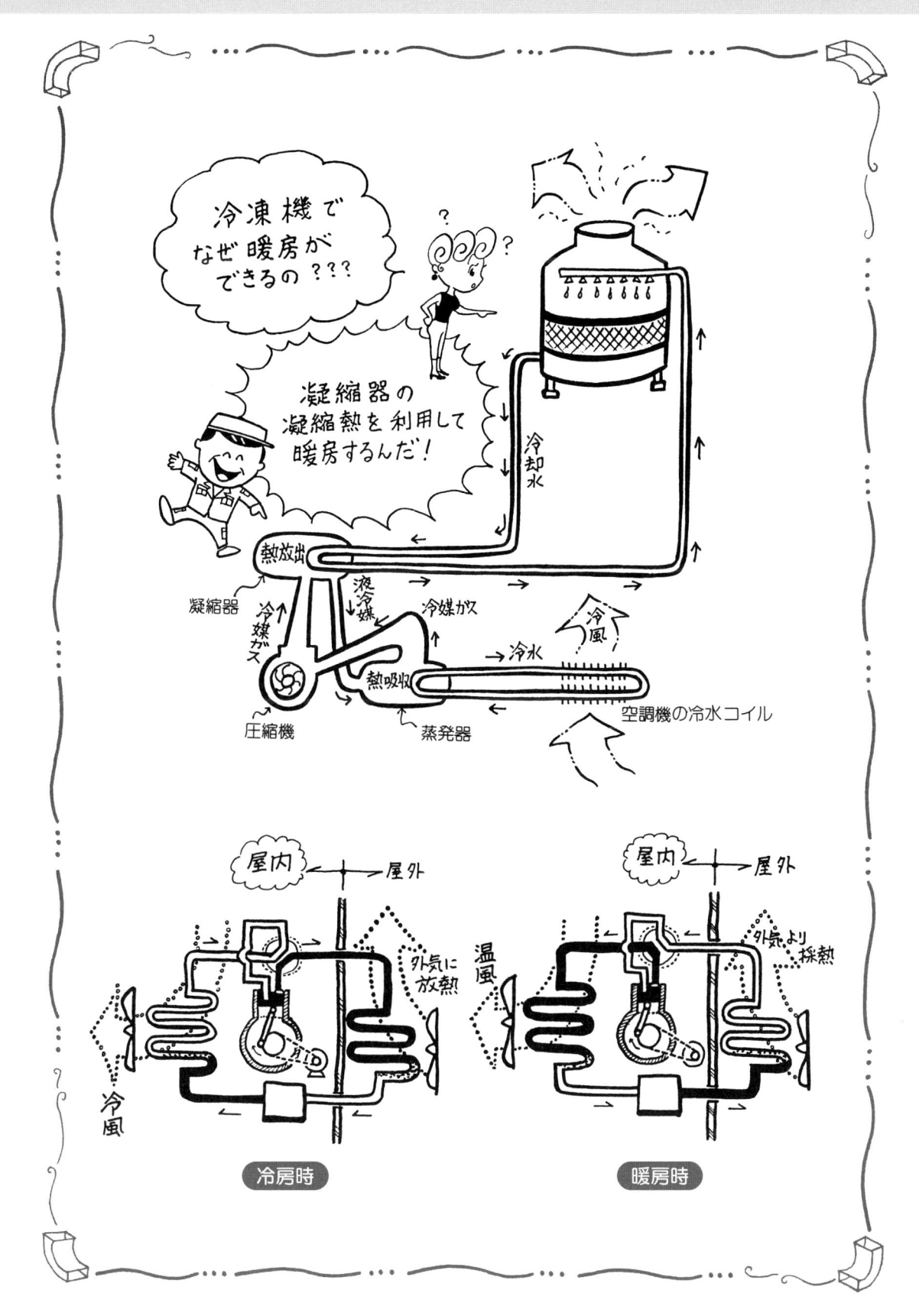

5・1 冷熱源装置とは冷凍機なのだ

冷凍機でなぜ暖房ができるの？？？

凝縮器の凝縮熱を利用して暖房するんだ！

冷却水
熱放出
凝縮器
冷媒ガス
液冷媒
冷媒ガス
冷水
冷風
圧縮機
熱吸収
蒸発器
空調機の冷水コイル

屋内／屋外
外気に放熱
温風
冷風

【冷房時】

屋内／屋外
外気より採熱

【暖房時】

56 ボイラは暖かい熱をつくり出す機械だ

　空気を加熱し温風として室内に供給するのに必要な熱源を**温熱源**といい、温熱源をつくり出す装置の主役が**ボイラ**で、発生させる温熱源の状態によって、蒸気ボイラと温水ボイラに分けられます。

　蒸気ボイラは燃焼ガスなどにより水を加熱して、大気圧を超える圧力の蒸気を発生させて、これを空調機の空気加熱器や加湿器などへ供給する機械をいいます。斯界では"蒸気ボイラ"と呼ぶことは少なく、たんに"ボイラ"という場合は蒸気ボイラのことを意味しています。

　温水ボイラは燃焼ガスなどにより圧力を有する水を加熱し、温水（通常60〜85℃の温水）とし、この温水を空気加熱器などへ供給する機械をいいます。

　蒸気ボイラ、温水ボイラのいずれにしても、空調設備として用いる場合は**空調用ボイラ**、または**暖房用ボイラ**、給湯設備として用いる場合は**給湯用ボイラ**と称し、発生させた蒸気や温水は使い捨てにすることなく、循環使用するのを原則とします。

point

ボイラの蒸気サイクル

　空調用の蒸気ボイラについて蒸気の流れを追ってみると、水（給水）は大気圧下の給水タンクから給水ポンプにてボイラ内に圧入され、ボイラ水と呼ばれます。ボイラ水は燃焼ガスなどで加熱され飽和水となり、そして飽和蒸気へと状態変化し、ボイラから送り出されて、空調機の空気加熱器で保有潜熱を放出し、凝縮してドレン（水）となります。このドレンは空気加熱器出口の蒸発トラップより排出され、給水タンクに戻り、再び給水として用いられます。ボイラの蒸気の流れは、この一連のサイクルの繰り返しです。

　温水ボイラの場合も、ボイラ→温水→空気加熱器→冷水→ボイラというように、温水循環ポンプにより、このサイクルが繰り返されます。

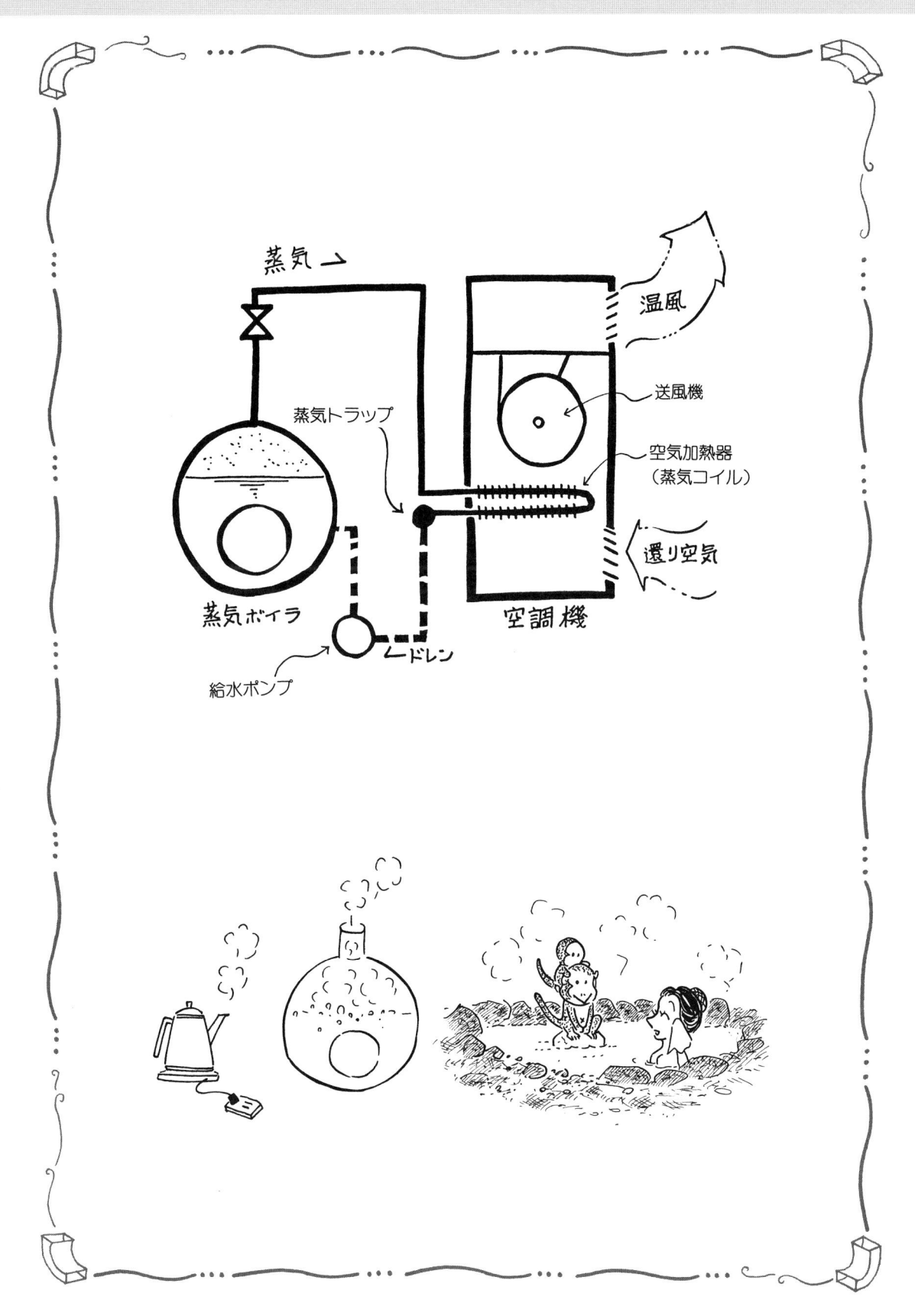

5・2 温熱源装置とはボイラなのだ

蒸気↗
温風
送風機
蒸気トラップ
空気加熱器
（蒸気コイル）
還り空気
蒸気ボイラ
空調機
給水ポンプ
ドレン

57 空調用ボイラとは

　ボイラは構成する材料や構造などにより多種ありますが、空調用ボイラとして用いられるのは鋼製ボイラでは、**炉筒煙管ボイラ**および**小型貫流ボイラ**があり、また**鋳鉄ボイラ**は空調用としてもっとも多く用いられています。

　炉筒煙管ボイラは、ボイラ胴内に円筒形の筒である**炉筒**を1本と、管内を燃焼ガスが流動する**煙管**を多数配置し構成された丸ボイラの代表的なもので、炉筒を燃焼室とし、バーナで燃料を燃焼させ、燃焼ガスは炉筒を出てから多数の煙管内を流動しながら、ボイラ内の水、つまりボイラ水を加熱し、蒸気を発生させる蒸気ボイラとして用いられます。炉筒煙管ボイラの蒸気発生量は10トン/時以下で、蒸気圧力は 0.98 MPa（10 kgf/cm²）以下が主流です。

　小型貫流ボイラは、水管ボイラの一種でボイラ水がボイラ内を循環することなく、管内を水が流動する水管を燃焼ガスにより加熱し、蒸気を発生させるもので、内部構造が複雑なのでとっつきにくい感じがしますが、小型貫流ボイラの原理は一般家庭に普及しているガス瞬間湯沸器とまったく同じです。すなわち湯沸器が出口の水栓を開くと瞬間に火がつくとともに、水圧に押されて水が流動し、湯が出てくるというように、小型貫流ボイラはガス瞬間湯沸器の姉さんと考えればよく、水が水管内を一方通行（貫流）する間に加熱され蒸気となって出てくるものです。このボイラはバーナの燃焼開始後約5分間の短時間で蒸気を発生し供給できる特徴があります。小型貫流ボイラの蒸気発生量は3トン/時以下で、圧力は 0.98 MPa 以下が主流です。

　鋳鉄ボイラは**鋳鉄組合せボイラ**や**セクショナルボイラ**ともいい、鋳鉄製のセクションを5〜20節を前後に組み合わせて構成されたボイラです。材料である鋳鉄の特性から考えて高圧や大容量のボイラとしては不適で、蒸気ボイラとしては最高使用圧力 0.098 MPa（1 kgf/cm²）以下、温水ボイラとしては最高使用水頭圧 50 m 以下で、かつ温水温度は 120℃以下でなければ用いてはならないことになっています。しかし空調用としては蒸気の場合 0.098 MPa（1 kgf/cm²）以下で十分であり、また温水としては 100℃未満で十分こと足りるうえ、ボイラの組立て、解体、運搬に便利で、ビルの地下室での設置が容易なメリットや、鋳鉄は腐食しにくい特性があります。鋳鉄ボイラは空調用の蒸気ボイラまたは温水ボイラとして広く用いられてきましたが、最近では、空調用熱源として使われることが少なくなってきており、加湿用・給湯用としては上記の小型貫流ボイラが採用されてきています。

> **point**
>
> **蒸気ボイラか温水ボイラかで使用圧力が大違い！**
>
> 　同じ鋳鉄ボイラでも、蒸気ボイラとしてなら 0.098 MPa の低圧、温水ボイラとしてならば、水頭圧 50 m（圧力に換算すると 490 kPa）の高圧で使用できるわけは、蒸気ボイラの場合は、飽和水や飽和蒸気という大きなエネルギー（熱量）を有するものが内部に生じますが、温水ボイラでは原則として、100℃未満（通常 60〜80℃）のいわゆる"湯"だけで、飽和水にならないようにしてあります。たんなる湯の保有エネルギーは小さく、危険性がきわめて小さいからなのです。

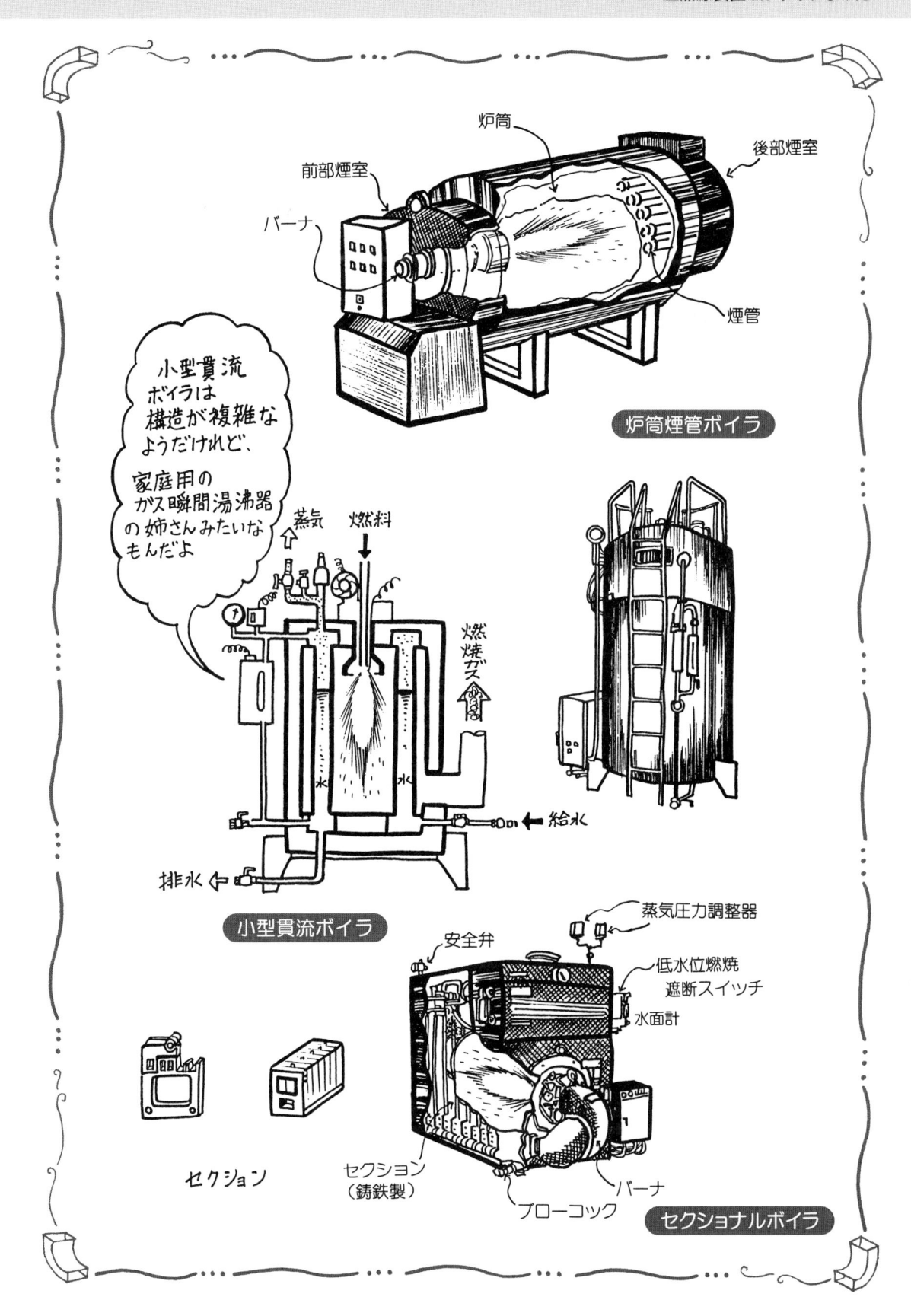

5・2 温熱源装置とはボイラなのだ

炉筒
前部煙室
後部煙室
バーナ
煙管

炉筒煙管ボイラ

小型貫流ボイラは構造が複雑なようだけれど、家庭用のガス瞬間湯沸器の姉さんみたいなもんだよ

蒸気　燃料
燃焼ガス
水　水
給水
排水

小型貫流ボイラ

蒸気圧力調整器
安全弁
低水位燃焼遮断スイッチ
水面計
セクション
セクション（鋳鉄製）
ブローコック
バーナ

セクショナルボイラ

58 ボイラの法規制

ボイラは密閉された容器内にボイラ水（飽和水）を保有しますが、この飽和水は特性上"火薬の一種"とも称されるほどに強大なエネルギーを保有しているため、ボイラの取り扱いを誤ると大惨事をきたすことになります。したがって、ボイラはその安全確保の観点から、労働安全衛生法という法律の適用を受け、種々厳しく規制されます。

ボイラ本体の片面が燃焼ガスに触れ、他の面が水に触れる部分を、燃焼ガス側で測った面積を伝熱面といい、伝熱面をm^2で表わした総面積を**伝熱面積**といい、ボイラの法律上の規制は伝熱面積の大小によって、簡易ボイラ、小型ボイラ、小規模ボイラ、ボイラに分けて行われます。

簡易ボイラは原則として法規制は受けません。

小型ボイラを設置したときは、所轄労働基準監督署長に設置報告をし、これの取り扱いについては事業主の行う小型ボイラ取扱業務特別教育を受けなければなりません。

小規模ボイラの設置や管理などについては"ボイラ"同様に厳しく規制されますが、これの取扱者や取扱作業主任者としては㈳日本ボイラ協会の行うボイラ取扱技能講習を修了した者でよいのです。

ボイラの設置については、所轄労働基準監督署長に設置届を行うとともに、落成検査に合格しなければなりません。そしてこれの取り扱いについてはその取扱者や取扱作業主任者は所定クラスのボイラ技士免許を有する者でなければなりません。

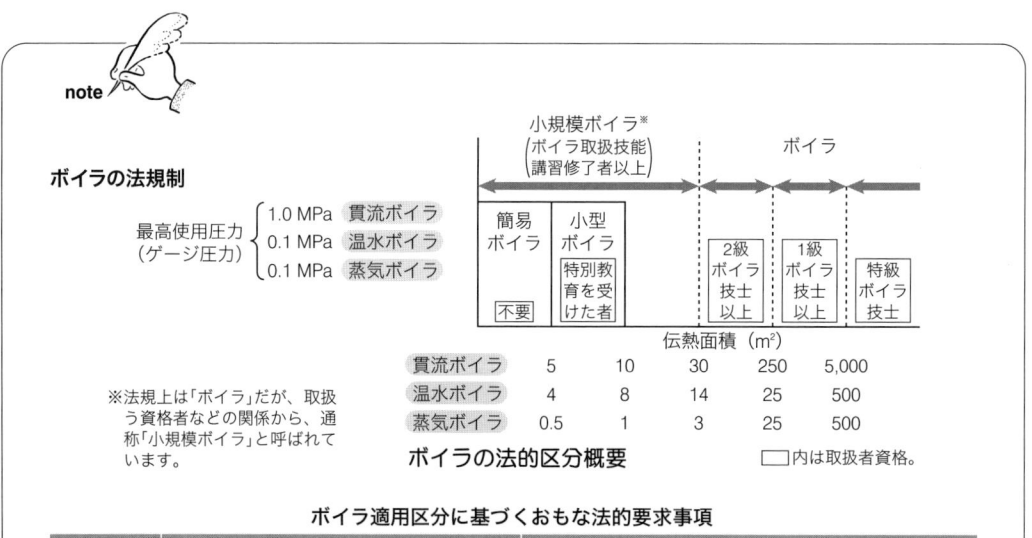

ボイラの法規制

最高使用圧力（ゲージ圧力）
- 1.0 MPa 貫流ボイラ
- 0.1 MPa 温水ボイラ
- 0.1 MPa 蒸気ボイラ

小規模ボイラ※（ボイラ取扱技能講習修了者以上） / ボイラ

	簡易ボイラ	小型ボイラ	2級ボイラ技士以上	1級ボイラ技士以上	特級ボイラ技士
	不要	特別教育を受けた者			

伝熱面積（m^2）

貫流ボイラ	5	10	30	250	5,000
温水ボイラ	4	8	14	25	500
蒸気ボイラ	0.5	1	3	25	500

ボイラの法的区分概要　　□内は取扱者資格。

※法規上は「ボイラ」だが、取扱う資格者などの関係から、通称「小規模ボイラ」と呼ばれています。

ボイラ適用区分に基づくおもな法的要求事項

法的区分	製造者側				使用者側				
	製造許可	溶接検査	構造検査	個別検定	設置届	設置報告	落成検査	性能検査	自主検査
ボイラ	○	○	○	×	○	×	○	○	×
小型ボイラ	×	×	×	○	×	○	×	×	○
簡易ボイラ	×	×	×	×	×	×	×	×	×

○：必要　×：不要　（個別検定は↑ボイラ協会）
（出典：上図・表とも、株式会社トモエテクノのホームページをもとに作成）

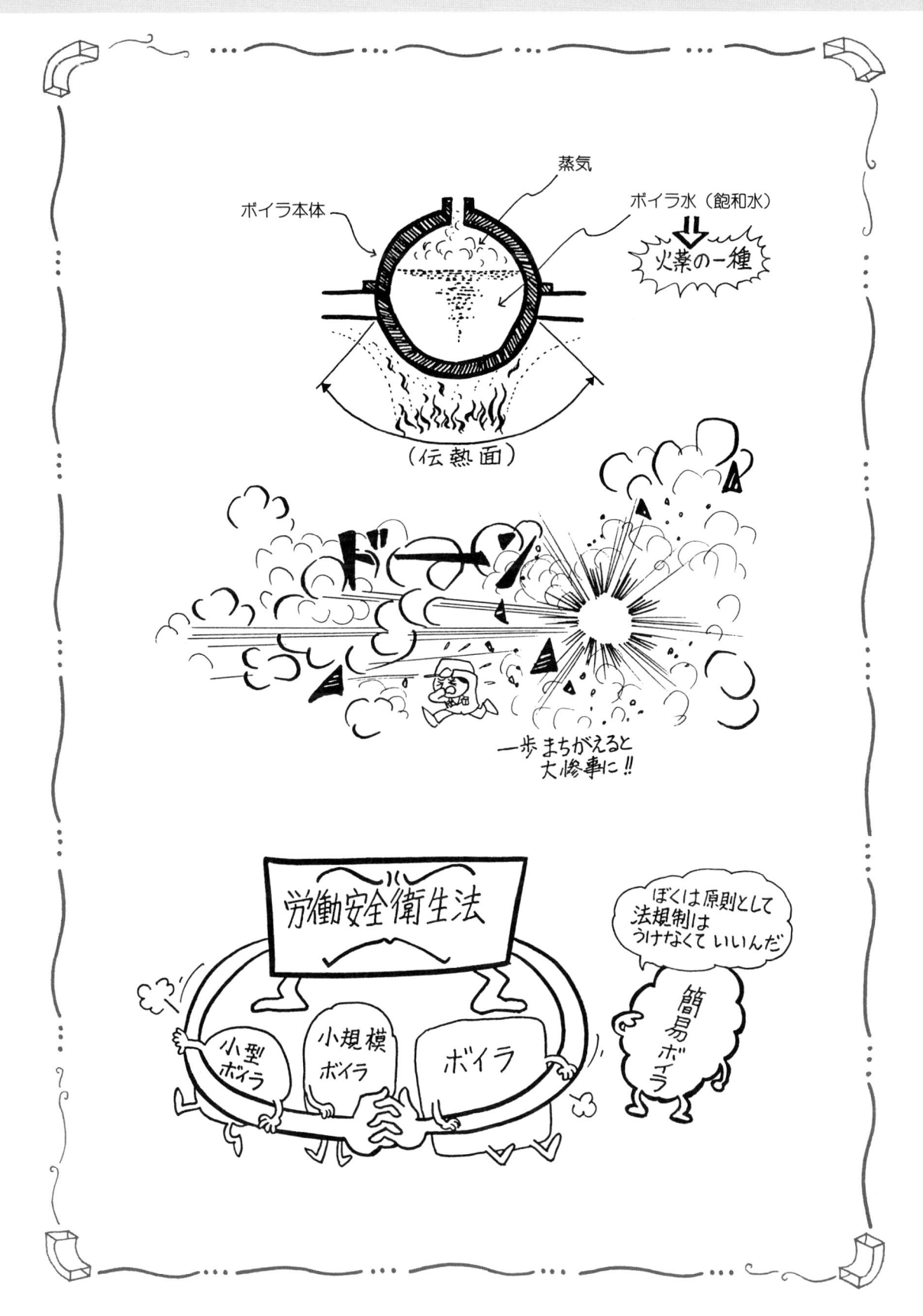

5・2 温熱源装置とはボイラなのだ

蒸気
ボイラ本体
ボイラ水（飽和水）
→ 火薬の一種
（伝熱面）

ドーン

一歩まちがえると大惨事に！！

労働安全衛生法
小型ボイラ
小規模ボイラ
ボイラ

ぼくは原則として法規制はうけなくていいんだ
簡易ボイラ

59 法規制を受けなくてもよいボイラ？ 温水ヒータのあらまし

　空調に必要とする温水をつくるのにボイラ（蒸気ボイラおよび温水ボイラ）を用いますと、いろいろな法規制を受けますが、理解されたように空調用の温熱源として必要な温水の温度は60℃程度で十分です。この程度の温度の温水をつくるのであれば何も法規制の厳しいボイラを用いなくても、温水ヒータを用いればよいのです。

　温水ヒータは、外観上や構造上はボイラにそっくりですが、法的にボイラでない状態にして温水をつくるようにした装置で無圧式と真空式とがあります。

　無圧式温水ヒータは炉筒煙管ボイラなどと同じようなものの上部に安全蓋を設け、容器内が大気圧となる状態とし、これに水をほぼ満水状態に維持しながら、バーナの燃焼ガスで容器内の水、いわゆる熱媒水を80℃程度に加熱し、ヒータの上部に配置された熱交換器群の管内に水を流動させ、管内の水を60℃程度にし、空調用温水や給湯用温水として利用する装置です。無圧式温水ヒータは容器内が無圧（大気圧）であるため、法的にはボイラではなく何の規制も受けません。最近では、貫流式無圧温水ヒータも採用されています。

　真空式温水ヒータは、炉筒煙管ボイラや鋳鉄ボイラと同じもの（蒸気ボイラ）を、真空ポンプ（抽気ポンプ）にて内部を所定の真空状態に維持させながら、内部の水（熱媒水）を蒸発させ真空蒸気（減圧蒸気）を発生させます。この減圧蒸気は外部へ供給することなく、容器内の蒸気部に熱交換器群を配置し、減圧蒸気にて熱交換器内を流動する水を加熱、温水とし、これを空調用などに用いる装置です。内部が真空状態にあるので法的にボイラに該当しないことになります。

---

point

温水ヒータの点火操作は正しく
　法的規制をまったく受けない温水ヒータでも、とくにバーナの点火操作時にその操作を誤ったりすると、機械室や温水ヒータをも破壊してしまうほどの災害である**ガス爆発事故**をきたすことは、厳しい法規制を受けるボイラの場合も、温水ヒータの場合も、まったく同じ条件であることを忘れないことが肝要です。

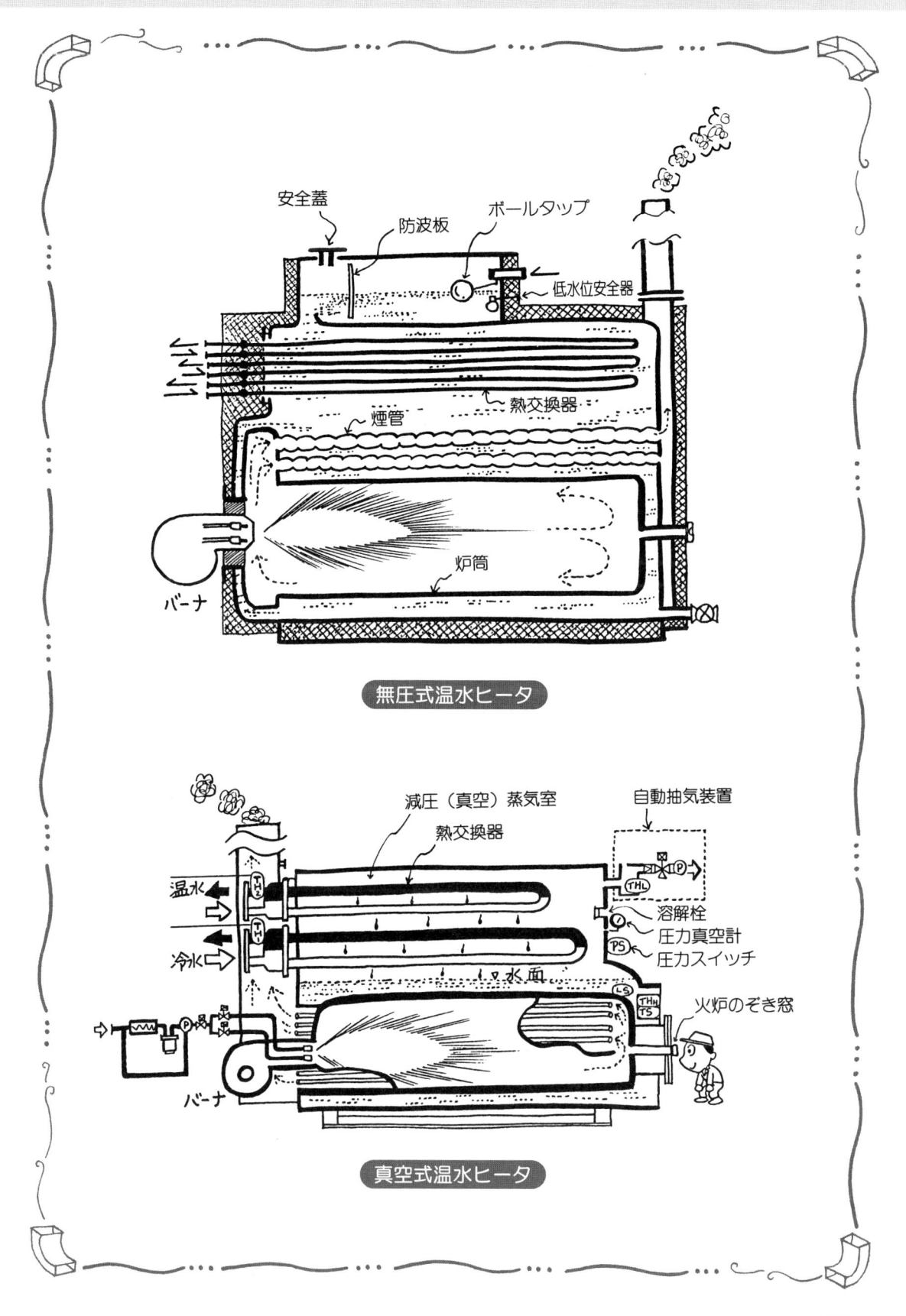

5・2 温熱源装置とはボイラなのだ

無圧式温水ヒータ

(図中ラベル: 安全蓋、防波板、ボールタップ、低水位安全器、熱交換器、煙管、炉筒、バーナ)

真空式温水ヒータ

(図中ラベル: 減圧(真空)蒸気室、熱交換器、自動抽気装置、温水、冷水、水面、溶解栓、圧力真空計、圧力スイッチ、火炉のぞき窓、バーナ)

60 重油と灯油は液体燃料の代表

　燃料はボイラや温水ヒータあるいは直火式吸収冷凍機などのエネルギー源として用いられ、空調設備の燃料としては液体燃料と気体燃料が用いられます。

　液体燃料とは常温で液体である燃料を指し、空調用の液体燃料としては、おもに灯油と重油が用いられます。

　灯油は石油原油を精製したときの温度150〜250℃程度の留分、またはこれを精製したものをいい、JISで1号と2号に分けられます。発熱量は高発熱量で約46,046.6 kJ（11,000 kcal/kg）で、含有するイオウ分が少ないので、公害対策上、都心部のビルなどでおもに用いられます。

　重油は石油精製過程における残渣油で、褐色または黒褐色の油が重油であり、また重油の原料でもあります。JISでは重油の品質を粘度によって1種（A重油）、2種（B重油）、3種（C重油）に大別されます。重油の高発熱量は41,861 kJ前後ですが、その成分上完全燃焼させにくく、また有害成分のイオウ分を多く含んでいます。イオウ分含有量が0.5％以下の場合を**低イオウ重油**といい、公害対策上の見地から、空調設備には、低イオウ重油で、かつA重油が用いられます。

　灯油や重油といった液体燃料はその特性上、引火点が低く、消防法により定められた発火性または引火性物質に該当しますので、**第4類危険物**として厳しい法規制を受けます。灯油は第4類危険物の第2石油類に該当し1,000 ℓ以上を、重油は同じく第3石油類に該当し2,000 ℓ以上を貯蔵、取り扱うには、市・町・村長の許可する所定の施設を必要とし、かつその取扱者および保安監督者は所定の**危険物取扱者免状**を取得しなければなりません。

燃料の発熱量

　単位量の燃料が一定条件下で完全燃焼したさいに、発生する最大の熱量（kJ）を発熱量といいます。発熱量は詳しくは高発熱量（総発熱量）と低発熱量（真発熱量）に分けられ、例えばA重油の高発熱量は約44,791 kJ、低発熱量は約42,698 kJです。

5・3 ボイラの燃料

61 気体燃料はクリーンエネルギーだ

　常温において気体である燃料を**気体燃料**といい、おもに都市ガスと液化石油ガスが用いられます。気体燃料はその特性から、液体燃料に比べて完全燃焼が容易で、灰分やイオウ分がほとんど皆無で、NO_x（窒素酸化物）の抑制燃焼法も簡単に行えるという無公害燃料、つまりクリーンエネルギーといえます。公害規制の厳しい都市部ではほとんどが都市ガスの使用となっています。液化石油ガス（LPG）はその特性や貯蔵設備などの関係から、ビルで用いることは保安上、問題が多く、空調設備に用いる気体燃料としては都市ガスが一般的です。

　都市ガスはガス事業法により許可されたガス事業会社（東京ガス、東邦ガス、大阪ガスなど）より、導管（ガス配管）により消費者に供給されるガス（気体燃料）をいい、石炭、コークス、ナフサ、原油、天然ガス、液化石油ガスなどを原料として製造されたガスを精製、混合して、供給規定に定める所定の発熱量に調整したもので、14種類に分けられます。

　都市ガスはガス会社から導管にてガスを各消費者まで供給しますので、液化石油ガスの場合のように貯蔵施設や気化設備を必要としない利点があります。とともに都市ガスの消費（燃焼）に関しては何らの法規制も受けることはありません。

　また、都市ガスの中でも天然ガス（13A）は、地球温暖化のおもな原因とされている温室効果ガスの二酸化炭素（CO_2）の排出量が少ないため、国策の一つとして天然ガス化を推進しています（p.207 付録表「燃料・電気の使用による二酸化炭素（CO_2）排出量」参照）。

都市ガスの種類（14のガスグループ）

種類	燃焼速度の種類	ウオツベ指数 (W・I) 最小	ウオツベ指数 (W・I) 最大	燃焼速度に関する指数 (C・P) の幅	発熱量 (kcal/Nm³) 低発熱量	発熱量 (kcal/Nm³) 高発熱量	標準比重 (空気 = 1.00)	標準ガス圧 (mmAq)	備考
4A	遅い（A）	3,720	4,280	21～56	3,240	3,600	0.81	100	
4B	中間（B）	3,770	4,330	38～66	3,240	3,600	0.79	100	
4C	速い（C）	3,950	4,550	47～80	3,240	3,600	0.72	100	
5AN	遅い（A）	4,320	4,970	22～59	3,780	4,200	0.82	100	天然ガス
5A	遅い（A）	4,700	5,400	23～60	4,050	4,500	0.79	100	
5B	中間（B）	4,650	5,350	41～73	4,050	4,500	0.81	100	
5C	速い（C）	5,110	5,890	55～96	4,050	4,500	0.67	100	
6A	遅い（A）	5,860	6,740	25～65	6,475	7,000	1.23	150	ブタンエアガス
6B	中間（B）	5,950	6,850	49～86	4,500	5,000	0.61	100	
6C	速い（C）	5,670	6,530	60～105	4,050	4,500	0.54	100	
7C	速い（C）	6,140	7,060	63～112	4,050	4,500	0.46	100	現在、不使用
11A	遅い（A）	11,000	12,000	35～86	8,100	9,000	0.61	200	天然ガス
12A	遅い（A）	11,750	12,850	37～89	9,000	10,000	0.66	200	天然ガス
13A	遅い（A）	12,600	13,800	39～93	9,700	10,750	0.69	200	天然ガス

注）1 kcal = 4.18605 kJ、1 mmAq = 9.80665 Pa

5・3 ボイラの燃料

62 液体燃料の燃焼方法

　燃料が酸素（空気）と激しく化合して化学反応を起こし、その結果、多量の熱と光を出す現象を**燃焼**といい、燃焼は一般的には燃料が着火温度という一定温度に達した後、空気中の酸素と化合して燃えることをいいます。燃料（可燃物）と着火温度および酸素（支燃物）を**燃焼の3要素**といい、いずれか1つの要素が欠けても燃焼は行われません。

　燃料の燃焼というのは液体燃料の場合、可燃成分である液体が即、燃えるのではなく、その表面から可燃成分が蒸発して気化（ガス化）し、このガスが燃焼するのです。したがって、灯油や重油といった液体燃料はバーナを用いて強制的に細かい霧状に霧化、いわゆる噴霧し、つぎにこれがガス化されて空気と混合接触させ、混合気として燃焼させるというプロセスの**噴霧燃焼方式**が採用されます。

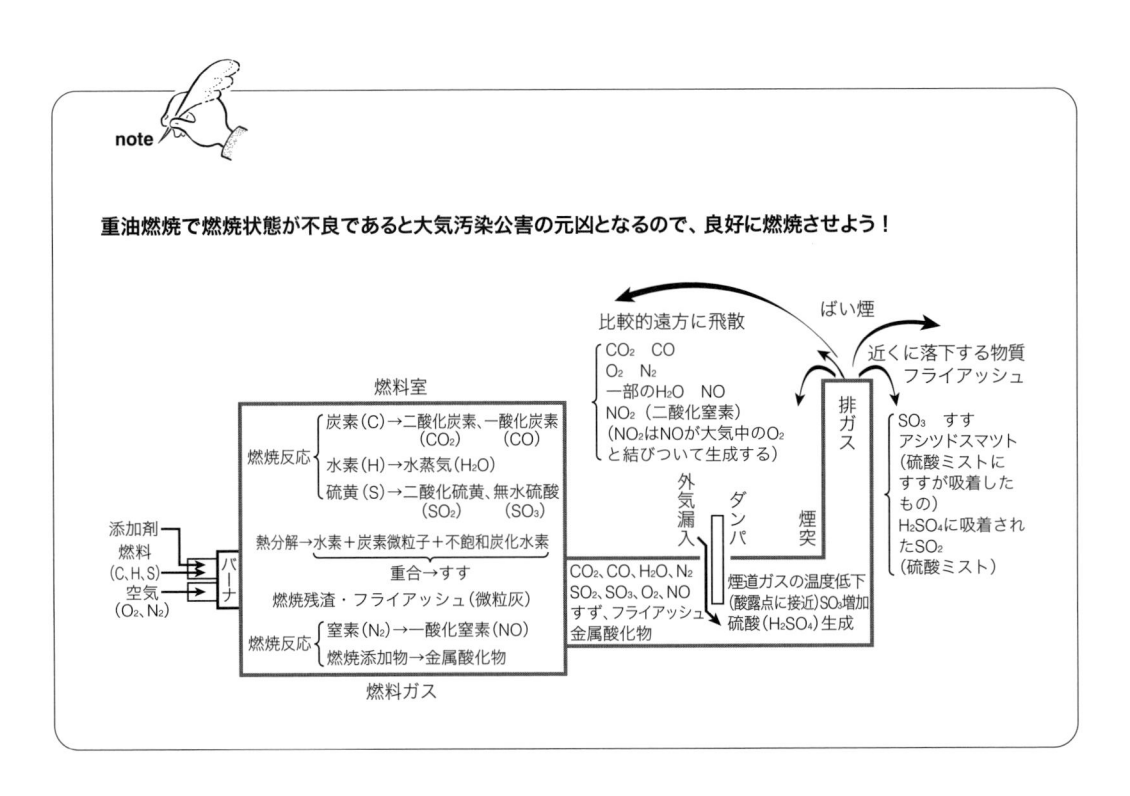

note

重油燃焼で燃焼状態が不良であると大気汚染公害の元凶となるので、良好に燃焼させよう！

燃料室

燃焼反応
- 炭素(C)→二酸化炭素、一酸化炭素　　(CO$_2$)　　(CO)
- 水素(H)→水蒸気(H$_2$O)
- 硫黄(S)→二酸化硫黄、無水硫酸　　(SO$_2$)　　(SO$_3$)
- 熱分解→水素＋炭素微粒子＋不飽和炭化水素
- 重合→すす
- 燃焼残渣・フライアッシュ（微粒灰）

燃焼反応
- 窒素(N$_2$)→一酸化窒素(NO)
- 燃焼添加物→金属酸化物

添加剤
燃料(C, H, S)
空気(O$_2$, N$_2$)
バーナ

燃料ガス

比較的遠方に飛散
CO$_2$　CO
O$_2$　N$_2$
一部のH$_2$O　NO
NO$_2$（二酸化窒素）
(NO$_2$はNOが大気中のO$_2$と結びついて生成する)

ばい煙
近くに落下する物質
フライアッシュ

外気漏入
ダンパ
排気ガス
煙突

CO$_2$, CO, H$_2$O, N$_2$
SO$_2$, SO$_3$, O$_2$, NO
すす、フライアッシュ
金属酸化物

煙道ガスの温度低下
(酸露点に接近)SO$_3$増加
硫酸(H$_2$SO$_4$)生成

SO$_3$　すす
アシッドスマット
（硫酸ミストにすすが吸着したもの）
H$_2$SO$_4$に吸着されたSO$_2$
（硫酸ミスト）

5・3 ボイラの燃料

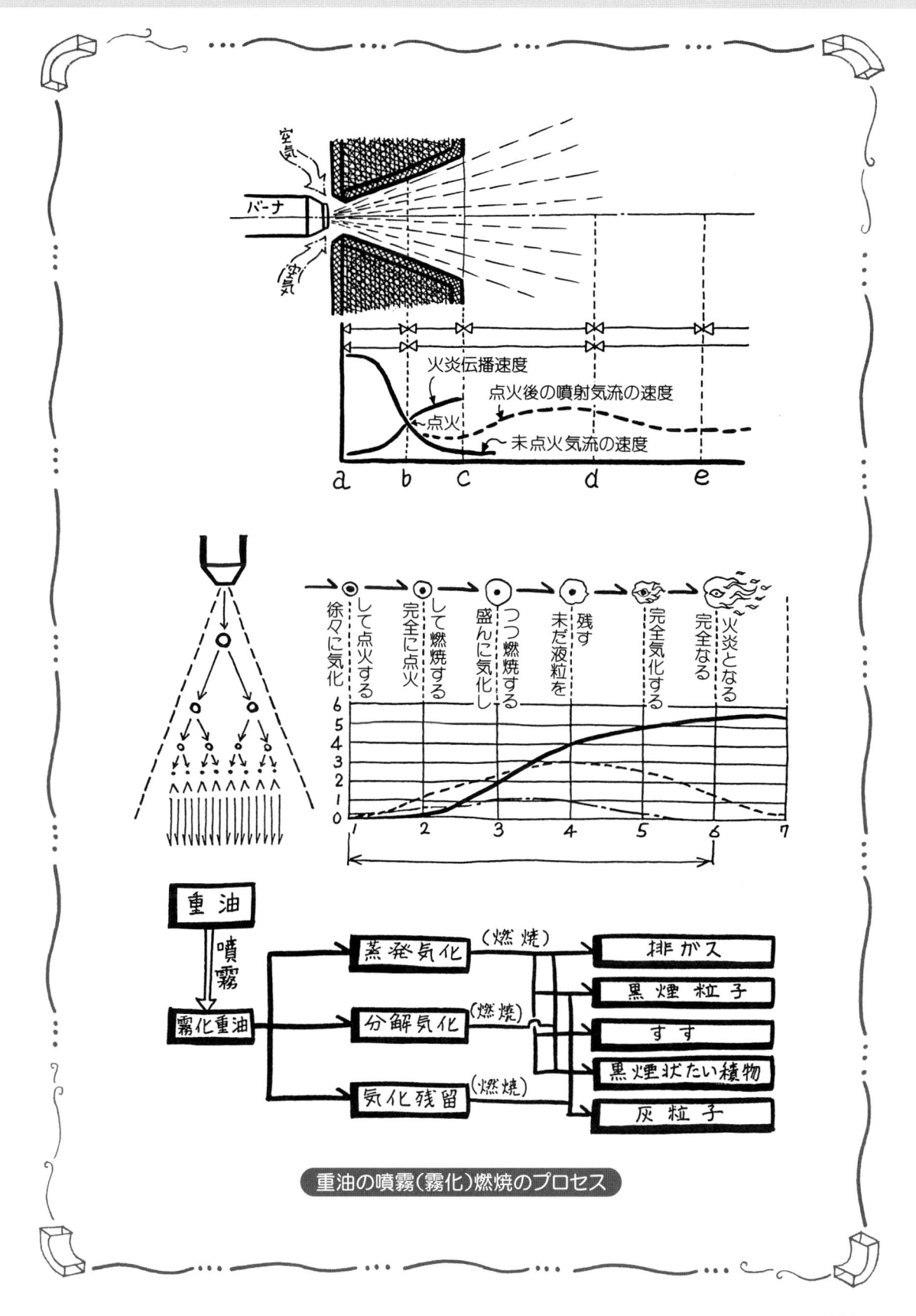

空気
バーナ
空気

火炎伝播速度
点火後の噴射気流の速度
点火
未点火気流の速度

a b c d e

徐々に気化
して点火
完全に点火
して燃焼する
盛んに気化しつつ燃焼する
残す未だ液粒を
完全気化する
完全火炎となる

重油	→ 噴霧 →	霧化重油	→	蒸発気化	(燃焼)	→	排がス
			→	分解気化	(燃焼)	→	黒煙粒子
			→	気化残留	(燃焼)	→	すす
						→	黒煙状たい積物
						→	灰粒子

重油の噴霧(霧化)燃焼のプロセス

63 噴霧燃焼方式の燃焼装置

　燃料油（液体燃料）をボイラなどの燃焼室で完全に燃焼（噴霧燃焼）させるのを必要とする機器全般を**油燃焼装置**といい、油バーナ、点火装置、貯油タンク、給油タンク、油ろ過器、油ポンプ、油圧または油量調節弁とこれらの配管系、そして送風機や自動制御装置などによりなりたっています。

　油バーナは燃料油を燃焼させる主機で、燃料油の噴霧方法により、圧力噴霧バーナ、回転式バーナ、気流噴霧バーナに大別されます。**圧力噴霧バーナ**は**油圧式バーナ**ともいい、燃料油をポンプで980.665～6,864.655 kPa（10～70 kgf/cm^2）に加圧し、燃料油自体の圧力エネルギーによって、高速度でチップ（0.5～1 mmの細穴）から噴霧させる方式です。なお、圧力噴霧バーナで送風機と一体にバーナチップ、点火装置、自動制御装置などを機能的にまとめたものは、その形状がガン（ピストル）に似ているので**ガンタイプバーナ**と称され、空調用ボイラなどの油バーナとして広く用いられます。**回転式バーナ**は**ロータリバーナ**ともいい、アトマイジングカップという円すい状の霧化筒を高速回転させ、その遠心力で燃料油を飛散させ霧化させる形式です。**気流噴霧バーナ**は 98.0665 kPa（1 kgf/cm^2）以上の圧縮空気または蒸気の運動エネルギーによって、燃料油を噴霧させる形式ですが、この油バーナは装置が複雑となる欠点があり、一般空調用としては用いられません。

　貯油タンクは**オイルストレージタンク**ともいい、タンクローリで外部より搬入される燃料油を貯蔵する鋼板製タンクで、その貯蔵量は通常の使用量の1～2週間分とします。地上設置とするものは立て円筒形、地下埋設の場合は横円筒形とすることが多いのです。**給油タンク**は**オイルサービスタンク**ともいい、貯油タンクより燃料油を少量ずつ受け入れ、油バーナへ供給するための小容量のタンクで、その容量は油バーナの毎時最大燃焼量の3～5時間程度を貯えるだけのものでよいのです。なお、これらのタンクそして関連する油配管なども含めて、危険物貯蔵所や危険物取扱所として消防法の厳しい規制を受けます。

---

memo

乙種第4類または丙種危険物取扱者の資格はとろう！

　ボイラや温水ヒータ、直火式吸収式冷凍機いずれの場合も油バーナを使用する場合は、消防法の規制を受けますので危険物取扱者の免状をとっておく必要があります。

　乙種第4類および丙種危険物取扱者免状の試験は、年齢や性別に関係なく、誰でも受験できます。実務経験もまったく不用です。

5・3 ボイラの燃料

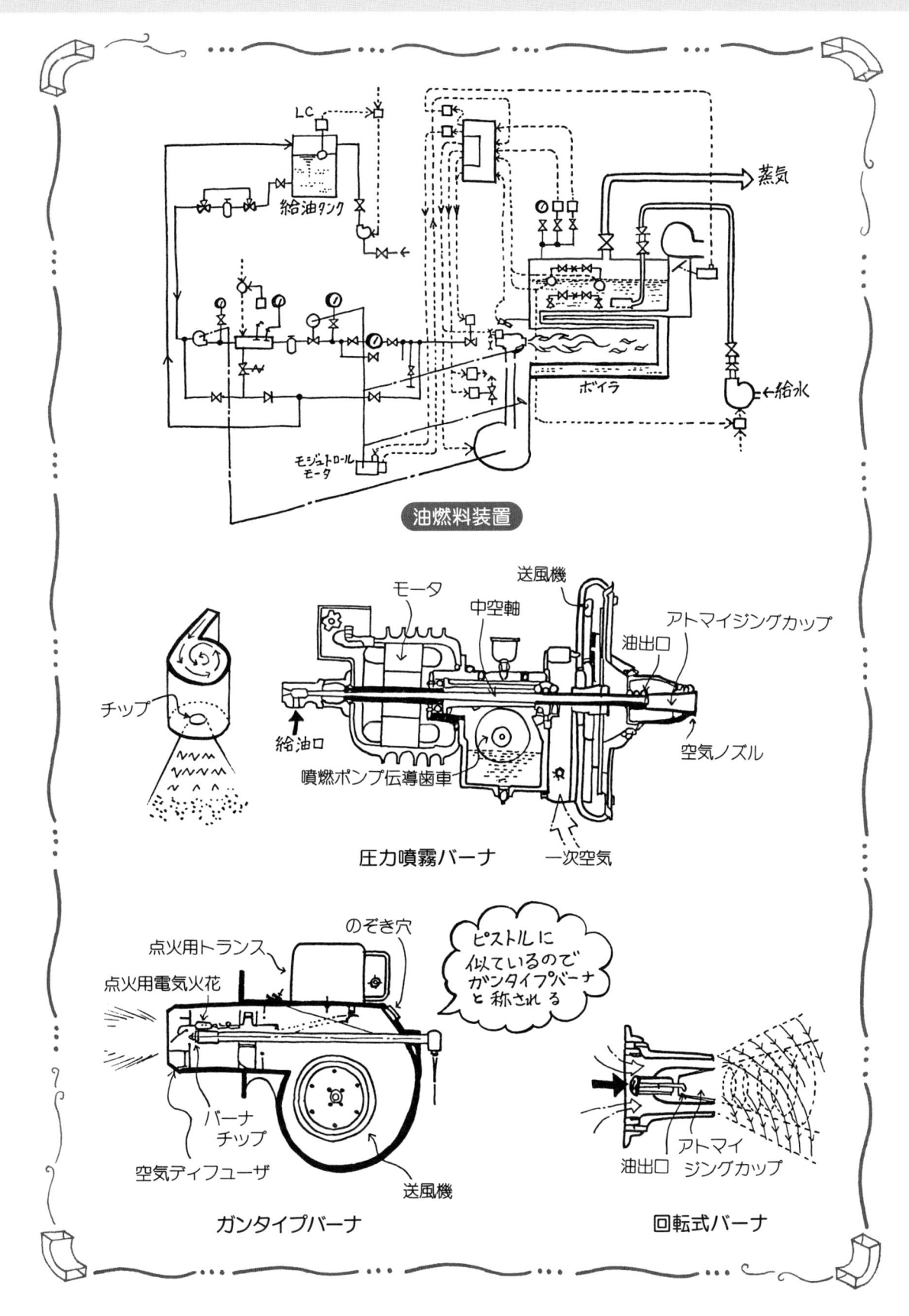

油燃料装置

圧力噴霧バーナ

ガンタイプバーナ

ピストルに似ているのでガンタイプバーナと称される

回転式バーナ

133

64 気体燃料の燃焼方法

　気体燃料は当初から気体（ガス）の状態にあり、燃料油の場合のように噴霧燃焼方式というような複雑なプロセスが不要で、当初から空気と十分に混合しやすいので、空気との混合率が適度であれば着火と同時に燃焼を終え、ストレートに安定した、完全燃焼がしやすいという特長があります。したがって、気体燃料を燃焼させる**ガスバーナ**の構造は簡単です。

　ガスバーナとしては一般に**拡散形ガスバーナ**（外部混合式ガスバーナ）が用いられます。これはガスと空気を混合させることなく、ガスのみをノズルの先端部より噴出させ、燃焼に必要な空気はすべて火炎の周囲からの拡散のみによって、空気とガスを混合させながら燃焼させるもので、この拡散燃焼方式は一般家庭におけるガスコンロやガス瞬間湯沸器などにも広く採用されています。

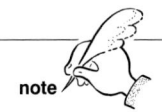

ガス燃焼と重油燃焼の特性

		ガス燃焼	重油燃焼
燃焼制御範囲 （ターン・ダウン・レシオ）		1：7～10 （注）当初からガスであるため空気との接触混合が容易なので、燃焼のプロセスが簡単であり、燃焼性が良好である	1：3～5 （注）可燃成分のガス化に複雑なプロセスを要し、噴霧油滴と空気との均一な混合がむずかしくて燃焼性が悪い
完全燃焼のための空気比 （空気過剰係数）		1.05～1.20	1.1～1.3
炉内雰囲気炎の形状		酸化性・中性・還元性いずれも可、長・短・扁平炎可	多くの場合、過剰空気が多く酸化性、比較的長炎のみ
着火性		きわめて良好	比較的良好
燃焼室負荷		100～300万 kcal/Nm³h したがって燃焼室小	30～150万 kcal/Nm³h したがって燃焼室大
公害問題	ばいじん	皆無（0.00 g/Nm³）	比較的多い（0.1～0.3g/Nm³）
	硫黄酸化物（SO_x）	皆無	多い
	窒素酸化物（NO_x）／一般燃焼の場合	LPGの場合　　100～250 ppm 都市ガスの場合 100～180 ppm	灯油の場合　　 80～150 ppm A重油の場合　 80～180 ppm C重油の場合　170～350 ppm
	窒素酸化物（NO_x）／NO_x抑制燃焼の場合	LPGの場合　　　35～60 ppm 都市ガスの場合　10～45 ppm	灯油の場合　　 45～600 ppm A重油の場合　 60～ 90 ppm C重油の場合　140～200 ppm
	燃料 NO_x	皆無（燃料中の窒素化合物ゼロ）	多い（燃料中の窒素化合物0.001～0.37%）
	NO_x抑制燃焼方法の適用	きわめて容易	比較的容易

注）1 kcal/Nm³h = 4.18605 kJ/Nm³h

5・3 ボイラの燃料

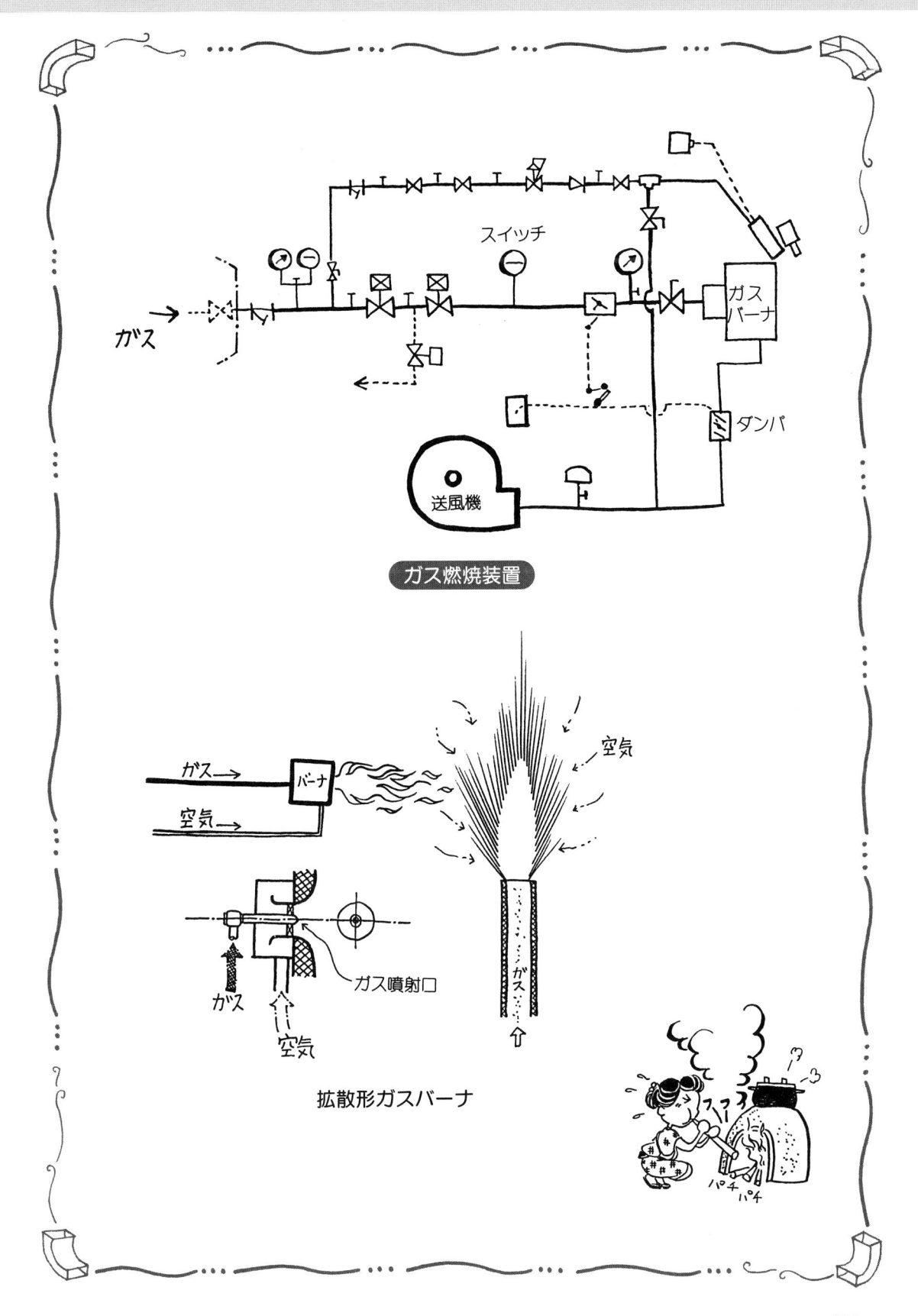

ガス燃焼装置

拡散形ガスバーナ

6章 熱運搬装置

65 長方形ダクトは空気を低速輸送

　空調用などの空気を輸送するための通風路を**ダクト**といい、板厚0.5～1.2 mmの亜鉛メッキ鉄板でつくられます。ダクトは構造上からは長方形ダクトとスパイラルダクトに大別されます。

　長方形ダクトは**矩形ダクト**や**角形ダクト**ともいい、その断面が長方形（矩形）につくられたもので、ダクトとしてもっとも広く用いられます。長方形ダクトの構造は板取りした鉄板を折り曲げて、その端部を**はぜ**と称する特殊な工法により、互いに継ぎ合わせて組み立てられます。ダクトは薄い鉄板で溶接が困難ですので、はぜを組むいわゆる**はぜ掛け**で継ぎ合わせますが、はぜは継ぎ目からの空気漏れを防ぐとともに、ダクトの補強にも役立ちます。ダクトの1本の長さはダクトの寸法により1.8～3.6 mにつくられ、その両端にはアングル製の接合用フランジをリベットで鉄板にかしめて取り付け、このアングルフランジにより各ダクトを接続し所定の長さとします。

　長方形ダクトの表面積が大きいときは（長辺450 mm以上のもの）、送風機の始動や停止のたびに鉄板が波打ちして、ペコンペコンと騒音を発生するので、これを防止するため鉄板に対角線上の折目をつけ補強しますが、これを**ダイヤモンドブレーキ**（クロスブレーキ）といいます。なお、ダイヤモンドブレーキは保温されるダクトには必要としません。

　ダクトの曲り部や太いダクトから2方向に分岐する場合には、長方形エルボ、長方形ベンド、分岐ダクトなど、それぞれの用途に応じた特殊な形状につくられます。

　ダクト内の風速が15 m/s未満のダクトを**低速ダクト**といい、これには長方形ダクトが用いられます。

---

point

アスペクト比って何のこと?

　長方形ダクトや長方形の吹出し口で、その長辺と短辺の比をいいます。例えば長辺が1.5 m、短辺が1 mの断面のダクトのアスペクト比は1.5÷1 = 1.5です。

　アスペクト比は1.5～2程度が望ましく、大きくても4以内に抑えるのがよく、アスペクト比が大きいと、いろいろなトラブルをきたします。

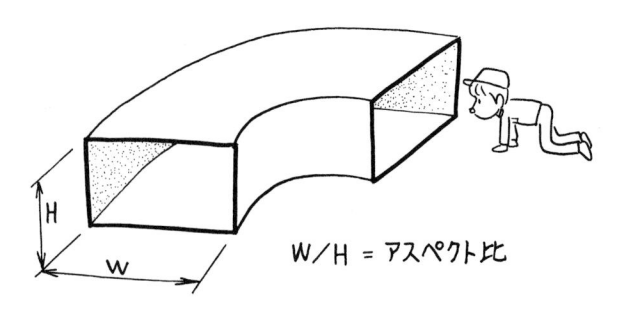

W/H = アスペクト比

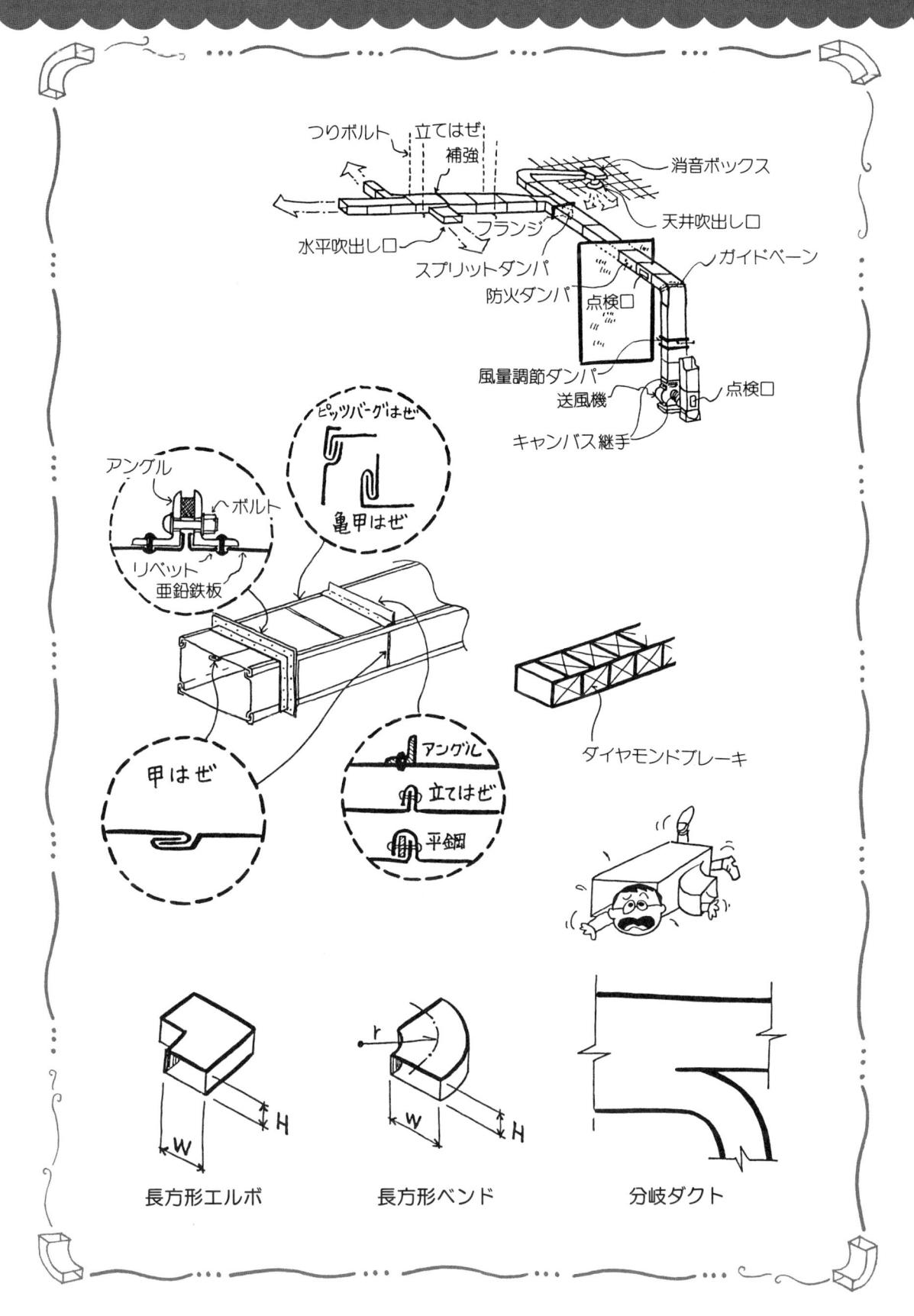

6・1　空気輸送の専用道路がダクトだ

66 スパイラルダクトは空気輸送のハイウェイ

　帯状の亜鉛メッキ鉄板をら旋状（スパイラル状）に巻き上げ、継ぎ目は甲はぜで合わせて、断面を真円状につくられたダクトを**スパイラルダクト**（円形ダクト）といいます。スパイラルダクトは直径 80～400 mm につくられ、強度が大きく、空気の漏れも少ないので、おもに高速ダクト用として採用されます。

　高速ダクトはダクト内の風速 15 m/s 以上のものをいい、ダクト内面積を大幅に小さくすることができ、建物内のダクトスペースを小さくできますが、騒音が発生しやすいので吹出し口には消音ボックスが必要です。

　なお、スパイラルダクト（高速ダクト）は超高層ビルなどにおもに用いられます。

ダクト内の風速

　低速ダクト方式では、主ダクトの風速として 7～15 m/s が用いられており、高速ダクト方式では 15～25 m/s が一般的です。これ以上の風速の採用は、ダクト内騒音発生および振動音が生じ、その処理に多大な費用を要し、また動力も大きくなり、運転費の過大上昇となります。

　表に一般的な風速採用値を示します。

	低速方式 [m/s]		高速方式 [m/s]	
	推奨	最大	推奨	最大
空気取入れ口	2.5	4.5	3.0	5.0
主 ダ ク ト	5.0	15.0	12.5	30.0
分 岐 ダ ク ト	4.0	6.5	10.0	22.5
コ イ ル 部 分	2.5	3.0	3.0	3.5

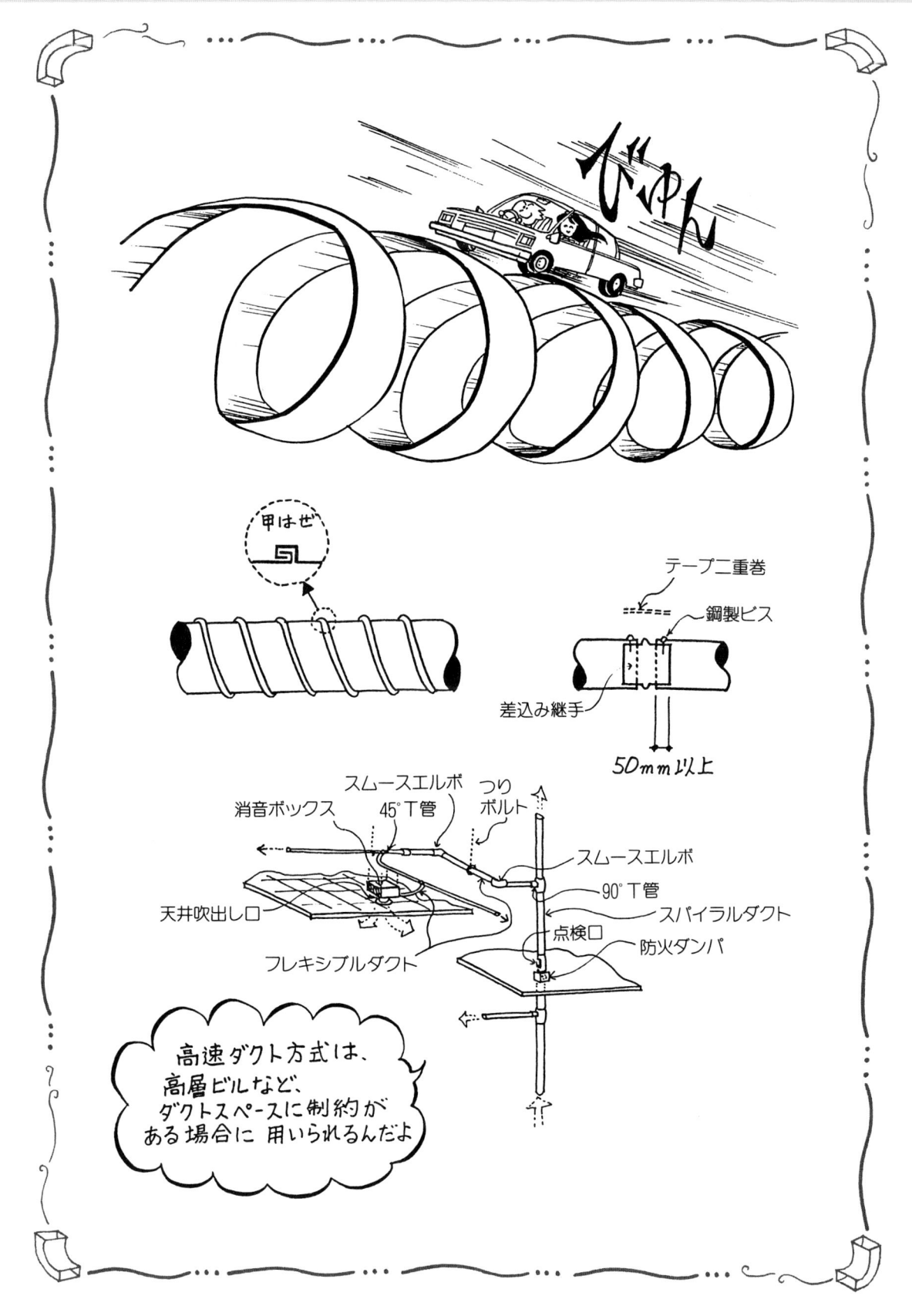

6・1 空気輸送の専用道路がダクトだ

甲はぜ

テープ二重巻
鋼製ビス
差込み継手
50mm以上

消音ボックス
スムースエルボ
45°T管
つりボルト
天井吹出し口
スムースエルボ
90°T管
スパイラルダクト
フレキシブルダクト
点検口
防火ダンパ

高速ダクト方式は、高層ビルなど、ダクトスペースに制約がある場合に用いられるんだよ

67 用途によっていろいろに呼称されるダクト

　長方形ダクトやスパイラルダクトなど、ダクトの構造とは関係なく、ダクトを用いる目的や用途により、つぎのように呼ばれます。
　空調機から調整した、いわゆる調和空気を各室内に供給するための**給気ダクト**は、サプライトダクトや送気ダクトとも称されます。室内の吸込み口から空気を空調機へ戻すための**還気ダクト**（リターンダクト）、空調機に外気を取り入れるための**外気ダクト**（外気取入れダクト）、室内からの汚染した空気を屋外へ排出する排気を行うための**排気ダクト**などです。

point

ダクトスペース

　多層建築の場合は、基準階の床を貫通する立ての主ダクトおよび配管について、熱源機械室、空調機室の位置などを考慮し、基準階のダクトや配管のレイアウトを行いながら、位置とスペースを決める必要があります。とくにダクトスペースは、空調方式、空調機の分散程度、床面積当りの送風量（$m^3/h \cdot m^2$）、または換気回数、ダクト内の風速などによって左右されます。

　地上10階建で、空調機が地階または塔屋に設置されているとき、一般的なダクトレイアウトにおけるダクトスペースの概略値は表に示すとおりです。

各階床面積に対する1フロアの主ダクトスペース

項目	低速ダクト	高速ダクト （15 m/s 以上）
送風ダクト	1.0〜2.0%	0.6〜1.0%
還気ダクト	0.6〜1.0%	0.6〜1.0%
外気導入ダクト	0.2〜0.5%	0.2〜0.5%
計	1.8〜3.5%	1.4〜2.5%

注）地上8〜10階建の多層ビルに適用される

ダクト内風速とダクトの大きさの関係

　ダクト内風速を2倍にすれば、ダクトの断面積は1/2となり、抵抗は4倍となります。

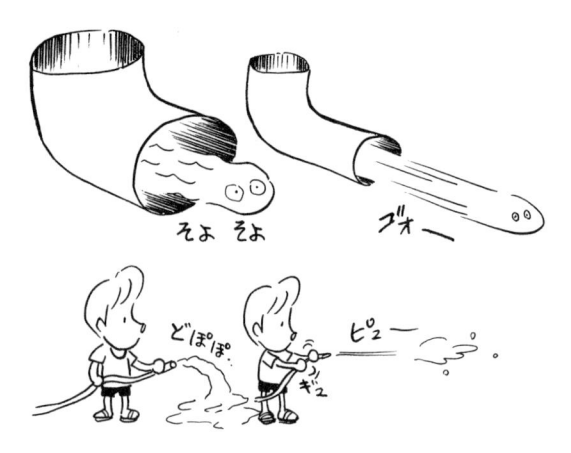

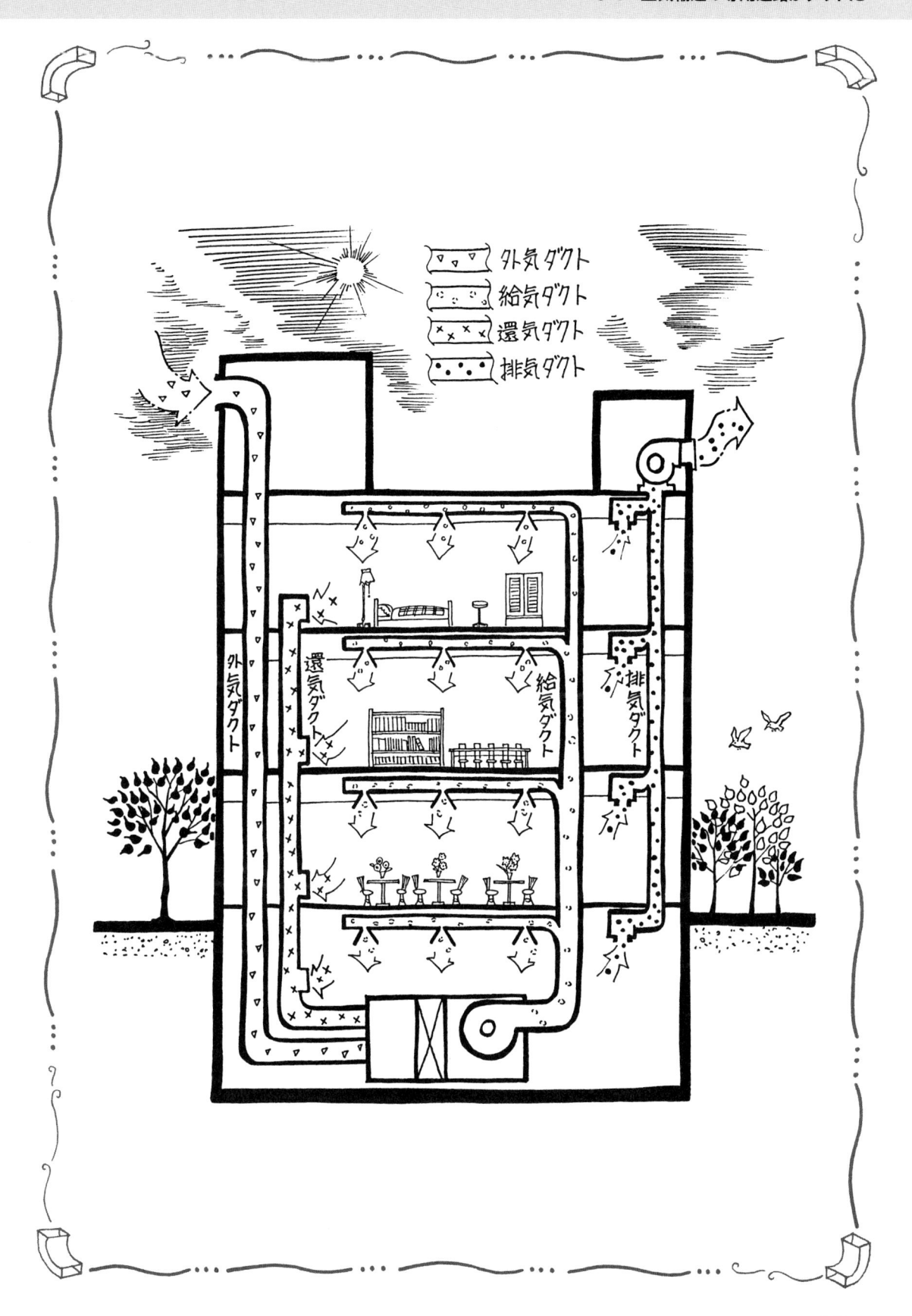

6・1 空気輸送の専用道路がダクトだ

- 外気ダクト
- 給気ダクト
- 還気ダクト
- 排気ダクト

68 ダンパは空気輸送をスムーズにする交通整理のおまわりさん

　ダクト内を流動する空気量を調節し、また遮断するために設ける可動板を**ダンパ**といいます。ダンパは構造上からは羽根が1枚板で中心に回転軸を有する回転式の**蝶形ダンパ**（バタフライダンパ）と、複数以上の羽根を用いた**多翼ダンパ**（ルーバ形ダンパ）に大別され、前者はおもに小形ダクトに用いられます。

　そしてダンパは用途上からはつぎのように呼ばれます。ダンパはおもに風量を調節するために用いますが、この場合は**風量調整ダンパ**（ボリウムダンパ）といい、主ダクトから分岐ダクトへ分岐する箇所に設け、分岐ダクト内の風量調節のために用いる場合は**スプリッタダンパ**といいます。

　防火区画を貫通する箇所の還気ダクトや厨房の排気ダクトには法律上、**防火ダンパ**（ファイヤダンパ）を設けなければなりません。これは火災が発生して、火炎がダクト内に侵入したとき、火炎の高温により、ヒューズ（可溶片）が溶解して、自動的に閉鎖し、火炎の侵入を防ぎ、延焼防止を目的とするものです。

---

memo

多翼ダンパの全閉時の空気漏れ量

　多翼ダンパはその構造上、全閉した場合でも、すき間から必ず空気の漏れがあります。表に、ダンパ前後の圧力差に対する漏れの空気量の標準を示します。

多翼ダンパの全閉時における空気漏れ量 (m³/h ダンパ面積 m²)

圧力差(Pa)	25	50	75	100	150	200	250
漏れ量	235	335	430	505	645	775	860

各ダンパの取付け箇所

　風量調整ダンパは送風機または空調機の出入口、必要に応じて、とくに風量を調整したい分岐部などに取り付けます。

　スプリッタダンパは1本のダクトが2方向に分岐している場合、使用勝手によって全体風量を変えることなく、2方向に送る風量比を変えたい場合、その分岐点に取り付けます。

　防火ダンパは防火区画となっている壁、または床に取り付けます。また厨房に設置するフード上部にも取り付けることがあります。

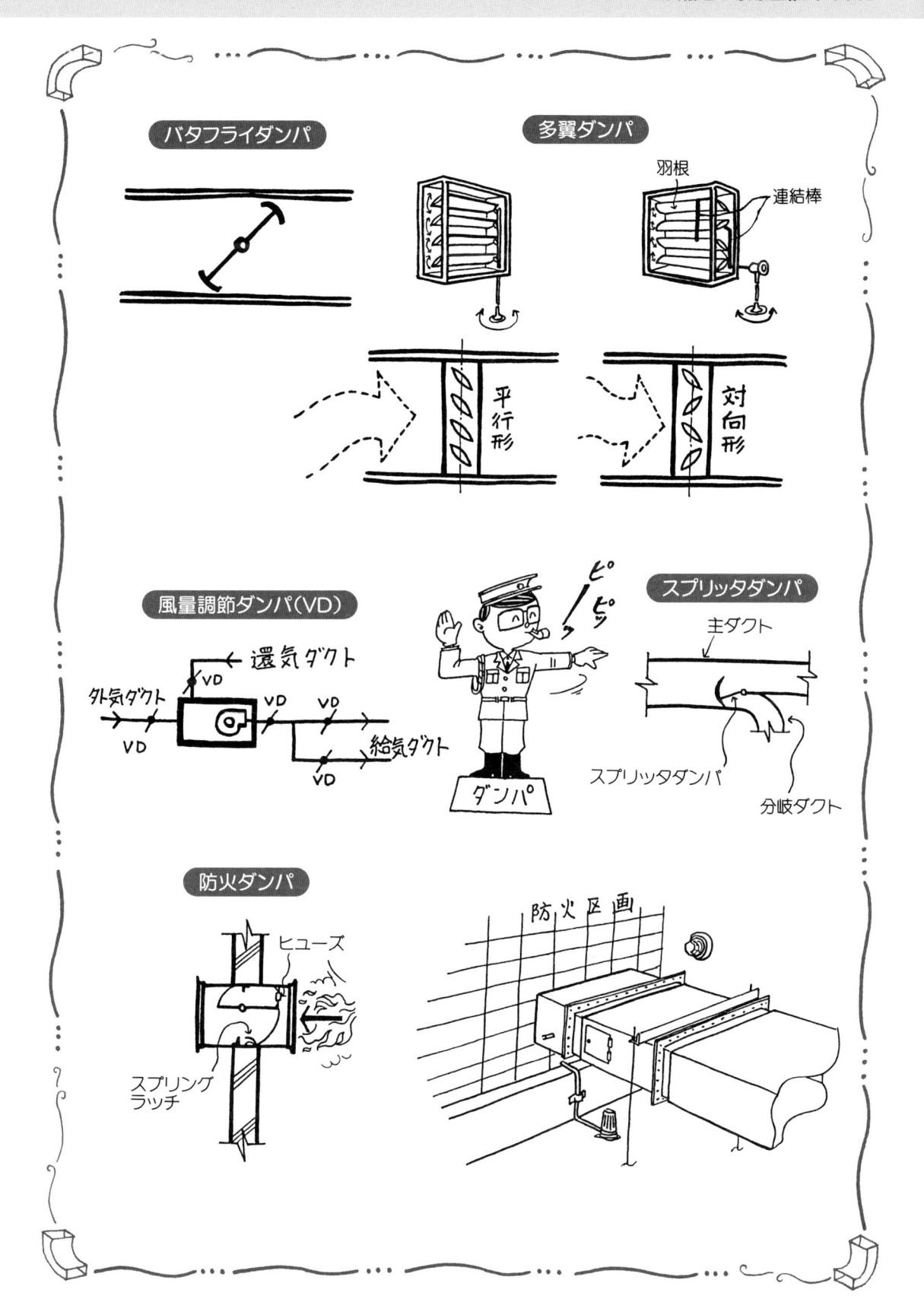

6・1 空気輸送の専用道路がダクトだ

バタフライダンパ

多翼ダンパ
羽根
連結棒

平行形
対向形

風量調節ダンパ(VD)
外気ダクト
還気ダクト
給気ダクト
VD

ダンパ

スプリッタダンパ
主ダクト
スプリッタダンパ
分岐ダクト

防火ダンパ
ヒューズ
スプリングラッチ

防火区画

69 吹出し口は調和空気の供給口だ

　給気ダクトより送られてくる調和空気を室内に送入するための供給口を**吹出し口**といいます。吹出し口と吸込み口によって室内の気流分布を適度の速度にすると同時に均一に行うことができます。吹出し口は天井に配置し、下向きに吹き出す**天井吹出し口**と、壁面に配置し、横向きに吹き出す**壁吹出し口**に大別されます。また気流の吹き出す方向によって軸流吹出し口とふく流吹出し口に大別されることもあります。

　軸流吹出し口というのは、吹出し口の面に垂直の方向に吹き出すものです。構造がもっとも簡単で気流の到達距離が大きくとれ、天井の高い空間（劇場やホールなど）の天井または壁の上部に設ける**ノズル吹出し口**。ノズル吹出し口の変形で吹出し方向が必要に応じて自由に変えることができ、厨房室など高温で作業する部屋に用いられる**パンカルーバ吹出し口**。プレート状の羽根を垂直または水平あるいは両方向に取り付け、もっとも多く用いられる**羽根格子形吹出し口**（ユニバーサル形吹出し口）。細長いすき間のような形をし、高い天井に設け細い線上に吹き降ろす**スロット形吹出し口**、スロット形吹出し口と照明器具とを一体化した**トロッファ形吹出し口**などがあります。

　ふく流吹出し口というのは、吹出し口の面に沿って水平の方向に吹き出すもので、天井に設けるものとしては、吹出し口の出口に取り付けられる円形または正方形の皿（パン）に当てて、天井面に沿わせて放射状に吹き出す**パン形吹出し口**、パン形吹出し口を改良した、室内へ吹き出される1次空気の中へ、室内空気（2次空気）を誘引するようにした**アネモスタット形吹出し口**（天井ディフューザ）などがあります。

　最近、居住域を重視した省エネ空調システムとして、床吹出し空調システムが採用されてきています。そのとき、二重床用の吹出し口として**床置き形吹出し口**が活用されています。

　なお、吹出し口からはろ過されたきれいな空気が供給されるとはいえ、微粉じんなどが付着して汚れるので、1年半か2年ごとに掃除する必要があります。この場合、見える箇所だけをきれいにするというのではなく、吹出し口自体を取りはずして、これの内外部を完全に掃除するとともに、その周囲のダクトの状態を点検し、かつ掃除し、給気ダクト内の消音装置の内張り材料が劣化していないか、またはがれていないかなども十分に点検し、是正の措置を講じることが肝要です。

| ノズル吹出し口 | ユニバーサル形吹出し口 | パン形吹出し口 | アネモスタット形吹出し口 | 床置き形吹出し口 |

（提供：空調技研工業株式会社）

6・1 空気輸送の専用道路がダクトだ

ふく流吹出し口

天井

パン形吹出し口　　　アネモスタット形吹出し口

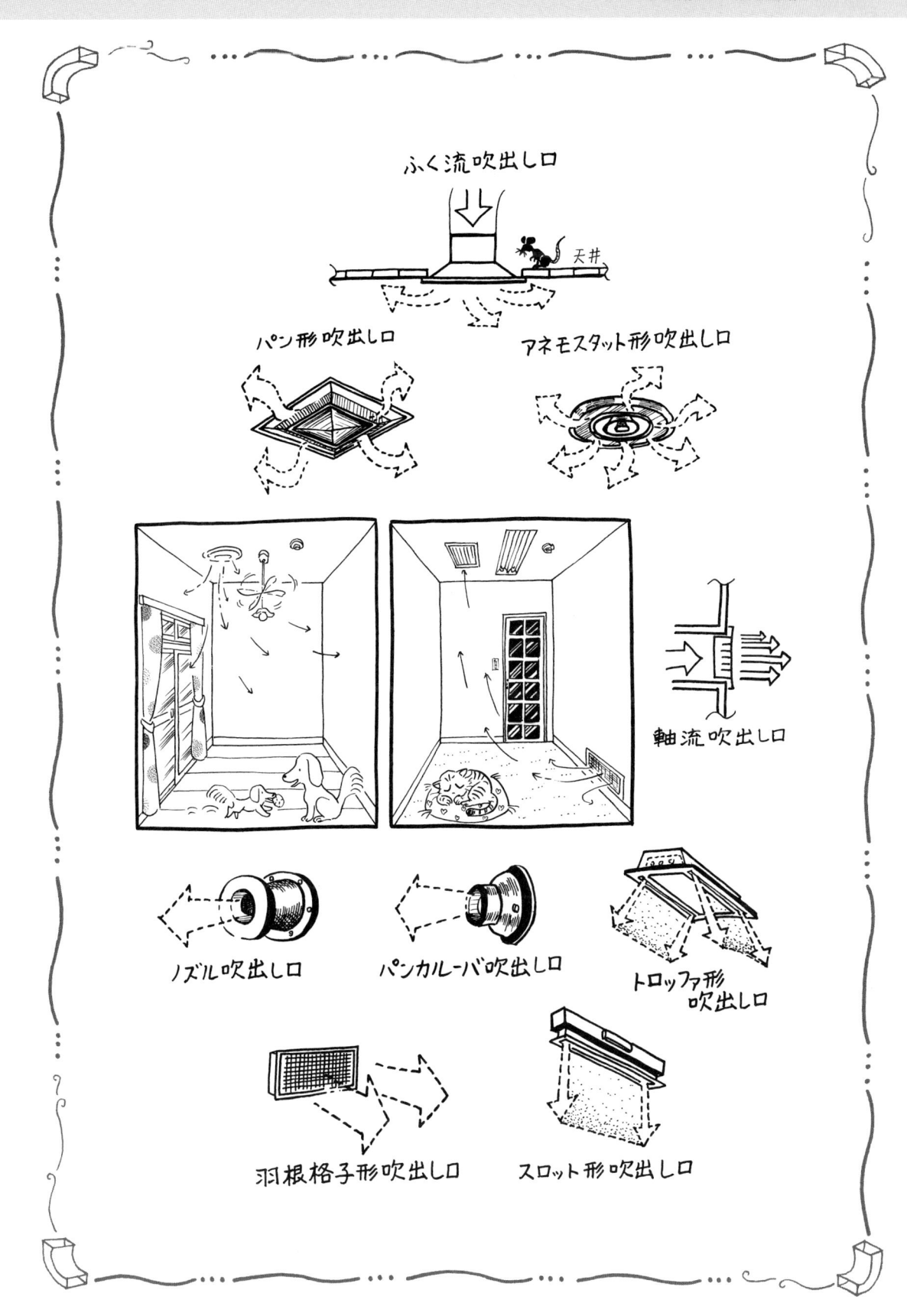

軸流吹出し口

ノズル吹出し口　　　パンカルーバ吹出し口　　　トロッファ形吹出し口

羽根格子形吹出し口　　　スロット形吹出し口

70 吸込み口と吹出し口が室内気流を均一にする

　室内の空気を還気ダクトに戻すための還気口（還気取入れ口）のことを**吸込み口**といいます。吸込み口としては一般に羽根格子形吹出し口と同じ形式のものが用いられますが、室内の空気の所要量だけを通す機能さえもっていればよいので、吹出し口のように気流を均一にさせたり、方向を変えたりするための装置は必要としません。

　劇場や音楽ホールなどの客席の下に設け、場内に吹き出される空気を客席全体から一様に吸い込ませる場合には、**マッシュルーム形吸込み口**（きのこ形吸込み口）が用いられます。

　なお、吸込み口は室内のほこりなどがストレートに溜りやすいので、定期的に吹出し口の場合と同じ要領で掃除し、点検する必要があります。

---

point

吸込み口の種類は

　吸込み口は速度分布上、周囲に与える影響は少なく、固定羽根が用いられます。種類としては表に示すようなものがありますが、吸込み口はごみが付着しやすいので、簡単に掃除ができるものが望ましいです。

吸込み口	主用途
パンチング型	便所など小風量吸込み
ルーバ型	一般室内集中吸込み口に最適
スリット型	便所、倉庫、一般室吸込み
マッシュルーム型	ホール床吸込み
トロッファ型	空調室内

吸込み口に物を置いてはいけない！

　壁面の下部に設けられている吸込み口に、よくロッカーその他の物が置かれていることがあります。とくにテナントビルではこの状態が多く見られます。

　在室者が部屋の使い勝手をよくしようと無意識に置かれるようですが、このように吸込み口に物を置きますと、吸込み口としての能力を著しく阻害され、空調効果にも大きな悪影響を与えてしまいます。吸込み口に物を置いてはいけません！

置換空調とは

　置換換気はもともと溶接工場の作業環境改善を目的として開発され、北欧を中心に20年以上の実績のある換気方式であり、わき出し換気と呼ばれることもあります。置換換気方式では床面から給気し、居住域に温度成層を形成して、汚染質は上昇気流に乗せて搬送し天井面の排気口から排出します。ピストンフローに近い気流状態となるので、一般の混合換気方式と比べ換気効率が高く省エネルギーであるので最近注目を集めています。

　居住域の空調だけを考えて、室温に近い新鮮空気を供給できるので、少ないエネルギーで室内を快適にできる方式です。室温に近い新鮮な空気をゆっくりと室内に供給しますのでドラフト感がありません。空気の比重差を利用して置換を行うので理想的な**ピストンフロー**（給気された新鮮空気に下から上にそっくり置き換える流れをつくります）により、居住域はつねに新鮮な空気で満たされます。

6・1 空気輸送の専用道路がダクトだ

マッシュルーム形吸込み口

1年に1回は点検とそうじをしましょう

71 送風機、ファンとブロアどう違うの？

　軸に取り付けられた何枚かの羽根、いわゆる羽根車を電動機（モータ）によって回転させ、空気を吸い込み、これに圧力を与えて送り出す機械を総称して**送風機**といい、構造や用途などにより多種に分けられます。日本機械学会では吐出し圧力（送風圧）10 kPa 未満を**ファン**、10 kPa 以上 98 kPa 未満のものを**ブロア**と区別しています。ボイラ設備のように送風機を通風装置の一環として用いる場合は**通風機**とも称されます。

　空調用の送風機ではあまり高い圧力を必要とするものはなく、一般に 0.98 kPa 以下のものが多く、高速ダクト用でも 2.94 kPa 程度で十分です。したがって、空調関係では送風機を"ファン"と呼ぶことが多いのです。

　送風機は羽根車の形状により分類すると、遠心式と軸流式に大別されます。

　なお、送風機の送風圧の単位は mmAq（水柱ミリメートル）でしたが、現在はその単位として Pa（パスカル）を用います。1 mmAq = 9.80665 Pa です。

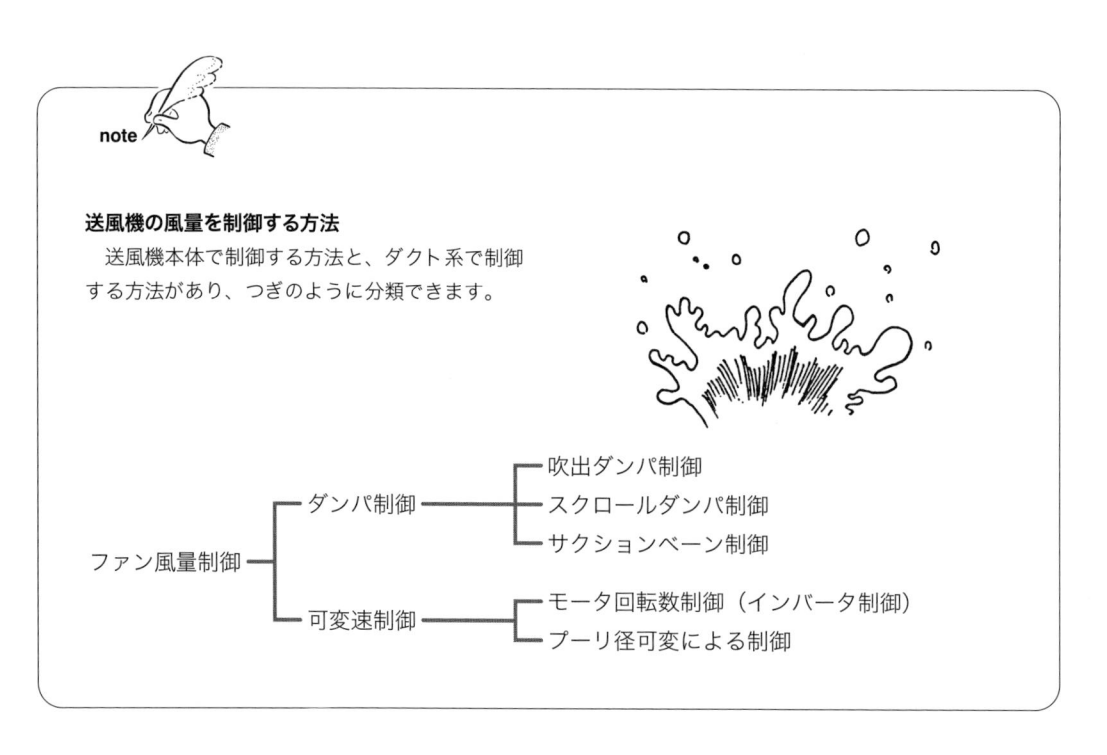

---

note

送風機の風量を制御する方法
　送風機本体で制御する方法と、ダクト系で制御する方法があり、つぎのように分類できます。

```
                          ┌─ 吹出ダンパ制御
              ┌─ ダンパ制御 ┼─ スクロールダンパ制御
ファン風量制御 ┤             └─ サクションベーン制御
              │
              └─ 可変速制御 ┬─ モータ回転数制御（インバータ制御）
                            └─ プーリ径可変による制御
```

6・2 送風機は空気の運び屋だ

送風機の分類と特性

	種類	羽根形状	特性	性能 風量 (m³/min)	静圧 (Pa)	効率 (%)	比騒音	比較大きさ	用途
遠心式送風機	多翼形（シロッコファン）		圧力曲線に凹部があり、動力曲線も凹型、抵抗の変化に対して風量・動力の変化は大きい。運転静粛	10〜2,800	100〜1,250	45〜60	35〜40	100%	換気・空調用（低速ダクト）
	後曲翼形（ターボファン）		高回転・高圧・高能率・動力曲線凸形でオーバーロードしない。抵抗に対し風量・動力の変化は比較的少ない	20〜3,000	1,000〜2,500	70〜80	55〜65	112%	空調送排風用（高速ダクト）
	リバース翼形（リミットロードファン）		ターボとほぼ同様、動力曲線のリミットロード性著しい	100〜3,000	100〜1,500	55〜65	40〜45	175%	空調用（中規模低速ダクト）工場換気用
	翼形（エアホイルファン）		圧力曲線の山が風量40%ぐらいにあり、ターボとほぼ同様	100〜3,000	1,250〜2,500	70〜85	25〜30	128%	空調用（高速ダクト）
	貫流形（クロスフローファン）		圧力曲線は凸形、多翼形とほぼ同様	3〜20	0〜80	40〜50	30	200%	ファンコイルユニット、エアカーテン、サーキュレータ用
軸流式送風機	プロペラ形（大形は可能ピッチ）		圧力上昇は小さく、右下り。圧力・動力は風量0で最大、抵抗に対し風量動力の変化は少ない	20〜500	0〜100	10〜50	45	88%	ユニットヒータ換気扇、小型冷却塔用
	チューブ軸流式		ベーン付に比べて圧力上昇は小さく、ほぼ同様	500〜5,000	50〜150	55〜65	45	98%	局所喚気、大形冷却塔用
	ベーン軸流式		圧力曲線は急斜傾で山と谷あり動圧大、動力は風量0で最大、計画風量をはずれると効率急減少	40〜1,000	100〜800	75〜85	40	98%	局所喚気用

72 軸流式送風機とは

軸流式送風機は羽根車として家庭用の扇風機や換気扇に用いられているプロペラ状の羽根車を回転させ、送風機の軸と同じ方向から空気を吸い込み、そのまま一直線に、軸と同じ方向へ押し出す形式のものです。

軸流送風機は詳しくは、プロペラ状の羽根車が流線形の場合を**プロペラ送風機**といいます。羽根車が単板状の場合を**軸流送風機**といい、これはさらに、案内羽根がないものを**チューブ軸流送風機**、案内羽根（ガイドベーン）を有するものを**ベーン軸流送風機**といって区分されます。

軸流式送風機は高い圧力を得られず、騒音が激しいという大きい欠点がありますが、小形で高速回転に適し風量も多いので、空調用よりも、おもに冷却塔の送風機としてや局所換気の換気扇として用いられます。

note

送風機の特性曲線

送風機をある一定の条件下で運転した場合は、つねに同じ性能を示します。送風機の特性曲線は、周囲の気圧、空気状態について標準値を決め、この条件における風量と静圧および軸動力の関係をグラフで表わしたものです。代表的な例を図に示します。

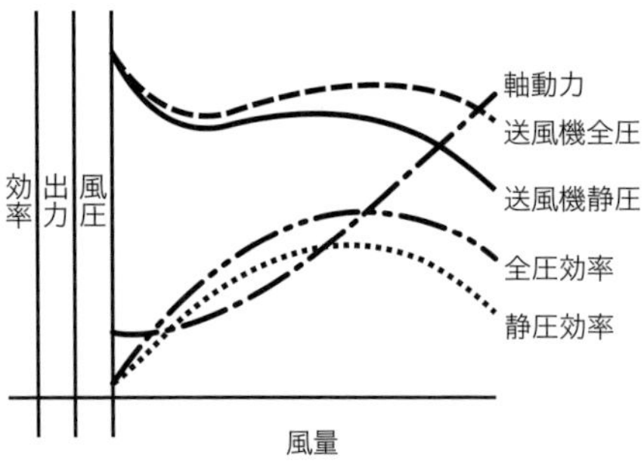
効率
出力
風圧
軸動力
送風機全圧
送風機静圧
全圧効率
静圧効率
風量

前向き羽根送風機
（多翼形）

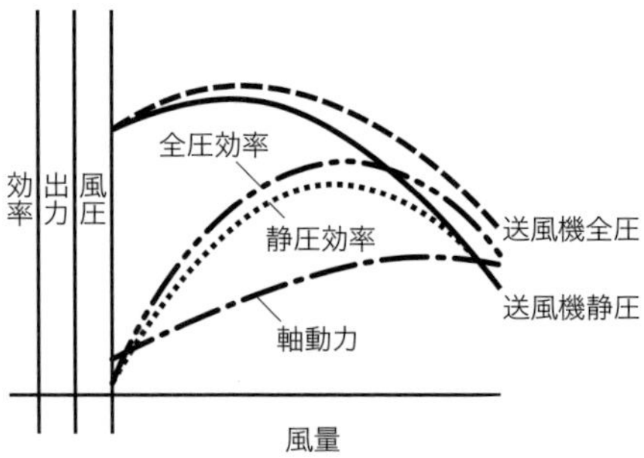
効率
出力
風圧
全圧効率
静圧効率
送風機全圧
送風機静圧
軸動力
風量

後向き羽根送風機
（ターボ形、翼形
リミットロード形）

6・2 送風機は空気の運び屋だ

流線形プロペラの羽根車

単板状プロペラの羽根車

羽根　案内羽根

モータ

案内羽根を有する場合はベーン軸流送風機、ない場合はチューブ軸流送風機に区別されるんだ

73 遠心式送風機は水車と同じ原理

近年ではあまり見かけなくなりましたが、昔は田園地帯の風物詩であった"水車"つまり水車のような形をした羽根車を回転させ、その遠心力で、羽根車の軸方向から吸い込む空気を、軸と直角の遠心方向に送り出す形式の送風機を**遠心式送風機**といいます。遠心式送風機は羽根車、ディフューザ、うずまき室などからなり、軸流式送風機に比べて高い圧力が得られ、騒音も低いので、ダクトと接続し、空調用として広く用いられます。そして羽根車の形状により種々の圧力とすることができるので、羽根車の形状によって分類されます。

多翼送風機は一般に**シロッコファン**と呼ばれ、羽根車は半径方向に浅くて幅の広い前向きの、通常64枚の多数の羽根を有します。一般に圧力980.665 Pa（100 mmAq）程度以下の低速ダクト用として用いられます。

ターボ送風機は、羽根車が羽根出口角度30〜40°にわん曲した12〜18枚の後向きの羽根を有するもので、高速回転に適し、圧力は1,176.8〜2,451.7 Pa（120〜250 mmAq）と高圧で、おもに高速ダクト方式の空調機に用いられます。

リミットロード送風機は、多翼送風機とターボ送風機の中間的な特性をもたせたもので、多翼形より羽根の数は少なく、また広幅でゆるやかなS字形をしています。この送風機は風量がある限度を超えて増加しても、必要な動力はある限度以上には増えないので、"リミットロード"と名付けられています。リミットロード送風機は多翼送風機では圧力がやや不足する中規模の空調機、エアハンドリングユニットなどに用いられ、また高層ビルの高層階の排風機として用いられます。

ターボ送風機
（提供：株式会社荏原製作所）

貫流送風機は**クロスフローファン**ともいい、形状は多翼送風機に似ていますが、羽根の幅が直径に比べて大きく、気流は軸に直角な方向から吸い込まれます。一般に圧力は低く、効率もあまり高くありませんが、幅の広い膜状の吹出し気流が得られるので、エアカーテン用やファンコイルユニットなどに用いられます。

point

エアカーテンって何??

デパートや興業場など、不特定多数の人が出入りするビルで、空調効果を低下させない手段として、出入口に送風機を用いて、上から下へ幅の広いカーテンのように、中圧の吹出し気流をつくり、ビル内の空調空気がビル外へ流出するのを防ぐとともに、外気の室内への侵入を遮断するようにしたものです。

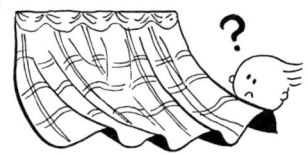

6・2 送風機は空気の運び屋だ

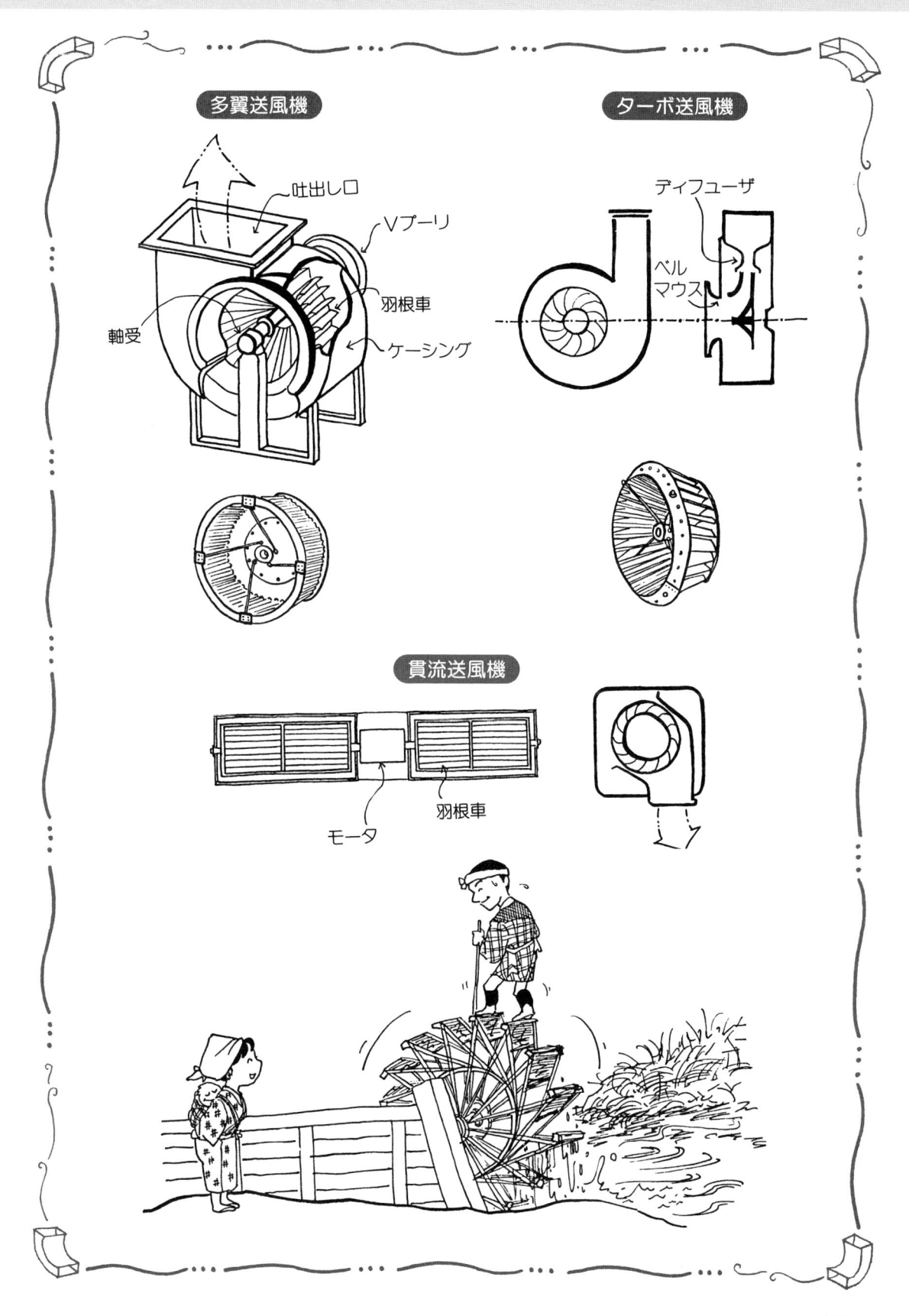

多翼送風機
- 吐出し口
- Vプーリ
- 羽根車
- 軸受
- ケーシング

ターボ送風機
- ディフューザ
- ベルマウス

貫流送風機
- モータ
- 羽根車

74 遠心式送風機の羽根は1年ごとに掃除しよう

　遠心式送風機は羽根車の羽根に粉じんやほこりなどが非常に付着しやすい形状になっています。したがって空調設備の送風機はエアフィルタでろ過した空気のみを流動させてはいても、長時間運転していると、油分、水分などを含んだ微粉じんが羽根に付着し、付着量が多くなり、円形の羽根が付着粉じんによって板状になってしまいます。こういう状態になると、規定風量を送風することはまったく不可能となり、送風機能が著しく低下します。したがって、このようなトラブルを防止する見地から、少なくとも1年ごと、定期的に羽根車の羽根に付着した粉じんなどを除去するために掃除を行うことが肝要です。

　この場合、送風機のケーシングの一部を取りはずし、羽根車への付着物の状況を点検し、サラッとした感じで付着しておればブラシ（手作業）で掃除すればよい。しかし付着粉じんなどに油分や水分を含み、ベタッとした感じの場合は、高圧洗浄機を使って洗浄液を羽根などに吹き付けて洗浄する化学洗浄法で行う必要があります。

　なお、羽根車への粉じんなどが異常に多く付着する原因としては、ダクトに設けた送風機の点検孔の扉が完全に閉じていずにすき間を生じたり、キャンバス継手の布が破損していて、ここから外気がそのまま侵入することが挙げられますので、月に1回はこれらの状況を点検することも肝要です。

point

サージングとは

　送風機、ポンプ、遠心冷凍機などのように羽根車をもった回転機器に起こりうる異常運転現象で、正規量より少ない吐出し量のときに、管内圧力（ダクト内圧力）、吐出し量（送風量）、回転数、入力などが周期的に変動する一種の不安定現象のことです。遠心式送風機にあっては、送風機の吐出し側や吸込み側に無理な曲りや、つまりがあるときに起きます。とくに送風機の吐出し口付近の主ダクトを無理な曲りにすると発生することが多いのです。

　サージングを起こすと送風機に対する負荷のかかり方が波動状態となるので、モータその他にトラブルを生じます。送風が満足に行われなくなるのは当然で、解決策としては、原因となっている無理なダクトや、つまりをなくしてやらなければなりません。

6・2 送風機は空気の運び屋だ

75 タービンポンプとうずまきポンプ

　モータから機械的エネルギーを受け、水にエネルギーを付与して送り出す機械を**ポンプ**といいます。ポンプの種類は、原理上から分類されますが、空調用としておもに用いられるポンプは遠心式ポンプです。

　遠心式ポンプの原理は、遠心式送風機の場合とまったく同じで、水車状の羽根車の高速回転による遠心力で水にエネルギーを与えて、速度を圧力に変換し、送り出すものであり、案内羽根の有無により、うずまきポンプとタービンポンプに分けられます。

　うずまきポンプは**ボリュートポンプ**ともいい、羽根車を高速回転させ、遠心力で水を送り出すもので、外観と内部の水の運動がともにうずまき状になっています。うずまきポンプは10～60 m水柱程度の比較的低い揚程で、大量の揚水を必要とする場合に多く用いられます。すなわち低揚程における、空気冷却器や空気加熱器などへの冷水や温水を供給（循環）させるための冷温水ポンプとして、冷凍機（凝縮器）の冷却水として、凝縮器と冷却塔を循環させる冷却水ポンプとして、また水噴霧式加湿器の噴霧ポンプ、あるいは鋳鉄ボイラの給水ポンプ、そして温水ボイラの温水循環ポンプなど、幅広い用途に使われます。

　タービンポンプはうずまきポンプにおいて、羽根車の外側に流線型の固定羽根、つまり案内羽根を設けたものをいいます。案内羽根を設けることにより効果的に水の速度が圧力に変換され、高圧となってうずまき室に入って吐き出されることになります。そして高圧の水として送り出すには、案内羽根を設けた羽根車を同一軸に何段も設け、前段の案内羽根から吐き出された流水を、つぎの羽根車の吸込み側に導き、加圧を繰り返すことにより、それに比例して送水圧力を増加することができます。案内羽根付き羽根車を一段増すごとに0.3～0.6 MPa送水圧力が増し、2段以上の場合を**多段タービンポンプ**といい、タービンポンプは多段タービンポンプとするのが原則で、一般に2段から6段が多く使われ、10段ぐらいのものもあります。

　タービンポンプは揚程が20～200 m水柱ぐらいのものに使われますが、水量はうずまきポンプに比べて少なくなります。タービンポンプはビルの地下水槽から屋上の給水タンクへ揚水するための揚水ポンプとしてや、丸ボイラや水管ボイラの給水ポンプ、消火栓ポンプとしておもに用いられ、冷温水ポンプや冷却水ポンプとしても用いられます。

　なお現在は、タービンポンプのことを**ディフューザポンプ**と呼び、圧力の単位 kgf/cm² は kPa（キロパスカル）で示します。

　［揚程］ 10m ＝ 98.0665 kPa ＝ 1 kgf/cm²

6・3 ポンプは水の運び屋だ

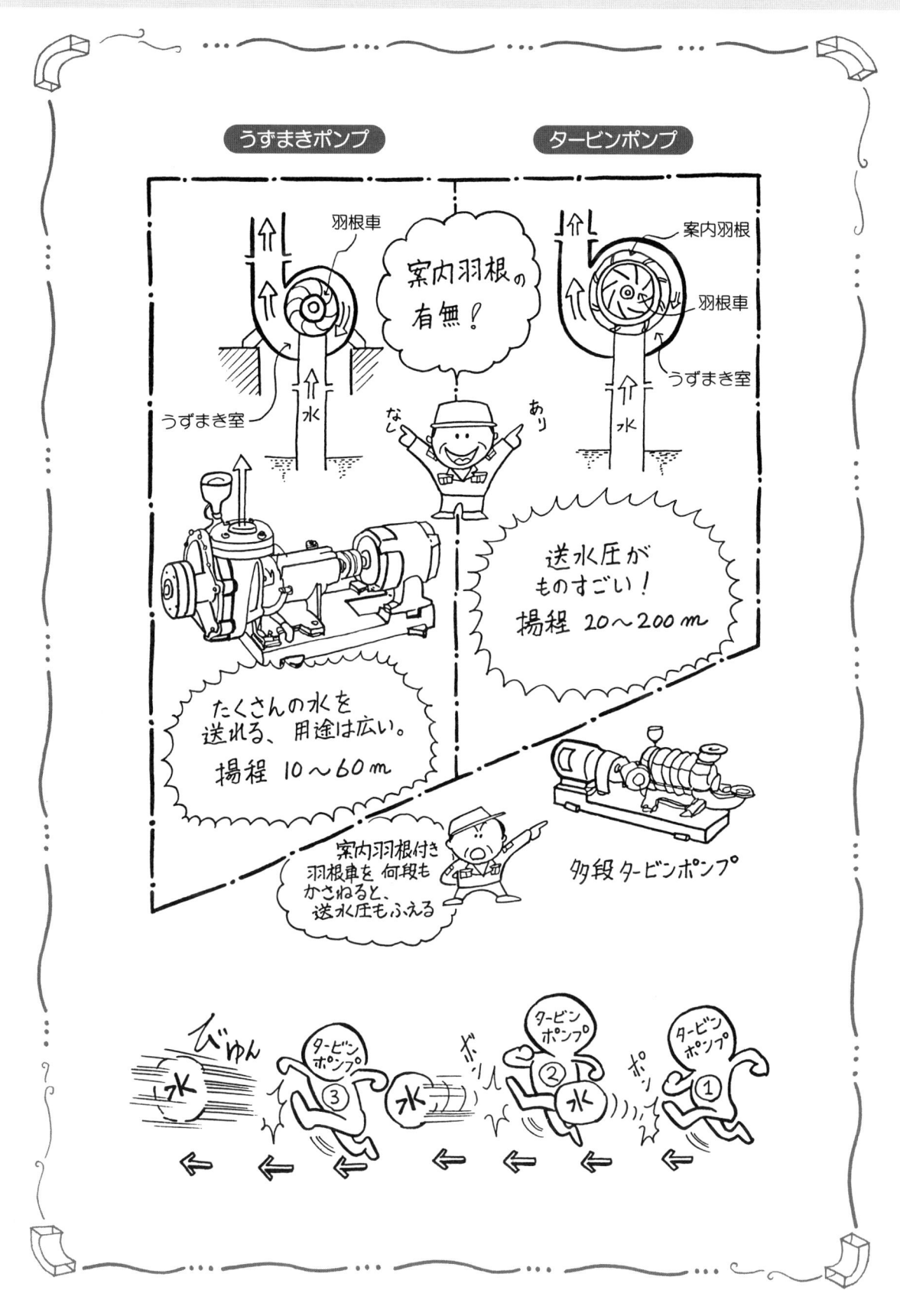

76 ポンプの揚程とは

　水をポンプで高所に汲み上げる場合、低所の水面から高所までの垂直距離を"m 水柱"で表わして、これを**実揚程**（静水頭）といいます。しかし、揚水管（吐出し管）や吸込み管を水が通るときにバルブや管継手などが抵抗を受けるため、この抵抗を一定の方式により水頭に換算しますが、これを摩擦損失水頭といいます。そして、静水頭に摩擦損失水頭を加えたものを**全揚程**（ポンプ揚程）といい、これが揚水に必要なポンプの吐出し圧力です。

［揚程］ 10m ＝ 98.0665 kPa ＝ 1 kgf/cm²

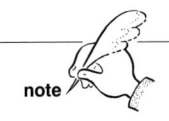

ポンプの特性曲線

　ポンプの特性曲線は図のように流量に対する揚程、軸動力、効率の曲線によって表わされます。つまり横軸に水量をとり、縦軸に揚程、動力、効率をとって表わしたもので、標準状態における性能を表わすものです。

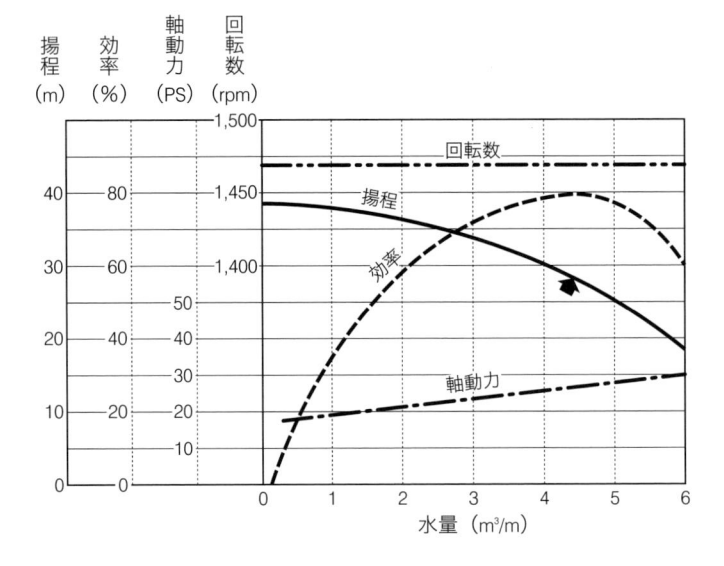

6・3 ポンプは水の運び屋だ

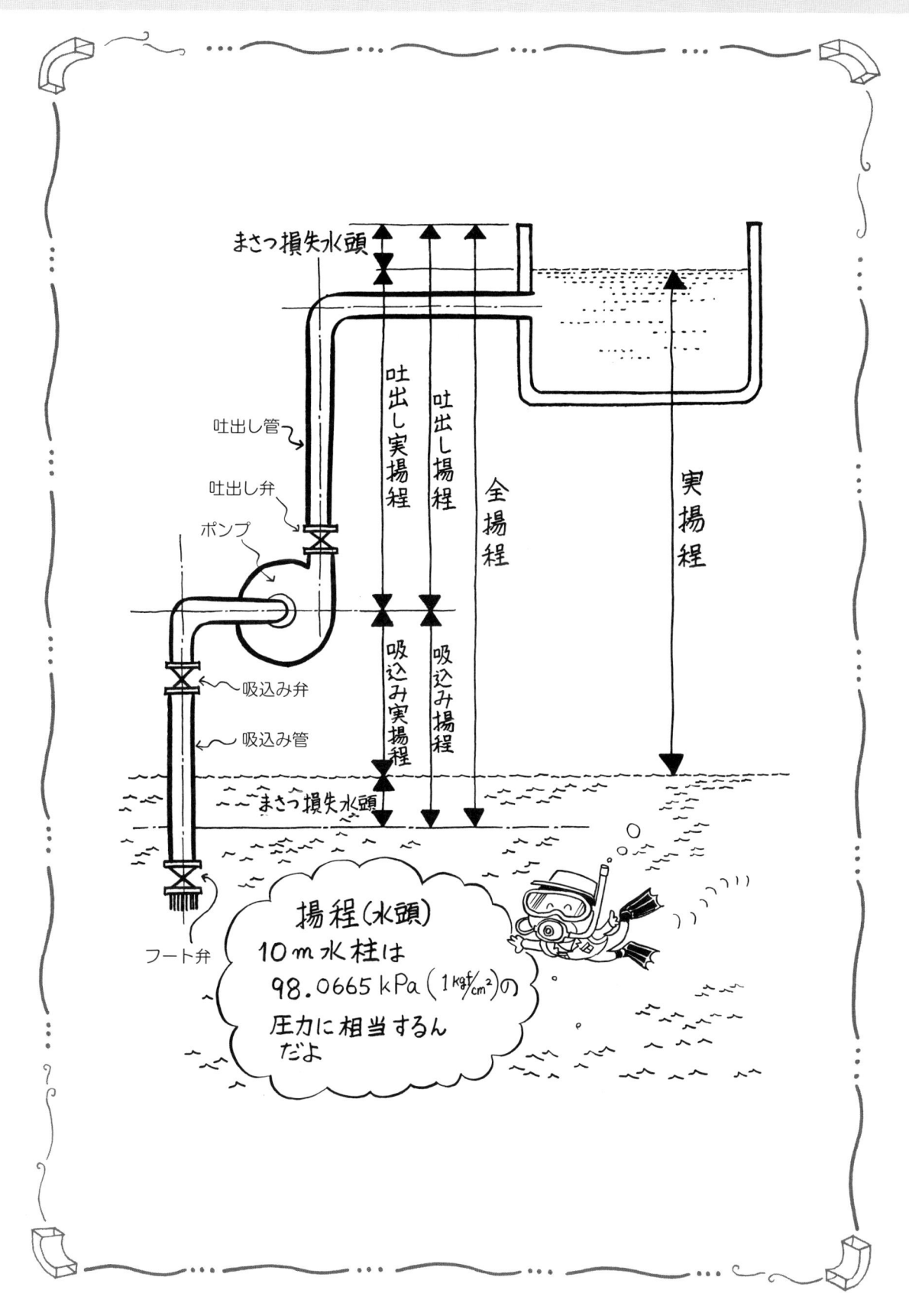

まさつ損失水頭

吐出し管
吐出し弁
ポンプ
吸込み弁
吸込み管
フート弁

吐出し実揚程
吐出し揚程
全揚程
実揚程
吸込み実揚程
吸込み揚程

まさつ損失水頭

揚程(水頭)
10m水柱は
98.0665kPa (1kgf/cm²)の
圧力に相当するんだよ

77 保温はエネルギーの無駄使いを防ぐ

　温風を運ぶダクト、蒸気管や温水管などの高温流体の配管やダクトは管内温度とその周囲温度との差が大きいため「高温から低温へ熱が移動する（逃げる）」という熱力学の第 2 法則により、多くの熱量が外部へ逃げ、熱損失が著しくなり、暖房効果を悪くします。また管表面温度が高いと、火災ややけどなどの危険も生じます。

　逆に冷風を運ぶダクトや冷媒配管や冷水配管などにおいては、管周辺より管内へ熱エネルギーの流入が起こり、冷凍や冷房効果を悪くし、また結露してしまうなどの弊害を生じることになります。

　したがって空調装置の必要箇所やダクト、配管の表面を熱伝導率の小さい物質で覆って、熱の移動量（無駄な放熱や吸熱）を極力少なくする必要があります。この措置を総称して**保温**といいます。なお、保温については詳しくは、高温部からの放熱を防ぐ"保温"と、低温部分への吸熱を防止する"保冷"に区分されます。

---

note

蒸気配管の保温による熱エネルギーの節約例

(1) 裸管の径ならびに長さ

管　径		12″	5″	3″	2″	1 1/2″	1 1/4″	1″	3/4″
管　長	室内(m)	6	57	5	37	169	70	280	10
	室外(m)				30			50	

(2) 裸管の放熱量（保温をしない場合）

管　径		12″	5″	3″	2″	1 1/2″	1 1/4″	1″	3/4″	計
放熱量 (kw/m)	室内	1.698	0.779	0.504	0.337	0.277	0.248	0.198	0.152	
	室外				0.35			0.205		
全放熱量 (kw)		10.19	44.41	2.52	12.46 10.50	46.78	17.34	55.36 10.23	1.52	211.31

(3) 標準厚保温を施工した場合の放熱量

管　径		12″	5″	3″	2″	1 1/2″	1 1/4″	1″	3/4″	計
放熱量 (kw/m)	室内	0.237	0.117	0.101	0.076	0.072	0.065	0.063	0.0582	
	室外				0.08			0.061		
全放熱量 (kw)		1.424	6.695	0.506	2.818 2.407	12.186	4.559	16.282 3.024	0.582	50.48

注）1 kcal/h = 1.163 kw

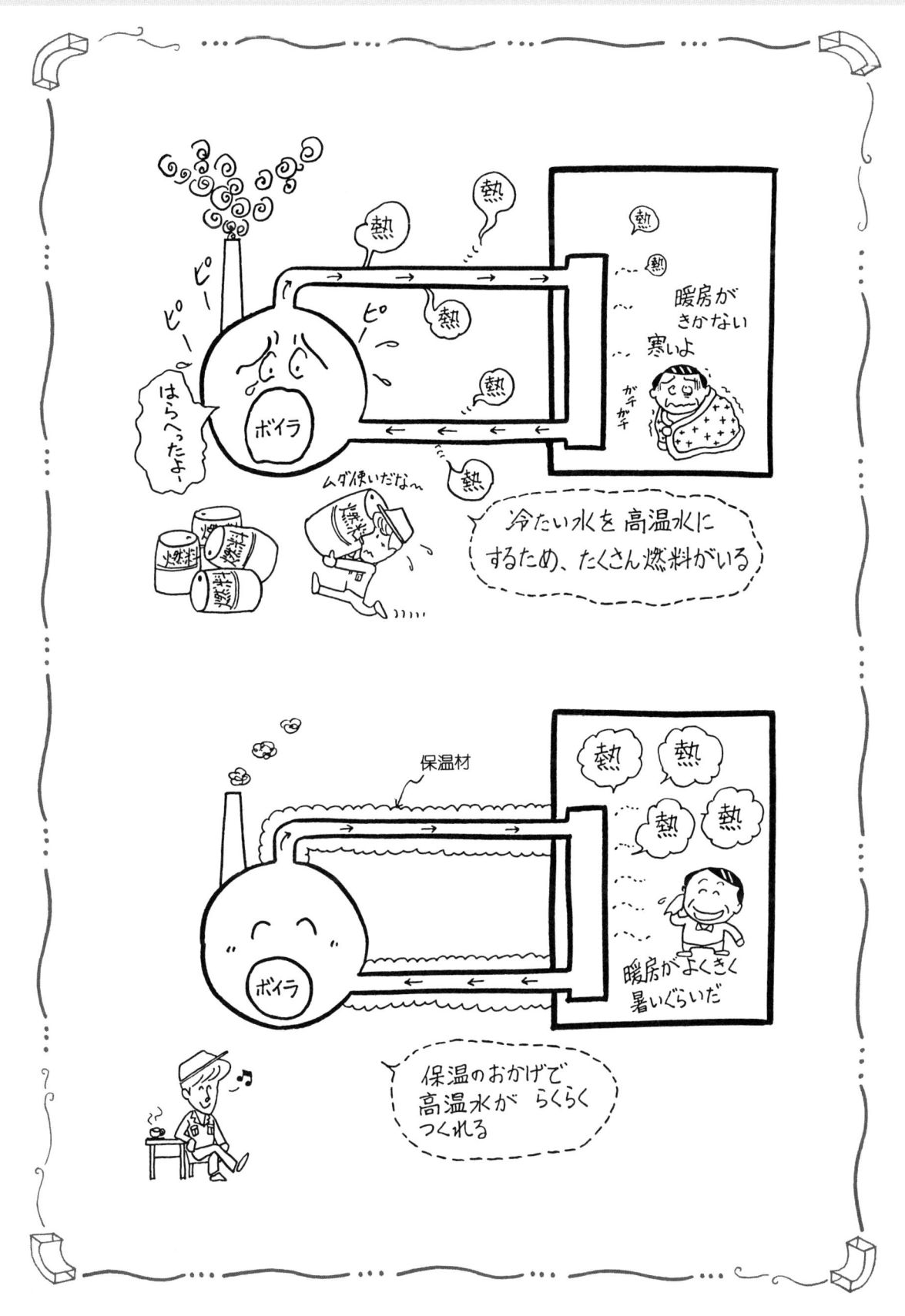

6・4 保温は人間が健康で活動するため着物を着るのと同じだ

78 保温材

配管などに保温を施す材料を**保温材**といいます。

固体物質の中を熱が移動する速さの程度を示すのに熱伝導率が用いられますが、保温材としては熱伝導率の値が 0.022 〜 0.151 W/m·k と、きわめて小さい熱の不良導体で、かつ重量が軽く、施工が容易、使用温度に十分耐え、吸湿性が少なく、耐薬品性や耐火性に富み、安価である物質が用いられます。そして保温材の中で保冷に適したものを**保冷材**と呼びます。

保温施工の要領は管表面などを保温材で覆い、その上に脱落防止のための金網などで補強した後、外装します。外装は美観や防水を目的として行い、亜鉛引き鉄板（ブリキ板）で被覆し、ペイントで塗装します。室内の場合にはブリキ板の代わりに綿布で巻き塗装してもよいのです。

1 W/m·k = 0.8598 kcal/m·h°C

> **note**
>
> **保温材の特性**
>
> | 保温材の種類 | 保温か保冷か | 最高使用温度 [°C] | 成分概要 |
> |---|---|---|---|
> | けい酸カルシウム | 保温 | 800 | けい酸カルシウム板、耐水性大、強度大 |
> | ロックウール保温材 | 保温 | 650 | 岩綿繊維をフェノール樹脂にて成形したもの |
> | グラスウール保温材 | 保温および保冷 | 400 | ガラス繊維をフェノール樹脂にて成形したもの |
> | あわガラス | 保温および保冷 | 300 | 発ぽうガラス成形品 |
> | 炭化コルク | 保冷 | 130 | 炭化コルク成形品 |
> | フォームポリスチレン | 保冷 | 70 | ポリスチレン発ぽう成形品 |
> | 塩ビフォーム | 保冷 | 80 | 塩化ビニル発ぽう成形品 |
> | パーライトボード | 保冷 | 100 | パーライト成形板 |
> | 硬質ポリウレタン | 保冷 | 80 | フレオンを発ぽう材としたポリウレタン |

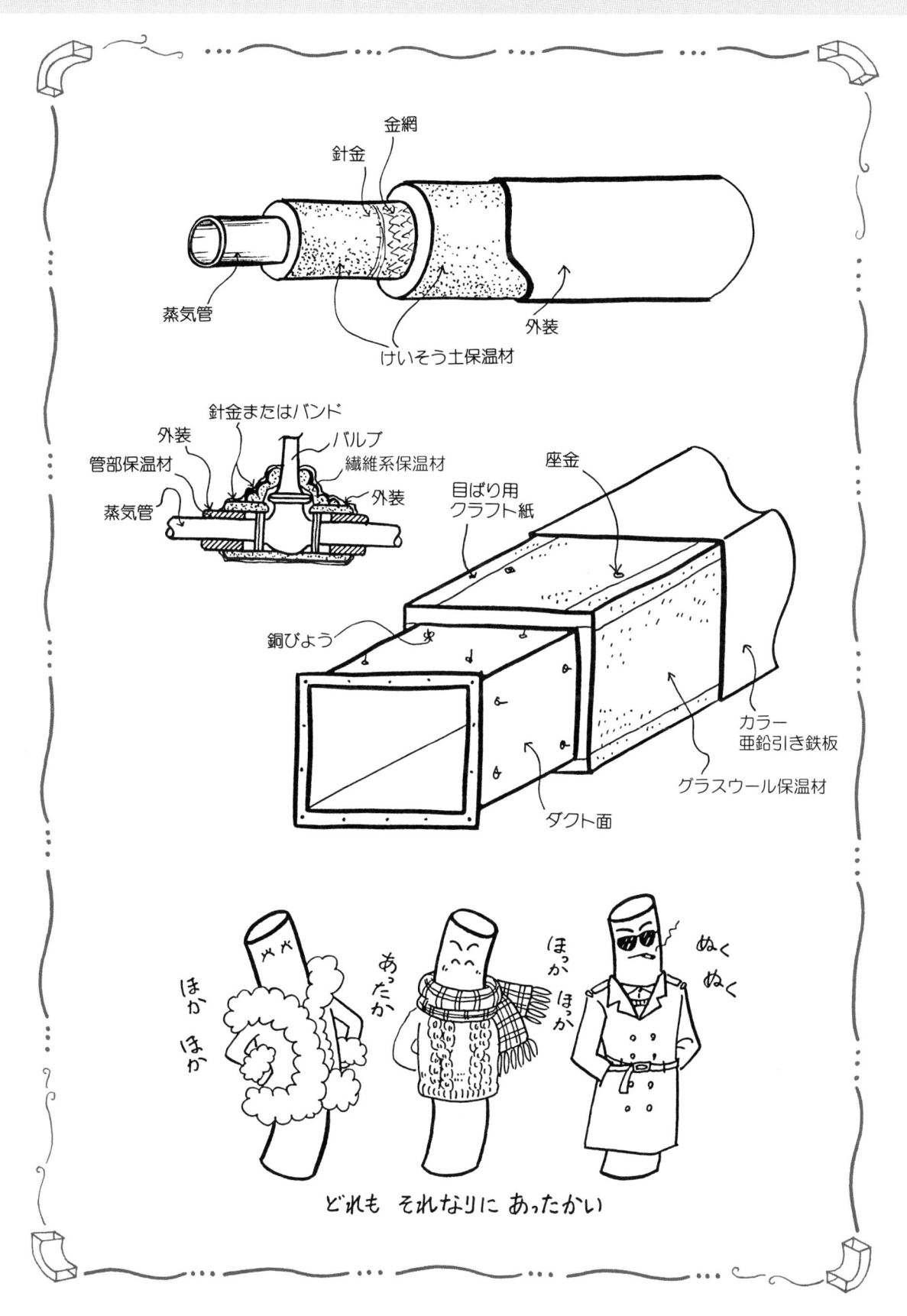

6・4 保温は人間が健康で活動するため着物を着るのと同じだ

図中ラベル:
- 針金
- 金網
- 蒸気管
- けいそう土保温材
- 外装

- 外装
- 管部保温材
- 針金またはバンド
- バルブ
- 繊維系保温材
- 外装
- 蒸気管

- 座金
- 目ばり用クラフト紙
- 銅びょう
- ダクト面
- カラー亜鉛引き鉄板
- グラスウール保温材

ほかほか / あったか / ほっかほっか / ぬくぬく

どれも それなりに あったかい

79 保冷には防湿工事を忘れないで

　冷凍機の冷媒配管などのように、0℃以下の低温装置（空調の場合には実用的には空気の露点温度以下の低温装置）のように、外から入ってくる熱を防ぐ場合を**保冷**といいます。保冷も保温も熱の移動といった点だけを考えれば、流れる方向が逆であるというだけで、数理的にはまったく同一に扱うことができます。しかし保冷の場合は、低温装置表面における結露を防ぐため、保冷材の外側をアスファルトやアスファルト油性マスチックなどの**防湿材**で必ず密閉し、保冷材の中に空気が侵入することを防ぐ**防湿工事**（防露工事）を行わなければならない点が、保温の場合と大きく異なります。

　空調装置では1つの装置を暖房用と冷房用と兼用することが多いので、保温、保冷のいずれにしても、防湿工事を行わなければならないことが多いのです。

---

point

配管識別色とは
　配管内を流れる物質の種類を識別するために、管表面（保温、保冷を施している場合はその表面）に色を塗布する必要があります。JISでは表(1)に示すように7色の識別色を用いて表示することになっています。

　しかしJISの規定だけでは現実にきわめて不十分なので、各ビルごとにそれぞれ異なった規準で、適当に識別色を決めているのが実情で、参考までにその例を表(2)に示します。
　もちろん流体の流方向に矢印を表示しなければなりません。

(1) 物質の種類とその識別色

物質の種類	識別色
水	青
蒸気	暗い赤
空気	白
ガス	うすい黄
酸またはアルカリ	灰紫
油	茶色
電気	うすい黄赤

(2) 配管系に対する識別の一例

種類	識別色	種類	識別色
冷水配管	白色	給気ダクト	象牙色
冷温水配管	橙色	還気ダクト	くすんだ象牙色
油配管	赤色	外気ダクト	混いグレー
給水配管	水色	換気ダクト	うすいグレー
蒸気配管	銀色		
冷媒配管	白色		
排水配管	濃いブルー		

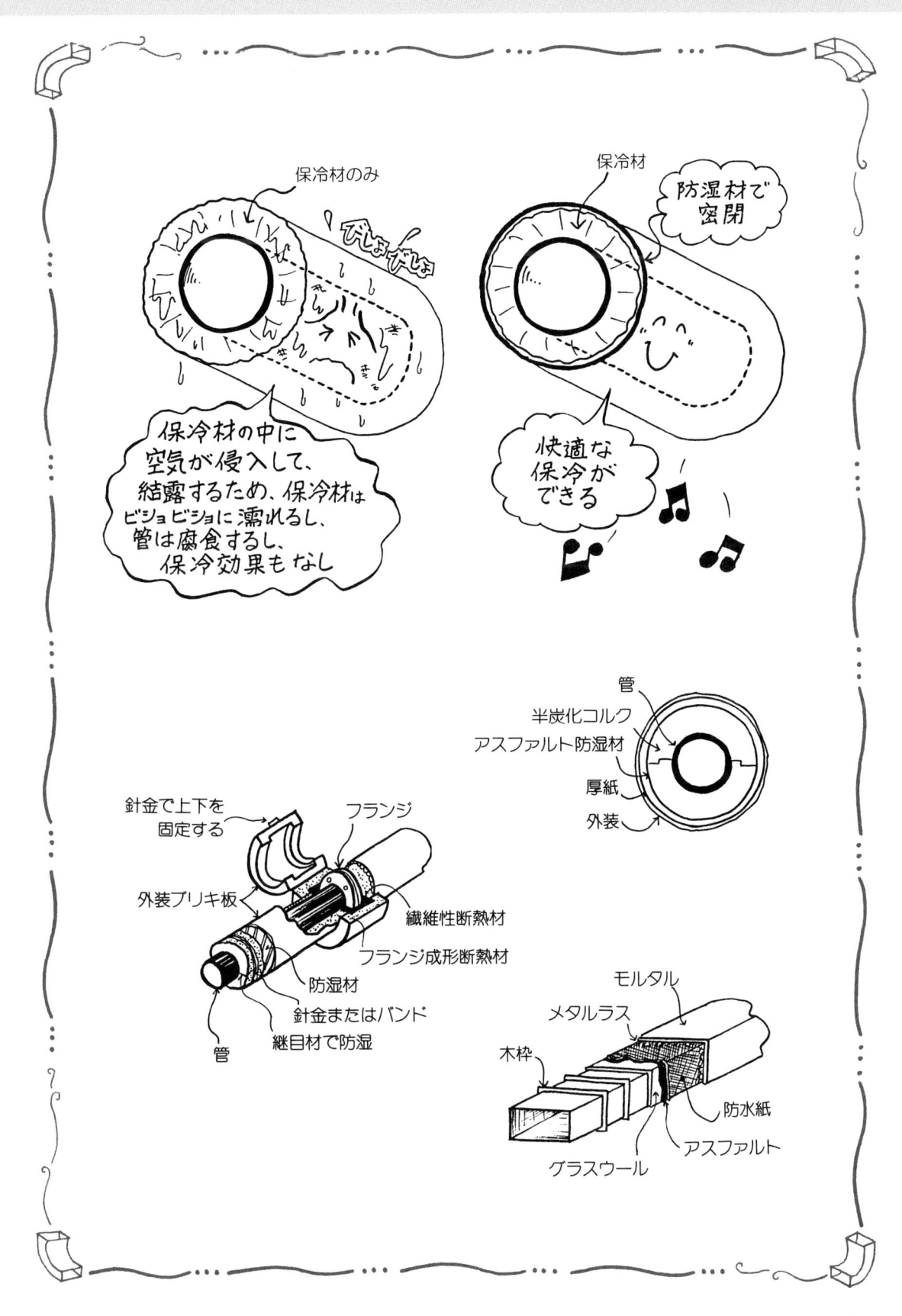

6・4 保温は人間が健康で活動するため着物を着るのと同じだ

保冷材のみ

保冷材の中に空気が侵入して、結露するため、保冷材はビショビショに濡れるし、管は腐食するし、保冷効果もなし

びしょびしょ

保冷材

防湿材で密閉

快適な保冷ができる

管
半炭化コルク
アスファルト防湿材
厚紙
外装

針金で上下を固定する
フランジ
外装ブリキ板
繊維性断熱材
フランジ成形断熱材
防湿材
針金またはバンド
継目材で防湿
管

モルタル
メタルラス
木枠
防水紙
アスファルト
グラスウール

7章 空気調和の自動制御

80 自動制御は花ざかり

　空気調和装置はもちろんのこと、あらゆる分野の機器、そして電気洗濯機や電気冷蔵庫など、一般家庭に広く用いられる機器にも自動制御が取り入れられており、現在では機器の操作や運転については、自動制御を抜きにしては不可能であるといえます。

　一般にある事物の行動に対し、特定の形を与えて拘束することを**制御**といいますが、やさしく表現すれば、目的を達成させるように行動することを制御といいます。この制御を人間が行う場合を**手動制御**といい、人間に代わって制御装置によって自動的に行われる制御を**自動制御**といいます。

　自動制御とは、あらゆる機器装置の運転を、人間の代わりに機械によって行うことを指し、自動制御を行うにはフィードバック制御、シーケンス制御およびインターロックが多様に組み合わされます。

point

オートメーションとは

　オートメーションとは automatic operation の略語で、人間の手足の働きばかりでなく、頭脳の働きまでも機械に行わせて、装置の運転や調整を自動的に行うことです。これはとくに近年、制御、計測、計算、作業管理、事務処理、その他情報伝達系の自動化の技術が著しく発達したからです。

　オートメーションが使われる分野は実に広いのですが、化学工場で使われる"プロセスオートメーション"機械工場で使われる"メカニカルオートメーション"事務所関係で使われる"オフィスオートメーション"（ビジネスオートメーション）などが代表的なものといえます。

　ビルディングオートメーションとは、あらゆる建築設備を自動制御装置、コンピュータなどを駆使して、最適環境の確保、安全性の確保、エネルギー節減、人的労力の節減と質的向上を目的として、オートメーション化することです。

BEMSとは

　BEMSとは、ビルエネルギーマネジメントシステム Building and Energy Management System（BEMS）の略で、一般業務用ビルや工場などの建物において、建物全体のエネルギー設備を統合的に監視・自動制御することにより、省エネルギー化やLCC（Life Cycle Cost）の最適化を行うビル管理システムのことです。

7・1 自動制御のあらまし

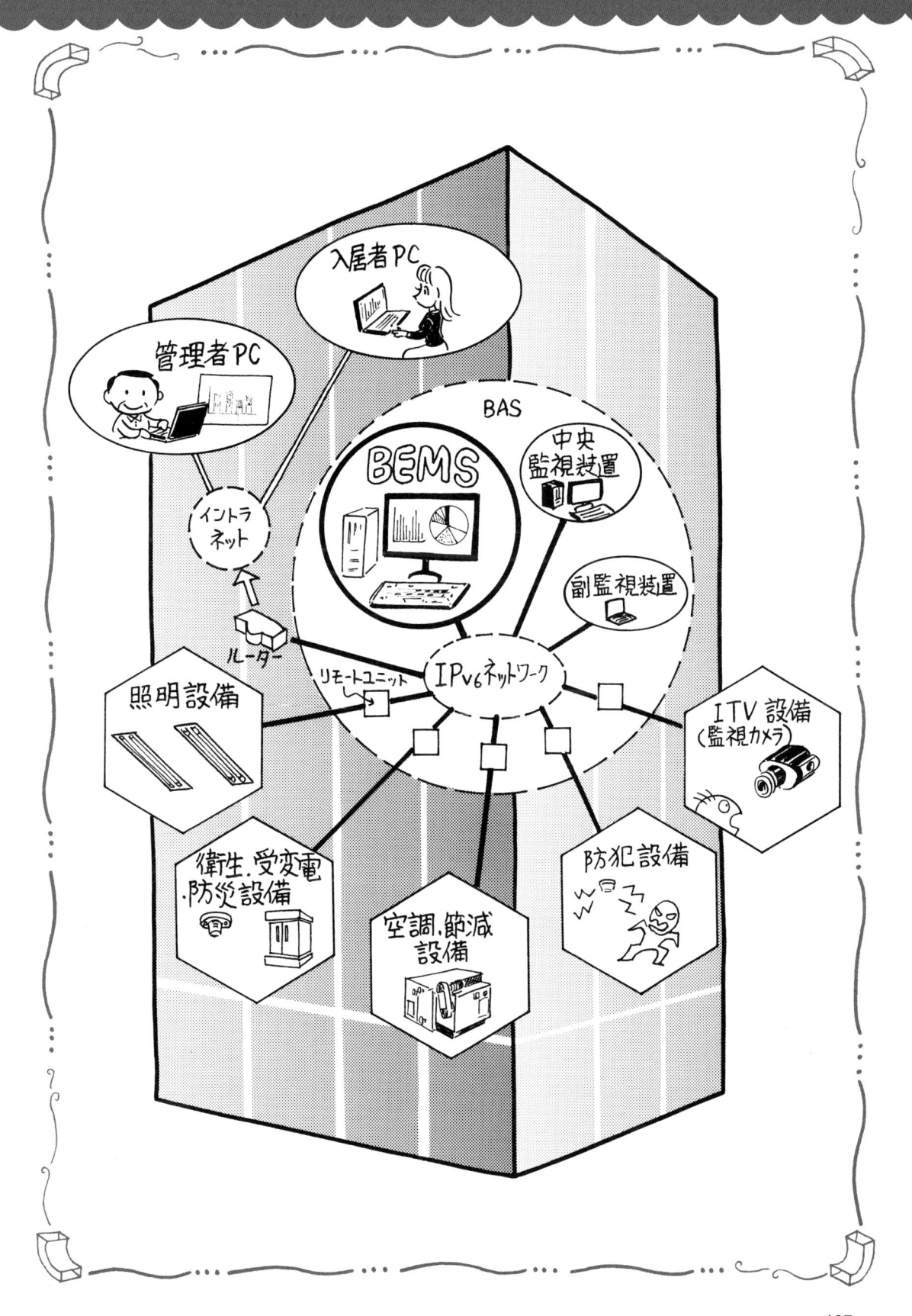

81 フィードバック制御は手動制御と同じだ

フィードバック制御というむずかしそうな用語がでてきましたが、これについてボイラ技士の仕事（ボイラの手動制御）を例に考えてみましょう。

ボイラ技士の基本的な仕事は、圧力の一定な良質の蒸気を発生させ、これを供給するとともに、ボイラを安全に運転することで、そのために蒸気圧力およびボイラの水位をつねに一定範囲に維持することです。圧力計やガラス水面計などの計器を監視し、この計器の示す値があらかじめ定められている希望の値、これを**目標値**（設定値）といいますが、例えば目標値が蒸気圧力では 980.665 kPa（10 kgf/cm^2）、ボイラ水位で標準水位の場合、圧力計の指針が 980.665 kPa より上がれば、すぐにバーナへの重油供給弁を絞って、重油燃焼量を減らし、逆に 980.665 kPa より下がれば、燃焼量を増加させて、目標値である蒸気圧力を 980.665 kPa に保とうとします。また、ガラス水面計の示すボイラ水位が標準水位より下がれば、給水ポンプのスイッチを入れて給水し、水位が標準水位より少し高くなれば給水をストップするなど、これらの動作を繰り返して、絶えず目標値に保つようにしています。

いま説明しました、ボイラの手動制御を分析してみますと"計測→目標値と比較→判断→操作→計測"という動作を繰り返すことから成り立っていることがわかります。このように結果から原因の修正へと循環してやまない動作をフィードバック（帰還）といい、フィードバックにより制御することを**フィードバック制御**といいます。

フィードバック制御は信号の伝わり方が、ひとまわりしてきて、はじめのところに戻り、全体が1つの閉じた回路のようなかっこうとなり、信号が循環するので**閉回路制御**ともいわれます。

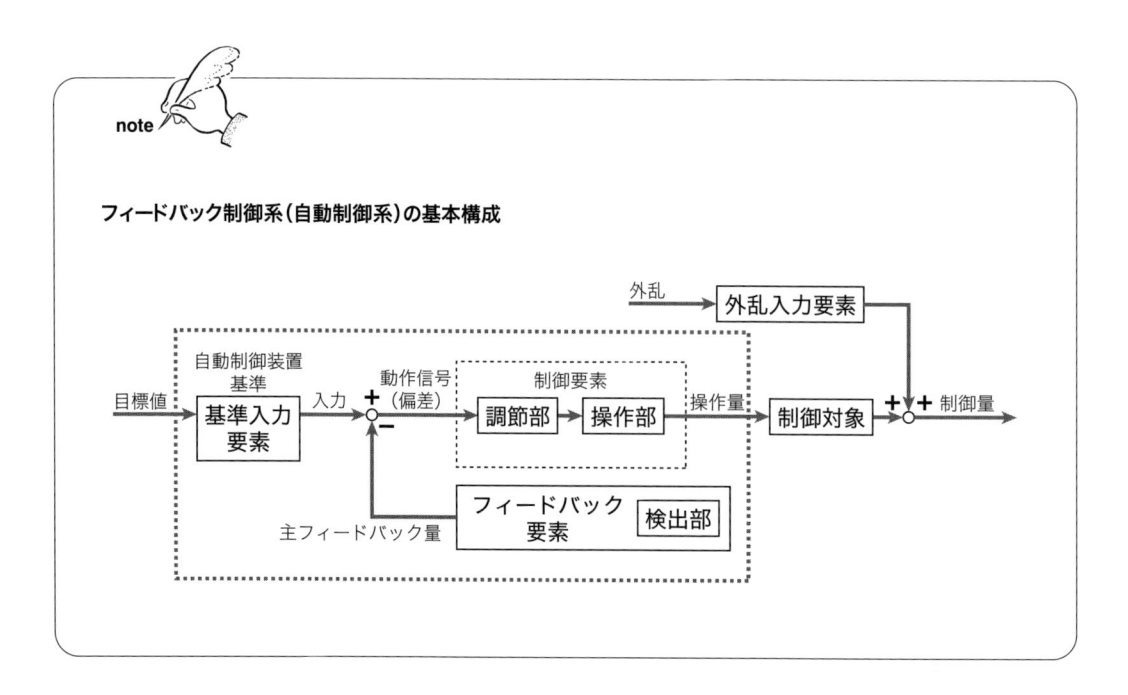

note

フィードバック制御系（自動制御系）の基本構成

目標値 → 基準入力要素 → 入力（＋／−）→ 動作信号（偏差）→ 調節部 → 操作部 → 操作量 → 制御対象 →（＋／＋）→ 制御量

自動制御装置基準

制御要素：調節部、操作部

外乱 → 外乱入力要素

主フィードバック量 ← フィードバック要素 ← 検出部

7・1 自動制御のあらまし

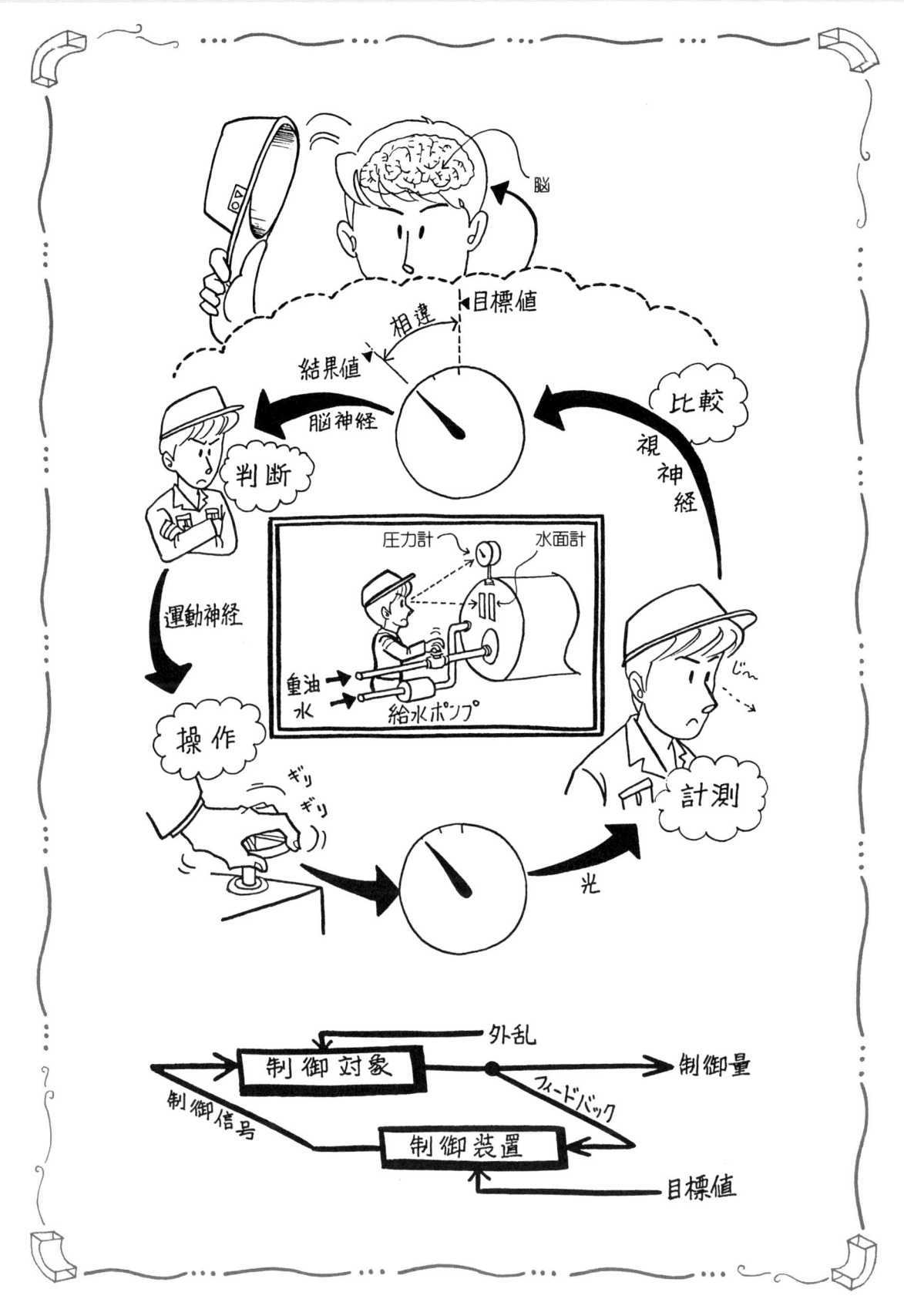

82 シーケンス制御は結果について知らん顔

　家庭用の全自動洗濯機（電気洗濯機）を例に、シーケンス制御を考えてみましょう。洗濯機に洗剤と洗濯物を入れ、スイッチを入れると注水、洗濯、すすぎ、脱水と、洗濯の全作業を自動的にやってくれます。だからこの洗濯機は人間に代わって完全に洗濯をしているように思われます。

　しかし、ここでよく考えなければならないのは、この洗濯物が完全に洗われても、汚れが残っていても、そんなことには関係なく、定められた時間に定められた作業を進行していくだけです。つまりこの種の自動機械といわれるものは、結果についてはまったく無関心で、一定の時間、命じられた順序に従って、あらかじめ命じられた仕事をするだけで、汚れが完全に落ちたか、すすぎは十分にできたかどうかについて、何の注意も払おうとはしないでやりっ放しです。

　全自動洗濯機は、人間の代わりに機械が仕事をしていますが、機械自身は工程中の異常の有無を確かめたり、結果についての判断をしたりせずに、これらの全操作をあらかじめ設定された機構が順ぐりに動作するだけで、やりっ放しの一方通行のような制御を**シーケンス制御**（順送制御）といいます。すなわちシーケンス制御というのは、あらかじめ定められた順序に従って、制御の各段階を順次進めていく制御をいい、制御の結果についての原因の修正（訂正動作）を行わないのが大きな特徴です。したがって、シーケンス制御の回路には信号の循環はなく、開いた状態になるので**開回路制御**ともいわれ、訂正動作は人間が行わなければなりません。この点がフィードバック制御とは大きく異なります。

　しかし、シーケンス制御を取り入れることにより、非常に複雑な操作や確認の単純化がなされることになります。

シーケンスロボットって何？

　近年、あらゆる作業工程にロボットが用いられています。

　シーケンスロボットは、産業用ロボットの1つで、あらかじめ設定された順序、条件、時間および位置に従って、動作の各段階を逐次進めていく装置をいいます。

　シーケンスロボットには設定情報の変更ができない固定シーケンスロボットと、容易に変更ができる可変シーケンスロボットがあります。

7·1 自動制御のあらまし

83 インターロックは自動制御の安全弁だ！

　シーケンス制御は訂正動作ができませんから、シーケンス制御による自動機械は、運転中、人間がつき添って監視し、不良品が生じたとか、異常が発生した場合などには、人間が機械を停止させなければならないことになり、自動機械であるのにこの状態では感心できません。

　そこで運転開始時や運転中に異常事態を生じた場合、自動的に運転を停止させるとともに、異常発生したことを知らせる警報を発することが必要であり、このような仕組みを**インターロック**（鎖錠）といいます。すなわちインターロックというのは、ある条件が満たされなければ、つぎの操作が行えない仕掛け、および危険状態に達すると自動的に運転停止や保安操作を行うようにした仕掛けをいい、これによって重大な誤操作や事故を防ぐことができます。

　以上説明しました、フィードバック制御とシーケンス制御およびインターロックが多様に組み合わされて、機器や装置が効率よく安全に自動制御されるのであって、シーケンス制御とインターロックはおもに自動起動停止装置に応用されます。

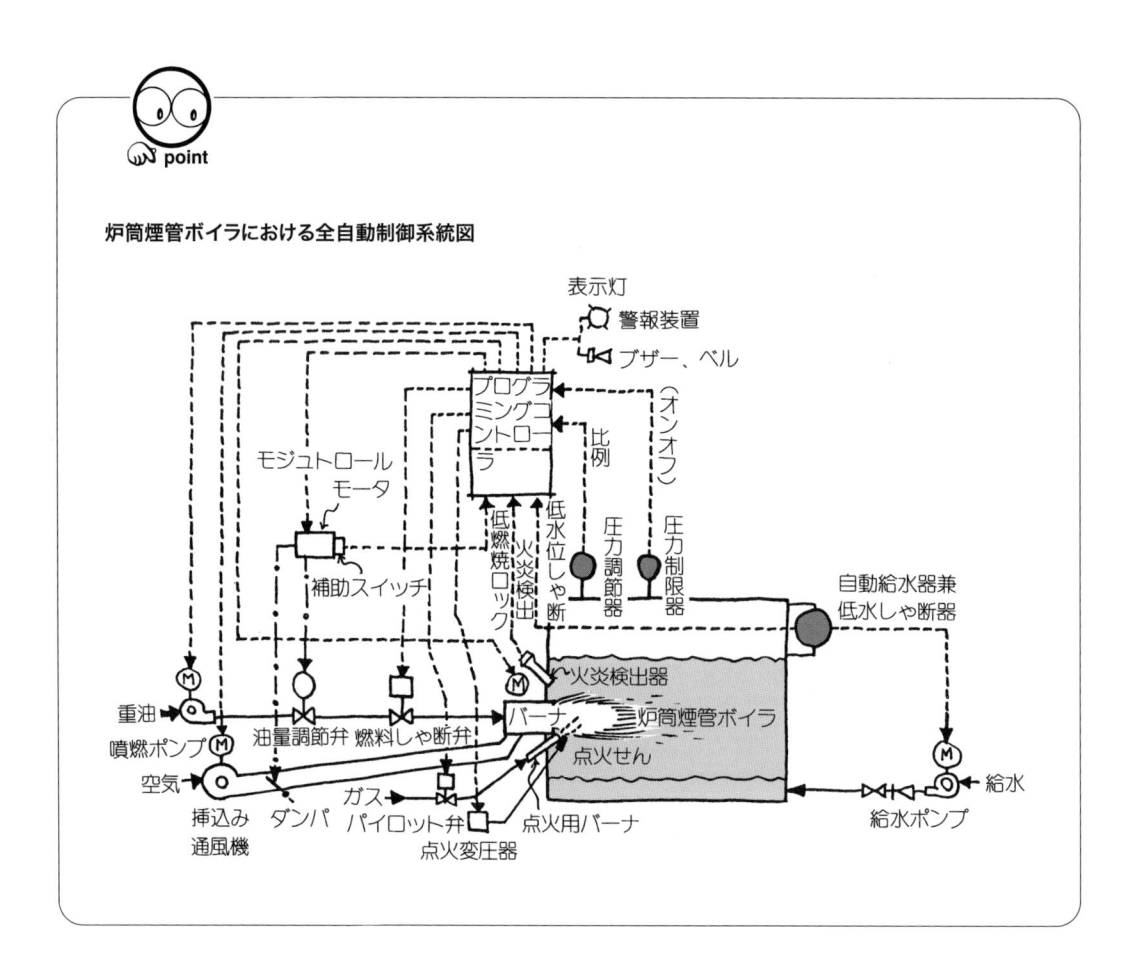

point

炉筒煙管ボイラにおける全自動制御系統図

7・1 自動制御のあらまし

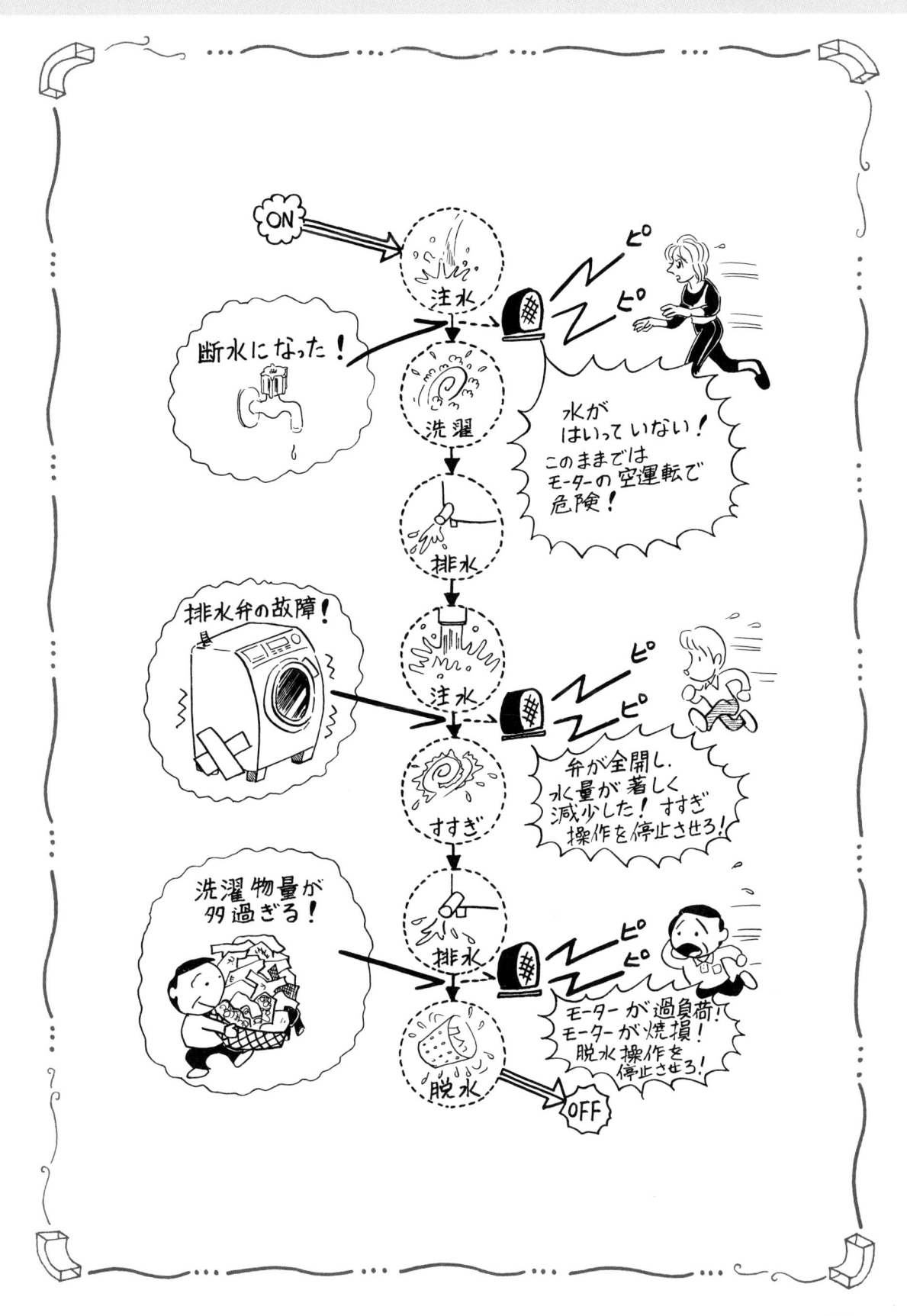

84 自動制御系の構成

　水そう内の水位を一定に保つという水位制御を例に、フィードバック制御の自動制御系の構成を考えてみましょう。制御対象と自動制御装置により自動制御系が構成されます。

　制御対象とは自動制御の対象となるものをいい、例えば水位制御の場合は水位が、温度制御では温度がそれぞれ制御対象となります。

　自動制御装置は制御対象を自動制御するための装置で、基本的には検出部、調節部、操作部により構成されます。

　制御対象の状態を計測することを自動制御では検出といい、例えば温度制御において温度を検出（計測）するための温度計を検出端（センサ）といいます。そして検出した温度（測定量）を電流や電圧などの信号に変換して、その信号を調節部へ送るようにする機構を検出機構といい、検出端と検出機構を合わせて**検出部**といいます。

　検出部から検出信号（検出結果の値）と目標値との差を比較して、どの程度の操作をしてやればよいかを判断し、これを操作信号（制御偏差信号）として操作部へ送るようにする機構を**調節部**といいます。

　そして調節部からの操作信号に応じて実際に操作する部分を**操作部**といい、操作端としては電動弁や電磁弁、電動ダンパなどが用いられます。

> **note**
>
> **自動制御装置の構成**
>
> | 構成要素 | | 動作内容 |
> |---|---|---|
> | 検出部 | 検出端 | 制御量の変化を検出する |
> | | 検出機構 | 検出端の測定量を次の調節部で目標値（設定値）と比較しやすい信号や動力に変えて、調節部へ送る |
> | 調節部 | 比較機構 | 検出部からの信号を目標値（設定値）と比較して、その偏差に応じた信号を作る |
> | | 調節機構 | 偏差記号によって訂正動作の操作信号を作り、操作部へ送る |
> | 操作部 | 操作機構 | 調節部からの信号を操作端の動作に変える |
> | | 操作端 | 操作量を直接変化させる |

7・1 自動制御のあらまし

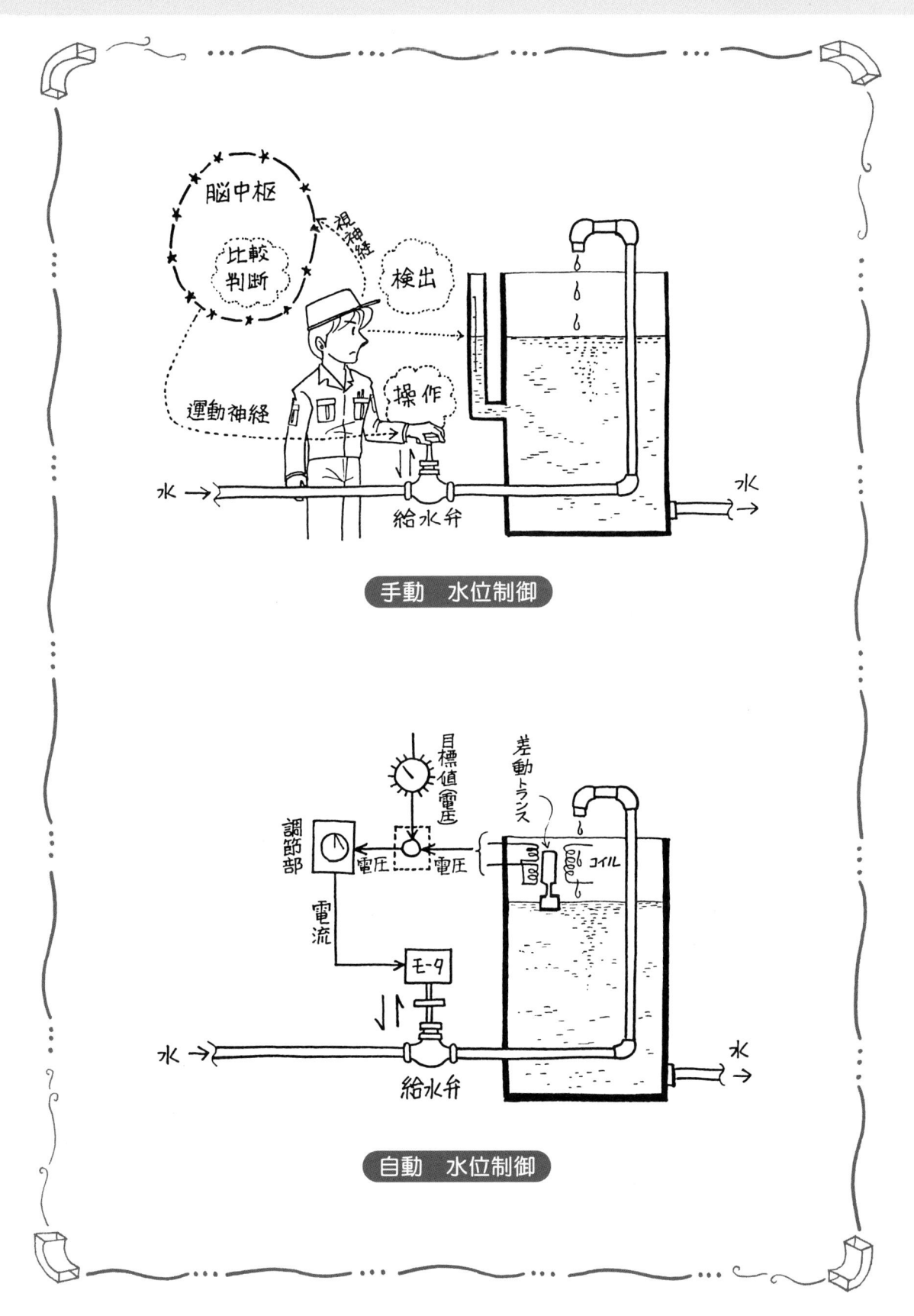

手動 水位制御

自動 水位制御

85 制御動作って何のこと？

　自動制御系の主要部分である調節部からの訂正動作の操作信号に応じて、操作端が実際に動作して自動制御されますが、この動作を**制御動作**といい多種ありますが、一般的な空調における制御動作としては２位置動作、多位置動作、単速度動作、比例動作がおもに用いられます。

　２位置動作は一般に**オン・オフ動作**といい、目標値の上限、下限の位置に達することにより、動作開始（オン）、動作停止（オフ）を行い、制御するもので、制御動作としてはもっとも単純なものです。制御の結果は連続した波状、いわゆるサイクリングとなります。２位置動作による制御を**オン・オフ制御**（２位置制御）といいます。

　多位置動作は**ステップ動作**ともいい、２位置動作の欠点をなくすには、比例動作を用いればよいのですが、例えば圧力噴霧バーナのように制御対象の構造からして比例動作が行えない場合に、２位置動作の制御経過の悪さを緩和するために操作信号に応じて、操作量を０％、５０％、１００％のような３つの位置、あるいは４つ以上の位置とする動作をいいます。

　単速度動作は**フローティング動作**ともいい、操作量が一定の速度で増減する動作、すなわち調節部よりの操作信号により、例えば電動式ダンパといった操作端がゆっくりとした一定の速度で、開方向または閉方向に作動し、制御値が中立帯にある間は操作端が中立帯に達したときの開度で停止している、といった制御動作です。

　比例動作は**Ｐ動作**ともいい、操作端の動きが、例えば室温などの制御量のわずかなズレ、いわゆる制御偏差に比例して連続的に変化する動作をいいます。比例動作による制御を**比例制御**といい合理的な制御が行えます。しかし、負荷変動の大きい場合には、制御量が目標値とずれて、落ち着いてしまうという残留偏差（オフセット）を生じます。

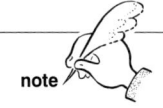

---

note

制御動作の適用例

制御動作	適用
２位置	ユニット、小規模な装置
多位置	小規模で精度を要する装置
単速度	混合弁制御（水温）、ダンパ制御（圧力）
比　例	小・中規模の室温制御、熱源機器の制御

7・1　自動制御のあらまし

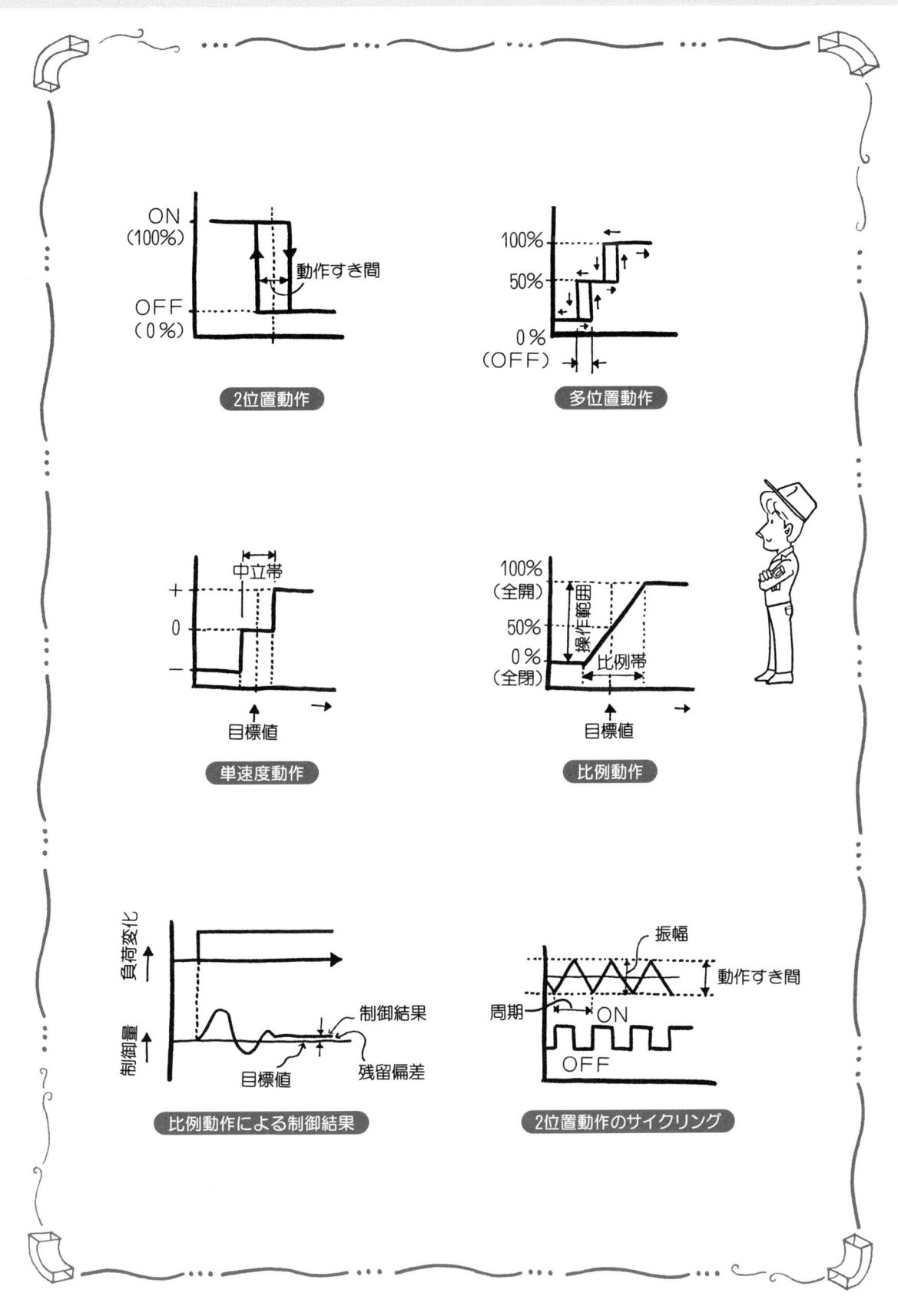

ON
(100%)

OFF
(0%)

動作すき間

2位置動作

100%
50%
0%
(OFF)

多位置動作

中立帯
＋
0
−

目標値

単速度動作

100%
(全開)
50%
0%
(全閉)

操作範囲
比例帯

目標値

比例動作

負荷変化
制御量

制御結果
目標値
残留偏差

比例動作による制御結果

振幅
動作すき間
周期
ON
OFF

2位置動作のサイクリング

177

86 自動制御方式は自力式と他力式

　自動制御の方式は信号の伝達、操作動力源により、補助エネルギーを利用しない**自力式**（**自力制御**）と、電気や空気圧あるいは油圧などの補助エネルギーを利用する**他力式**（**他力制御**）に大別され、他力式は利用する補助エネルギーにより多種に分けられます。

note

制御方式の分類

種類		作動内容	長所	短所
自力式		補助動力を必要とせず、検出部で得た力を直接調節部、操作部に伝えられて動作させる制御方式	・構造が簡単で保守も容易 ・電力や空気が不要で安価	・操作力が小さく精度が悪い ・操作部と検出部との距離が近い場合のみ使用可能
他力式	電気式	信号の伝達および操作動力として電気を用い、調節機構を含まないもので、検出端の機械的変位を電気的信号に変換し、この信号により直接操作部を動作させる制御方式	・電源が容易に得られ、信号の伝達が速い ・電気回路の組合せにより、数多くの制御可能 ・機器の構造が簡単で保守管理が容易かつ安価 ・工事（配線、取付け）が簡単	・防爆に注意する必要がある ・高精度（±2℃、±5%RH以上）で、複雑な制御不可能
	電子式	制御動力源として、電気式と同様電気を用い調節機構に電子増幅機構を持ち、検出信号を増幅して操作信号に変換し、操作部を動作させる制御方式	・高精度で応答が速い ・複合制御（補償制御）が可能 ・連続制御（暖房―外気―冷房）が可能 ・制御装置の操作の中央化が可能	・電気式に比べて配線が複雑で高価 ・調整が困難
	油圧式	数 kgf/cm² の油圧を動力源とする制御方式	・操作速度が大 ・操作力が強大 ・希望特性のものをつくることが容易	・油がもれると汚れる ・引火の危険がある ・数気圧程度の油圧源が必要
	空気式	通常 1～2 kgf/cm²G 程度の圧縮空気を動力源とする制御方式	・操作器の構造簡単、大きな操作力が得られる ・大規模装置ほど低価格 ・比例制御に適し、容易に積分動作可能 ・耐爆性、耐食性にすぐれている	・圧縮空気源が必要 ・電気式、電子式に比べて信号の伝達が遅れる
	電子空気式	検出部を電子式とし、調節機構以後を操作部の安価な空気式として、両者のよい点を取り入れたもので、高度な計装を必要とする場合に採用され、価格も最高である		

7・1 自動制御のあらまし

ボールタップは水槽に給水しフロートの浮力により自動的に給水・停止するバルブです

室内の空気環境測定を行えるのは，自社ビルの場合は自社選任の建築物環境衛生管理技術者（その指導・監督のもとで無資格者が行うことも含む）か，または建築物空気環境測定業者に外注（依頼）することです

ボールタップによる自力式制御（比例制御）

開栓状態／フロート／水←

電気式による他力式制御（オン・オフ制御）

水銀スイッチ／ばね板／マイクロスイッチ／バイメタル／オフの状態／オンの状態／ベローズ

自力制御でおふろの湯を♪

ばね板にちょっと似てる

87 室内の温・湿度制御は定風量方式

　空気調和の自動制御は基本的には室内の温度、湿度を所定範囲に保つために行われます。室内の空調負荷（冷房負荷、暖房負荷）は外気の温度や湿度、日射などの外気条件の変化による外気負荷、また室内の照明や在室者などの内部発生熱量、いわゆる室内発生熱負荷の変化によって変わります。室内の温・湿度を一定に保つには空調負荷の変動に対応して、空気冷却器、空気加熱器、加湿器などへの温水や蒸気、冷水の温度制御、そして流量制御を必要とし、これに付随してボイラ制御や冷凍機のコントロールを行わなければならず、さらに送風機の風量制御なども併用しなければなりません。

　一般の空調における温・湿度制御方式としては、空気調和機の運転中（空調中）は送風機の回転数を一定に、かつダンパの開度を一定値で固定します。つまり送風量（室内の気流）をつねに一定に保ち、室内の冷・暖房負荷の変動に応じて、送風温度や湿度を変化させる**定風量方式**（CAV方式）が採用されています。定風量方式は室内に配置されている温度調節器、湿度調節器からの信号に対応して、空調機の空気加熱器への温水、または蒸気の供給量、加湿器への蒸気供給量（冷房の場合は空気冷却器への冷水の供給量）を自動弁で加減する、という制御方式からしますと、電気式または電子式が採用されます。

---

point

アナログ標示とは
　温度、風速、圧力、時間などの種々のデータを目盛や線グラフとして表わすことをいい、メータの指針、時計の針などはすべてアナログ標示です。
　アナログ標示に対して、データを数値で表わすことを**デジタル標示**といいます。時間をデジタル標示としたものがデジタル時計です。

外気補償制御方式とは
　これは外気温度の変化に応じて、送風空気温度あるいは室内温度を変えていく制御方式をいいます。そして大規模な空気調和で、制御の遅れなどをいろいろな方法で補って、悪い影響のでないようにしてやる制御方法を**給気補償制御方式**といいます。
　この両方式の制御は**年間空調**（旧来の夏は冷房、冬は暖房という形から、年間を通して必要な部分に冷房や暖房を行うという空調方式）を行う場合によく用いられます。

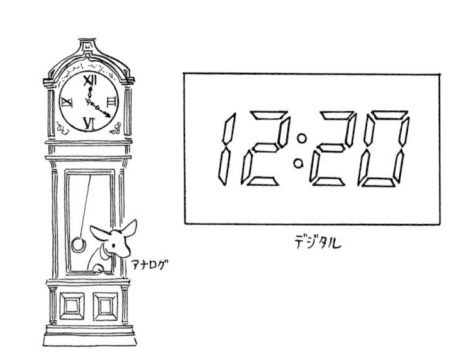

7・2 自動制御の基本

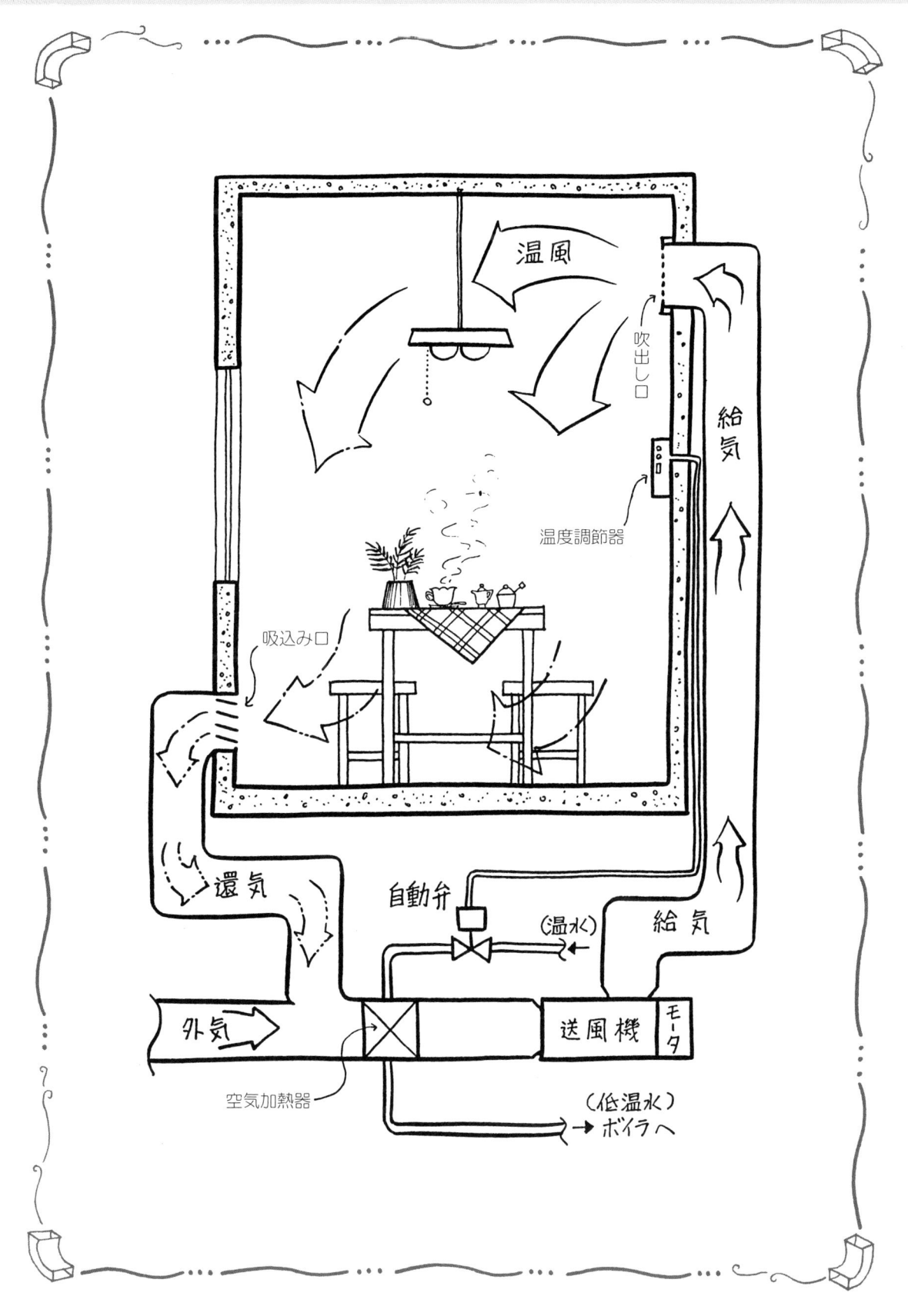

88 温度制御は温度調節器と自動弁が活躍

　温度制御は室内の温度を制御するので**室温制御**ともいわれますが、温度制御を行うについては温度調節器と電動弁や電磁弁を必要不可欠とします。

　温度調節器は一般に**サーモスタット**といわれ、温度を検出して、これに対応し、変位する感温部（温度検出端いわゆる温度センサ）と、その変位を電気的信号に変換する検出機構、およびこの検出信号を、操作部である自動弁へ制御幅に応じた2位置動作信号や、比例信号という操作信号を送る調節部とを兼ねたものです。感温部としては温度の変化に比例して顕著に変位（状態変化）するベローズやバイメタルが用いられ、2位置動作の場合には、この感温部と、マイクロスイッチや水銀スイッチと組み合わされ、比例動作の場合には、感温部とポテンショメータと組み合わされます。

　自動弁は、温度調節器よりの操作信号に対応してバルブを開閉するもので、オン・オフ制御の場合には電磁弁が、比例制御の場合には電動弁が用いられます。

　電磁弁（ソレノイド弁）は電磁石と弁を備え、電磁コイル（ソレノイド）に通電することによって磁気力を変化させ、これに連動して弁を瞬時に開閉させ流体の流動、遮断を行うもので、制御動作としては瞬時全開、全閉のオン・オフ動作のみです。

　電動弁は**モジュトロールモータ**（コントロールモータ）によって開閉させる仕組みの弁で、モジュトロールモータ、弁リンケージ、弁本体（電動弁）で構成されます。比例式温度調節器のポテンショメータの抵抗値の変位に応じて、これに比例的に釣り合うようにモジュトロールモータを正逆回転させます。なお、モジュトロールモータはダンパと組み合わせ**電動ダンパ**としても用いられます。

---

point

サーモスタットは設置する場所で分けられる
　室内に設けられる室内形、ダクト内の温度制御をするために、感温部がダクト内に挿入される挿入形、パイプやタンク内の水温制御のために、タンク内へ感温計を入れる侵入形の、3つに分けられます。

7・2 自動制御の基本

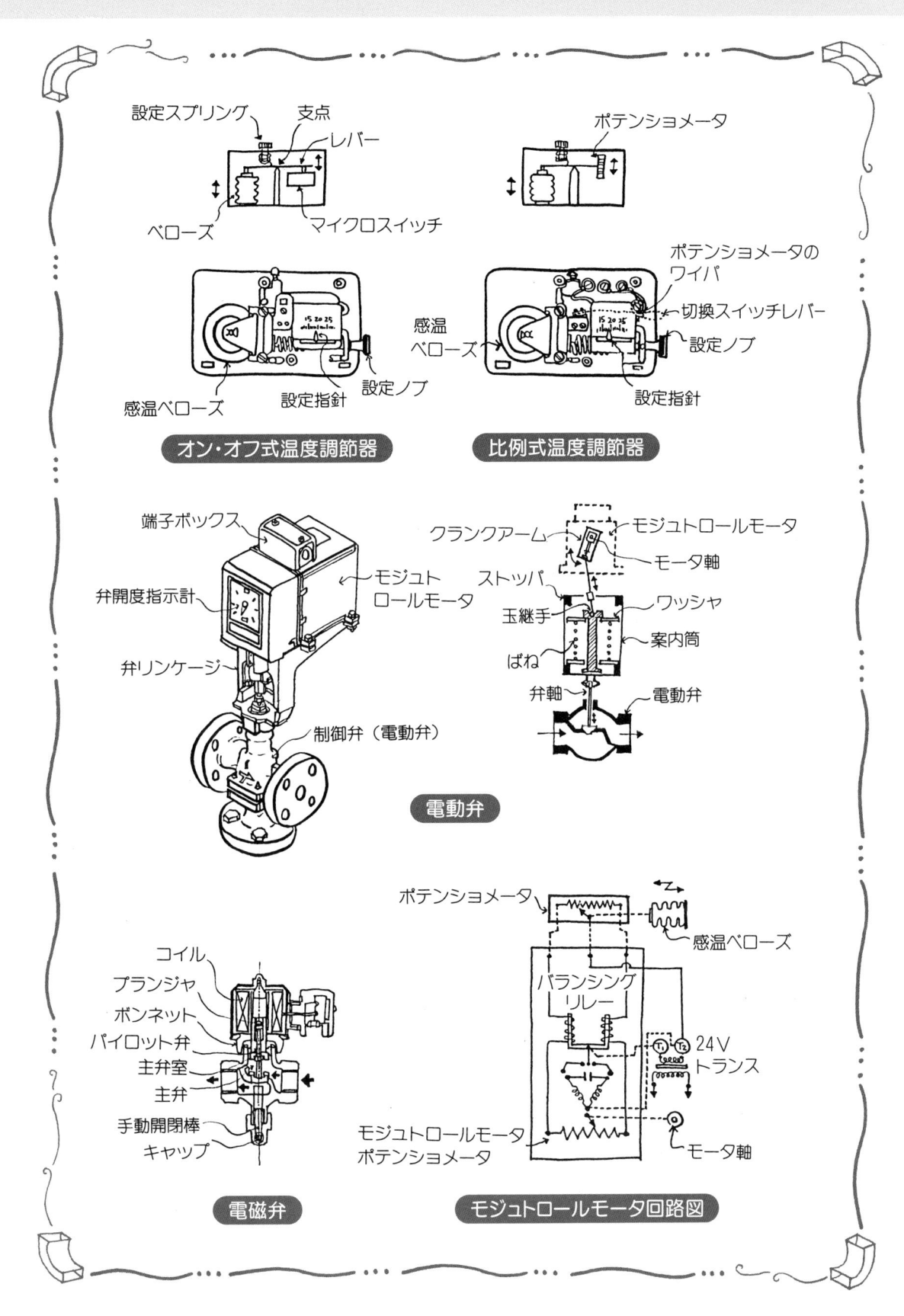

オン・オフ式温度調節器

比例式温度調節器

電動弁

電磁弁

モジュトロールモータ回路図

89 湿度制御の仕組み

　室内を湿度制御する場合、気候条件により、夏季の冷房時には減湿し、冬季の暖房時には加湿の必要があります。しかし冷房時は空調機の空気冷却器で自動的に冷却減湿が行われますので、湿度制御については暖房時の加湿制御を例に説明します。湿度（加湿）制御を行うには湿度を検出し、加湿器へ加湿信号を送る湿度調節器が主役となります。

　湿度調節器は**ヒューミディスタット**と一般にいわれ、湿度（相対湿度）を検出してこれに対応、変位する感湿部（検出端いわゆる湿度センサ）と、その変位を電気的信号に変換する検出機構およびこの検出信号を操作部である加湿器へ、制御幅に応じた操作信号を送る調節部とを兼ねるものです。

　感湿部としては、湿度の変化に比例して顕著に変位(伸縮)する人間の毛髪や、ナイロンフィルム(ナイロンリボン)を用いる場合と、感湿部の含有水分が、測定する気体の湿度と平衡を保ったときの電気抵抗を測定し、感湿部の抵抗特性によって相対湿度を求める電気抵抗方式とがあります。

　前者の例で説明しますと、オン・オフ式湿度調節器は毛髪の伸縮によってスナップスイッチが働いて電気回路を開閉し、これによって加湿器をオン・オフ動作させ（ノズルへの蒸気または噴霧水の供給を行う電磁弁をオン・オフさせ）、室内の湿度を所定範囲に維持します。比例式湿度調節器は、湿度による毛髪の伸縮によってポテンショメータを作動させ、加湿器に設けられたモジェトロールモータによる電動弁が、ポテンショメータの動きに比例して開閉し、ノズルへの蒸気の供給量を制御します。電気抵抗方式湿度調節器はプラスチック板上に純金の箔膜をくし状に張り付けて電極とし、その表面に塩化リチウムを塗布したもので、周囲空気の相対湿度変化を電極間の抵抗値変化として取り出します。

室内形湿度調節装置を設置するときの注意事項

　室内形サーモスタットの場合と同じく、室内の平均湿度を示す位置とします。日射および熱を発生する機器、吹出し口の風や出入口などの影響を受ける所はさけます。また、設置する高さは室内居住者の呼吸面とします。

7・2 自動制御の基本

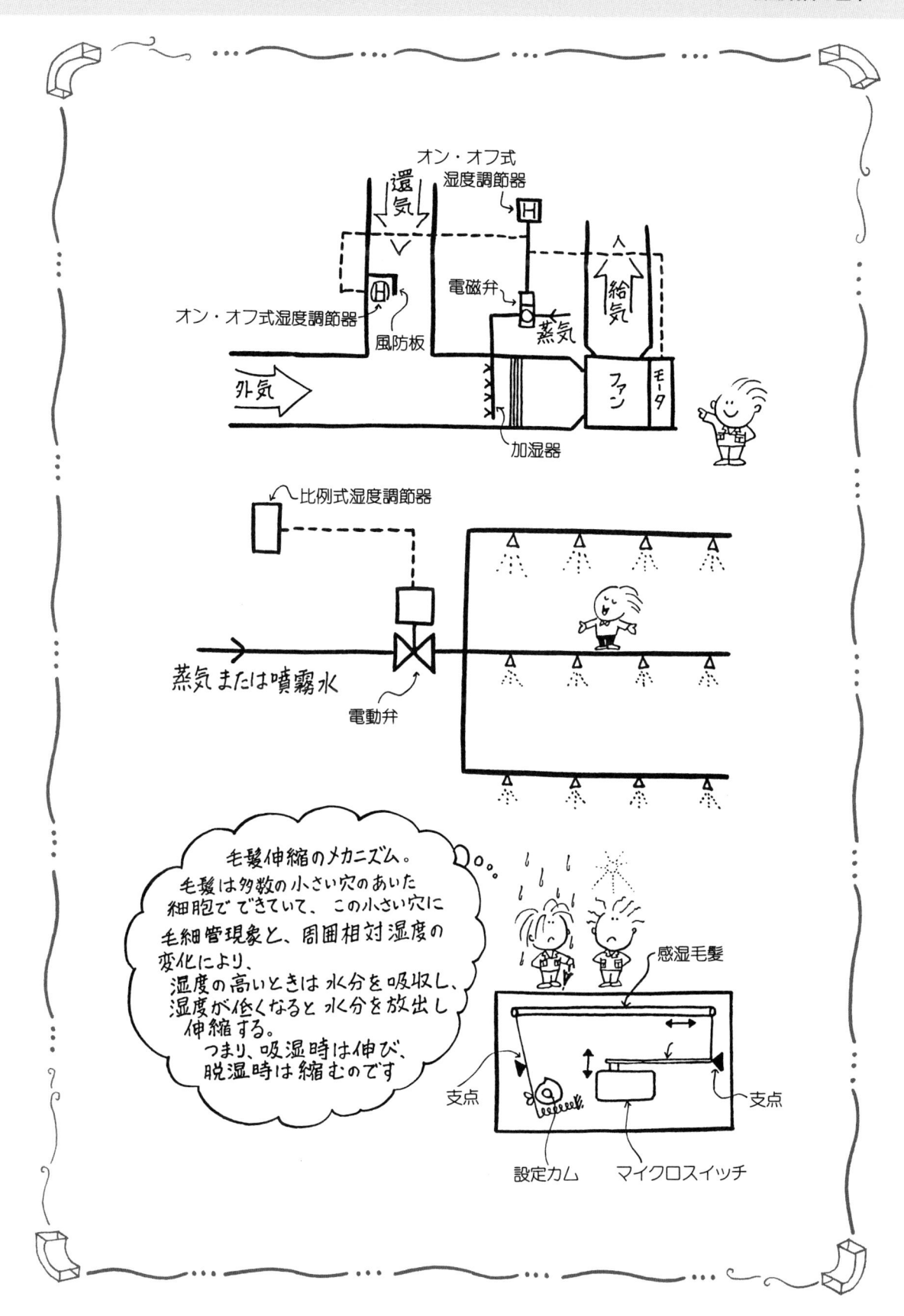

オン・オフ式湿度調節器

オン・オフ式湿度調節器
還気
電磁弁
風防板
蒸気
外気
給気
ファン
モータ
加湿器

比例式湿度調節器

蒸気または噴霧水
電動弁

毛髪伸縮のメカニズム。
毛髪は多数の小さい穴のあいた細胞でできていて、この小さい穴に毛細管現象と、周囲相対湿度の変化により、
湿度の高いときは水分を吸収し、湿度が低くなると水分を放出し伸縮する。
つまり、吸湿時は伸び、脱湿時は縮むのです

感湿毛髪
支点
支点
設定カム
マイクロスイッチ

90 外気取入れ制御とは

　外気取入れ制御は**二酸化炭素（CO_2）制御**ともいい、室内空気の二酸化炭素（CO_2）濃度を所定値以下に制御することをいいます。一般の空調設備では外気ダクトのダンパの開度を一定としたままで、外気の取入れ量は20～30％程度としています。しかしこの方法では在室者が少ないときは外気（新鮮空気）を無駄に取り入れていることになり、逆に会議室や集会場などのように一時に多数の人が在室する場合は CO_2 濃度が増加し、息苦しさや臭気などに悩まされることになります。無駄に多量の外気を取り入れるロスは年間の冷・暖房費の（全冷・暖房エネルギーの）1/4～1/2をも占めているといわれます。

　そこで環境衛生上と省エネルギーの見地から、室内の CO_2 濃度により自動的に外気取入れ量を制御する、外気取入れ制御の採用が多くなってきています。すなわち**二酸化炭素濃度調節器**（CO_2 調節器）を温度調節器や湿度調節器の場合と同じく、室内（室内の平均温度、湿度を表わす床上 1.5 m の高さの内壁）または還気ダクト内に配置し、これより発信される CO_2 の制御信号に応じて、外気ダクトに備えた電動ダンパの開度を調節し、室内 CO_2 濃度に応じて、自動的に外気取り入れ量をコントロールするわけです。なお、1個の二酸化炭素濃度調節器で外気ダクトの電動ダンパはもちろん、還気ダクトや排気ダクトの電動ダンパをも連動させて、効率よく室内の CO_2 濃度を適正に維持することができます。

---

memo

二酸化炭素濃度調節器の構造と動作原理

　赤外線発光法の原理とオプトエレクトロニクス技術に基づく検出器は高い信頼性をもっています。図示のごとく電熱ヒータで高温に加熱されたセルの内部を、自然対流によって室内空気が通気するさい、セルの内壁からの熱によって赤外線を発光し、その発光スペクトルは各成分ガスの種類によって異なります。

　したがって、CO_2 ガスの波長帯のみを透過させるフィルタを通して検出した赤外線をチョッパで励振し、増幅することによって CO_2 濃度に相当する電気信号が得られ、さらにリレーを介してオン・オフ出力信号となります。

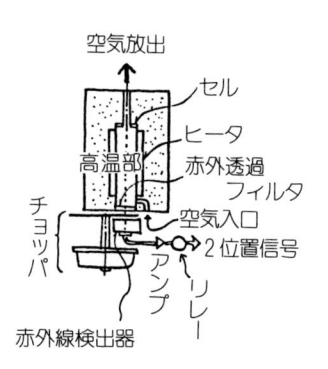

7・2 自動制御の基本

高い二酸化炭素濃度で息苦しい

排気ダクト
還気ダクト
電動ダンパ③
外気ダクト
電動ダンパ①
調節計
電動ダンパ②
二酸化炭素濃度調節器
給気ダクト

187

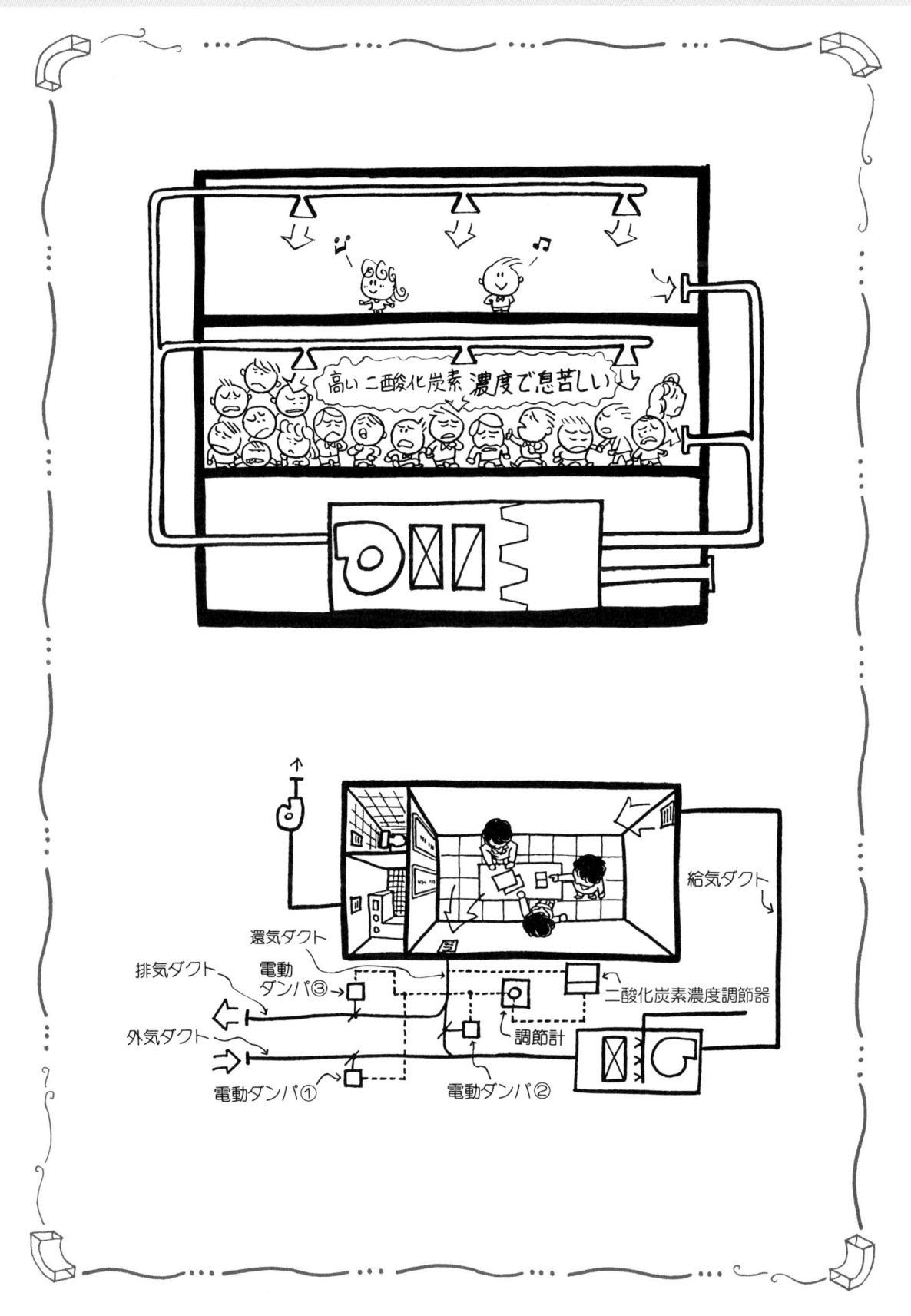

91 空気調和機の制御回路

空調機の自動制御は基本的には以上説明しました、温度制御回路、湿度制御回路、外気取入れ回路などが、送風機モータの制御回路に組み込まれ自動運転が行えるようになっています。そして空調機の基本的なインターロックは**送風機用モータ過負荷インターロック**です。これは送風機が運転されなければ他の装置は稼動されず、また空調機の運転中に、送風機用モータが過負荷になり、電流が定格値を超えて流れたときには、過負荷保護継電器（サーマルリレー）が作動してモータは停止するとともに、他の装置も自動的に停止させてしまう仕組みです。

> **point**
>
> **インターロックが働くと3分間待つんだよ！**
> インターロックが作動して装置が自動停止したときは、同時に警報も発生することになっています。この場合、装置を再び運転状態にする再起動操作は必ず手動で行う、いわゆる手動リセット操作によらなければなりません。
> 　送風機用モータ過負荷インターロックも含め、あらゆる装置のインターロックも、一般にサーマルリレーにより、装置の異常を検出し、インターロック（異常時自動停止）されます。サーマルリレーはその構造上の特性から、これが作動すると3分間以上経過しないと、付属のリセットボタンを押しても、リレーが正常位置に復しないのです。
> 　したがってインターロックが作動した場合は、まず装置が異常自動停止した原因を確かめ、その異常個所を是正し、かつ、インターロックが作動してから3分間以上経過した後、リレーのリセットボタンを押し、制御盤の操作スイッチをオンするという、所定のルールの手動リセット操作により、装置の再起動を行わなければなりません。
> 　この正しいルールの手動リセット操作をまもらずに、再起動させようとしても装置は再運転できませんし、このようなルールを無視した再起動操作を繰り返すことは事故発生につながりかねないことを忘れてはなりません。
> 　カップラーメンも湯を注いでから3分間待たなければ食べられません。インターロックが作動した場合も、再始動するには3分間は待ちましょう。

7・2　自動制御の基本

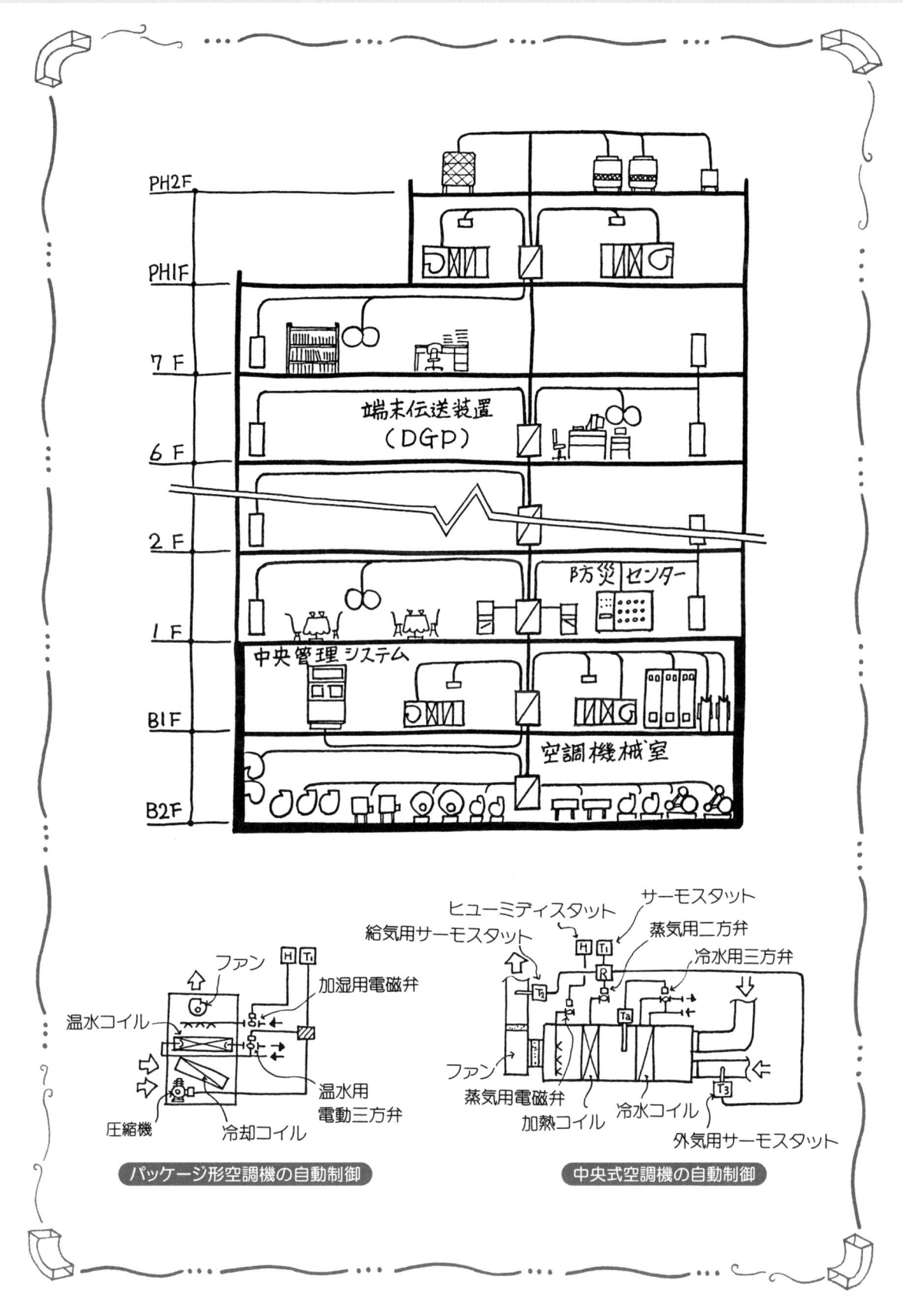

パッケージ形空調機の自動制御

- ファン
- 温水コイル
- 圧縮機
- 冷却コイル
- 加湿用電磁弁
- 温水用電動三方弁

中央式空調機の自動制御

- ヒューミディスタット
- 給気用サーモスタット
- サーモスタット
- 蒸気用二方弁
- 冷水用三方弁
- ファン
- 蒸気用電磁弁
- 加熱コイル
- 冷水コイル
- 外気用サーモスタット

端末伝送装置（DGP）
防災センター
中央管理システム
空調機械室

8章 空気環境測定

92 空気環境測定は定期的に実施する

　空気調和における室内の空気環境は"建築物における衛生的環境の確保に関する法律"(**ビル管理法**)、"労働安全衛生法"など関連法律により規制されています。したがって、これに適合するように空気調和設備が設置され、これを正しく運転、保全して、室内における人間にとって最適の空気環境を維持するように努めなければなりません。

　ビル管理法の規制対象となる建築物を**特定建築物**といい、特定建築物は基本的には延べ面積が3,000 m² 以上の建築物(病院、工場、マンションなどは除く)であり、学校は8,000 m² 以上が対象となります。

　特定建築物については室内の空気環境が規定の管理基準に適合しているか否か、実際に室内空気の状態を2ケ月に1回以上定期的に測定することが義務づけられています。この測定業務を**空気環境測定**(環境測定)といい、測定項目は、浮遊粉じん量、一酸化炭素含有率、二酸化炭素含有率、温度、湿度、気流、ホルムアルデヒドの7項目です。

　特定建築物はこの他、貯水槽の清掃を年1回、排水設備の掃除を年2回、飲料水の水質検査を年2回、そしてネズミ、こん虫などの防除を年2回、それぞれ実施するよう義務づけられているとともに、労働安全衛生法の規定により室内の照度、騒音についても2ケ月に1回以上定期的に測定することが義務づけられているので参考までに示しておきます。

　いずれにしましても実際の測定値と、それぞれの測定項目の規制値と比較して、状態の良否を判定し、測定結果が悪いときはその原因を調査し、空調設備の改良や空調機の運転、保全の方法の改善など必要な措置を講じなければなりません。

---

topics

ビル管理法による罰則
　特定建築物の維持管理の権限を有する者、いわゆるオーナーが、建築物環境衛生管理技術者を選任しないとき、都道府県知事の改善命令に従わないとき、特定建築物についての届出、および帳簿書類の備え付けの義務に違反した場合などには、罰金という罰則の適用があります。

8・1 環境測定になれよう

空気環境測定の測定項目

93 空気環境測定を行う場合の基本的条件

空気環境測定に用いる測定器は法律に規定されたものを用いなければなりません。そして測定箇所としては、各階ごとに1箇所以上とし、各階の床面積が大きい場合は一応500 m^2 ごとに1箇所をめどとします。そして室内の中央部で床上75〜150 cmの高さで測定するのを原則とします。

測定回数は1日に2回または3回（始業1時間後、終業1時間前および両者の中間時刻）とし、浮遊粉じん量、一酸化炭素含有率、二酸化炭素含有率についてはその平均値を測定結果とすればよく、温度、湿度、気流については測定ごとの値を結果値と判定します。測定値は環境衛生測定記録表に記録し、これは5年間保存しなければなりません。

なお、空気環境測定を実施する場合は、そのときの外気についても測定するのが望ましく、外気の測定場所としては空調機の外気取入れ口に近いところとします。

---

memo

ビル給水の衛生管理も大切！

ビル内の空気環境の管理も大切ですが、ビル給水の衛生管理も大切なことです。参考までにビルにおける水管理について述べてみましょう。

ビル給水の衛生管理については、ビル管理法で規制され、水道法に定められた水質規準に適合する水を供給することを要件とし、飲料水を供給する場合には、給水栓における、水の遊離残留塩素の含有率を0.1 mg/ℓ（結合残留塩素の場合は0.4 mg/ℓ）以上に保持すべきと定められています。そして例えば、ビル内に消化器系伝染病が発生するなど、病原生物による汚染の疑いがある場合には、遊離残留塩素0.2 mg/ℓ（結合残留塩素の場合は1.5 mg/ℓ）以上としなければなりません。

ビルでは上水道、いわゆる水道水を、地方自治体の水道局より供給されますので、ある程度の残留塩素は確保されているため、ビルの受水そうに入った直後は衛生上問題はありません。しかしビルに供給された後の水道水の水質については、水道局には全く責任はなくなり、ビル側の責任で水質の維持管理を行う義務が生じるのです。供給された水道水はビル内の給配水の過程で遊離塩素などは消費され、残留塩素は減少し、水が汚染されているときはとくに、遊離塩素が著しく消費され、水の清浄度や殺菌効果が不良となり、衛生上問題となります。

したがって、ビル内では塩素消毒のため、給水中に塩素を補給し、つねに水中の残留塩素を規制値以上に保持することが肝要で、7日に1回以上、各階末端の給水栓において**残留塩素の測定**を行うことが必要です。そして測定結果は記録し保存します。

なお、給水の水質全体が水道法に定められた水質規準に適合しているか調べる**飲料水の水質検査**は6ケ月ごとに行う必要があります。

8・1 環境測定になれよう

94 浮遊粉じん量の測定

浮遊粉じん量の測定は、一般には相対濃度測定法が用いられます。

相対濃度測定法（相対重量濃度測定法）は、浮遊粉じんの濃度を測って重量（mg/m^3）に換算する方法です。つまり浮遊粉じんの光学的特性や圧電効果などが、浮遊粉じんの重量と概略一定の相関関係にあることを利用して、間接的に重量濃度を求める測定法です。この測定法は精密な測定値を求めにくい欠点はありますが、操作が簡単で、かつ1～10分間の短時間で測定できる実用的な方法です。しかし、相対濃度測定法による測定器はその欠点を是正する必要上から、年1回定期的に厚生労働大臣の指定機関である㈶ビル管理教育センターでの較正を受けることが義務づけられています。

浮遊粉じん量の測定時における注意事項をつぎに示します。

①測定する場所は室内の中央部で、床上約0.75～1mの高さとし、室内空調機あるいは吹出し口や吸込み口付近は避けます。

②測定中は測定器の半径2m以内で故意に喫煙をしてはなりません。

③測定中は測定器の電源が切断されないように注意します。

④粉じん計（測定器）の測定要領、保全事項などについては、粉じん計の原理により大きく異なり、同じ原理の粉じん計であってもそのメーカーによって相当異なりますので、付属の取扱説明書だけでは完全に理解できないなら、メーカーの十分な指導を受ける必要があります。

point

浮遊粉じん量測定器の法的規定

グラスファイバーのろ紙（0.3ミクロンのステアリン酸粒子を99.9％以上捕集する性能を有するものに限ります）を装着して、相対沈降径がおおむね10ミクロン以下の浮遊粉じんを、重量法により測定する機器。または厚生労働大臣の指定した者より、当該機器を標準として較正された機器。

なお、μ（ミクロン）は正しくはμm（マイクロメートル）といいます。

絶対濃度測定法とは

これは浮遊粉じん量を直接、重量で測定する方法で、精密な測定を行えますが、この測定機器（ローボリュームエアサンプラ）は測定と計量に時間を要し、移動測定にも不向きで、一般の環境測定に用いられません。

8・1 環境測定になれよう

吸引口から吸引された粉じんは下段のろ紙に捕集される。その粉じん濃度に比例して、透過光量の変化（**OD**）がメータに表示される

95 一酸化炭素含有率の測定

　一酸化炭素（CO）含有率の測定方式としては検知管方式、**赤外線分光分析法**、**エレクトロケミカル法**などがありますが、検知管方式がもっとも広く用いられています。

　検知管方式は一酸化炭素検知管と手動式真空ポンプ（真空ガス検知器）を用いて、検知管内に一定量の空気を通過させると、空気中に含まれるCOと検知管内の卵黄色をした検知剤と化学反応を起こし、検知剤が黒褐色（褐色のものもある）に変色し、その変色部分の長さが含有率に比例するのを利用して、CO含有率（ppm）を知る方法です。

　まず、一酸化炭素検知管の両端の密封部分を、ポンプのカッタに差し込んで折り取り、開封した検知管を矢印がポンプに向くように、ポンプのガス入口にしっかり差し込みます。そして、シリンダーとシャフト上の赤点を合わせてハンドルを一気に引き固定し、そのまま3分間経過すると100 mℓの空気が吸引されます。この操作を1ストロークといいます。

　一酸化炭素検知管における空気（試料ガス）の必要吸入量は200 mℓですので、ハンドルを少し回して押し戻し、再び1ストロークの操作を行った後、変色部分の目盛りによってCO含有率を知ることができます。

> **point**
>
> **ビルの中の駐車場は一酸化炭素含有率が高い！**
>
> 　一酸化炭素の多くなる原因は、自動車の排気ガスの影響を受ける場合がほとんどです。したがって、ビル内の駐車場や運転手控室では高い数値が測定されることがよくあります。とくにビル内の駐車場やボイラ室やガス混沸室など、燃料を燃焼させる箇所では十分な換気が必要です。
>
> 　なお、一酸化炭素含有率の測定方法としては検知管方式より、最近では、含有率をメータで表示する一酸化炭素測定器（赤外分光分析法やエレクトロケミカル法）が多く用いられるようになっています。
>
> 　**赤外分光分析法**は、COによる赤外線吸収を測定することにより、その濃度を連続的に測定するものです。この分析法の機器は大型で重量があり、簡単に移動できないので、通常は一箇所に固定して測定します。ビルでは、試料ガスを採気袋に捕集して測定することもできます。公害測定では標準測定とされています。
>
> 　**エレクトロケミカル法**は、白金系触媒の使用により、試料ガス中のCOを特殊試薬中に吸収させ、濃度に応じて生じる酸化還元電位の大きさを、電気的に取り出す方法です。エレクトロケミカル法の測定器は軽量小型で、応答速度が速く、携帯用に適しています。しかも赤外分光分析法との相関関係も高いメリットがあります。

8・1 環境測定になれよう

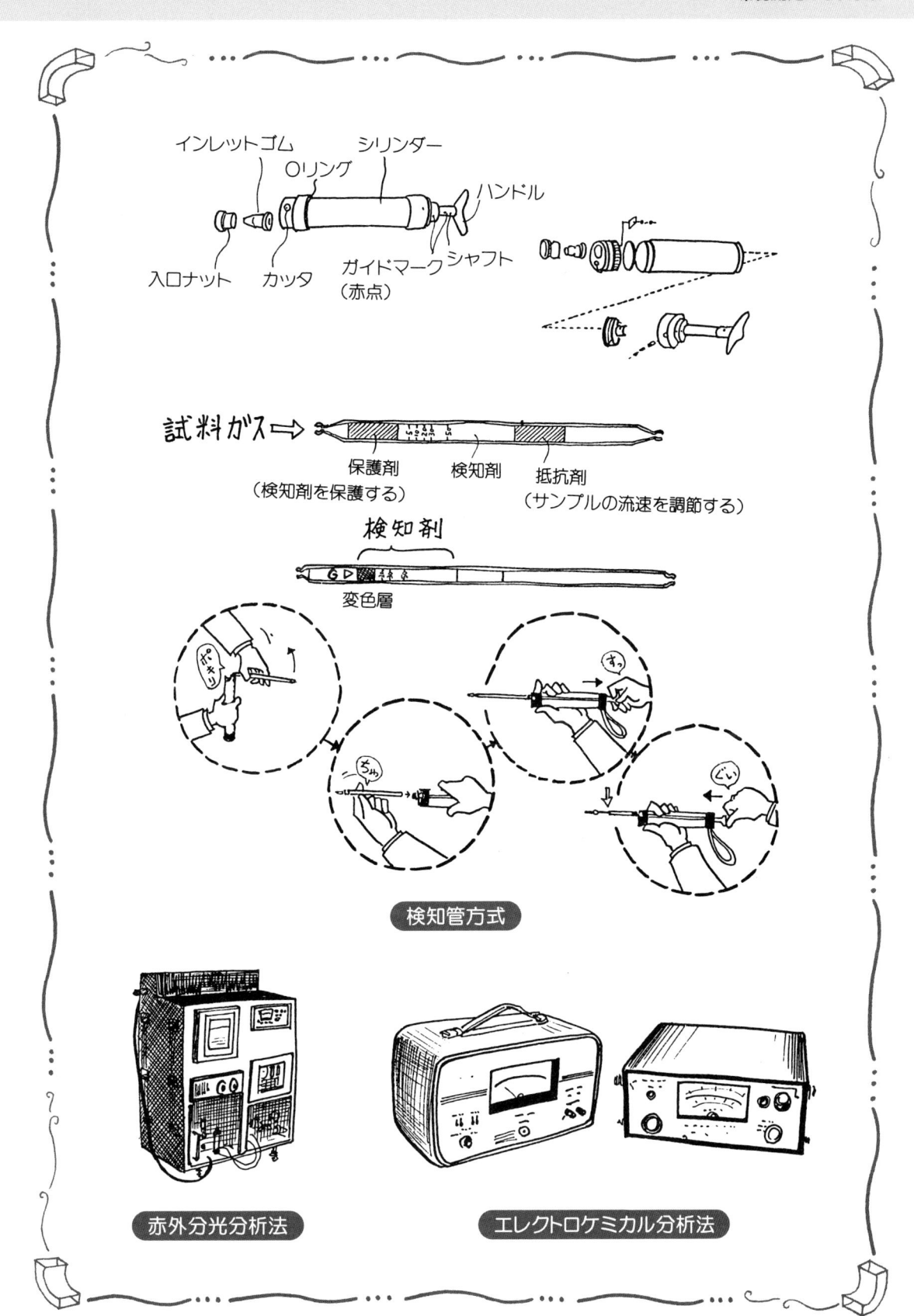

インレットゴム　シリンダー
Oリング　　　　　ハンドル
入口ナット　カッタ　ガイドマーク　シャフト
　　　　　　　　　（赤点）

試料ガス⇒
保護剤　検知剤　抵抗剤
（検知剤を保護する）　　（サンプルの流速を調節する）

検知剤
変色層

検知管方式

赤外分光分析法　　　エレクトロケミカル分析法

96 二酸化炭素含有率の測定

　二酸化炭素（CO_2）含有率の測定方式としては、検知管方式、赤外線分析法、光干渉法などありますが、一酸化炭素含有率の測定の場合と同じく、検知管方式がもっとも広く用いられています。
　CO_2における検知管方式も CO のそれの場合とほぼ同一の方法で行います。異なる点は検知管として二酸化炭素検知管を使用することと、測定時の真空ポンプの操作が1ストロークだけでよい点です。
　二酸化炭素検知管は内部に検知剤として、アルミナゲルにヒドラジンと酸化還元指示薬を吸着させたものが封入されていて、その色は淡青色です。測定用空気が検知管内を通過すると、空気中のCO_2により検知剤が酸化されて、紫色に変色し、この変色層の目盛がCO_2含有率（ppm）になります。CO_2検知管の吸引量およびサンプリング時間は、100 ㎖、3分間で、1ストロークの操作を行えばよいのです。

> **point**
>
> **換気とは外気（新鮮空気）を取り入れること!**
> 　あるビルで二酸化炭素含有率の高い数値が続くので、ビル管理担当者に「十分な換気を行っていますか？」と質問しますと、「もちろんです！」という返事。そこで点検しますと、担当者が外気取入れダクトのダンパを何かのおり、完全に閉じたまま、開くのを忘れていたのです。これでは新鮮空気を入れることなく、ビル内の空気をグルグル循環させているだけで、"換気"（チェンジ）ではなく、たんに"還気"（リターン）にすぎず、温・湿度調整やある程度の浮遊粉じんの除去はできますが、二酸化炭素濃度は上昇していくばかりです。「換気とは必要量の外気を取り入れることである」ということを忘れてはなりません。
> 　なお、二酸化炭素含有率の測定器としては、検知管方式による二酸化炭素測定器、またはこれと同程度以上の性能を有する測定器を用いることと規定されています。

8・1 環境測定になれよう

検知剤
濃度目盛（300〜5,000 ppm）　　抵抗剤

最も広く用いられる

赤外線分析計はCOと同じく、CO_2による赤外線吸収を測定することによって、CO_2濃度を求めるんだ

光干渉法によるCO_2測定器の原理は、光がガス中を通過するとき、そのガス特有の屈折率に比例して遅れを生じ、かつ ガス濃度に比例して屈折の度合が変化するので、ガス中を走る光の遅れ量を干渉縞の移動としてとらえ、CO_2の濃度を求めるんだ

CO_2も COも同じような検知管だからまちがえそう

まちがえたらあかんで

97 アスマン通風乾湿計による温・湿度の測定

　アスマン通風乾湿計（アスマン通風温・湿度計）は壁につるしておく定置式ではなく、風速や放射熱、直射日光などの影響を受けず、どのような測定場所でも敏速に同じ条件で測定できるように、全体をクロムメッキし、かつ２本の温度計の水銀球部（測温部）が通風穴になっている金属筒の中に入れて、携帯に便利なようになっています。

　頭部には金属製の箱の中にファンとそれを駆動するモータ機構が入っています。ファンが電源（乾電池）により回転すると、空気は下の通風穴から吸引されて、上部の空気出口から排出されます。この空気の流動によって、２本の温度計の測温部はつねに 3.7 m/s の風速が与えられます。２本の温度計は１本は乾球とし、他の１本はガーゼを巻きつけて、これを水で濡らして湿球とします。

　そしてファンのスイッチを入れ、ファンが回転し始めてから約３分間経過し、示度が一定となったところで、乾球および湿球の温度を読みます。乾球温度と湿球温度の差（t°）と、湿球温度（t′）から、通風温度計湿度表を使用して相対湿度を求めます。なお、換算表を用いずにこれを湿度計算尺としたものもあります。

---

point

湿度計算尺

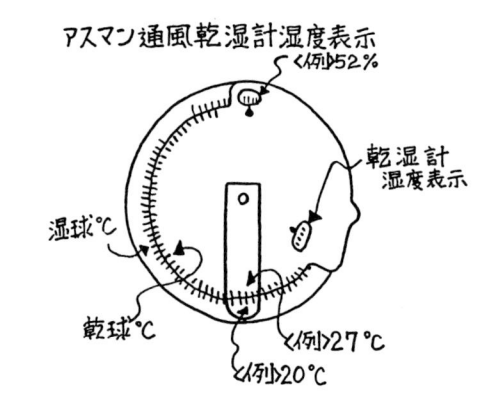

アスマン通風乾湿計湿度表示
〈例〉52%
乾湿計湿度表示
湿球℃
乾球℃
〈例〉27℃
〈例〉20℃

デジタル温・湿度計

　アスマン通風乾湿計による相対湿度の測定には相当の時間を要し、かつ測定者の測定技術のレベルによって、測定結果値にばらつきができやすい欠点があります。このような欠点を是正し、短時間で正確に効率よく測定するため、近年ではデジタル温・湿度計の採用が増加してきております。

　デジタル温・湿度計は相対湿度の検出端である湿度センサとして、高分子湿度センサ、セラミック湿度センサなどを用いた、小型で移動に便利な測定器で、しかも正確な検出値が、ただちに数字として表示されます。

8・1 環境測定になれよう

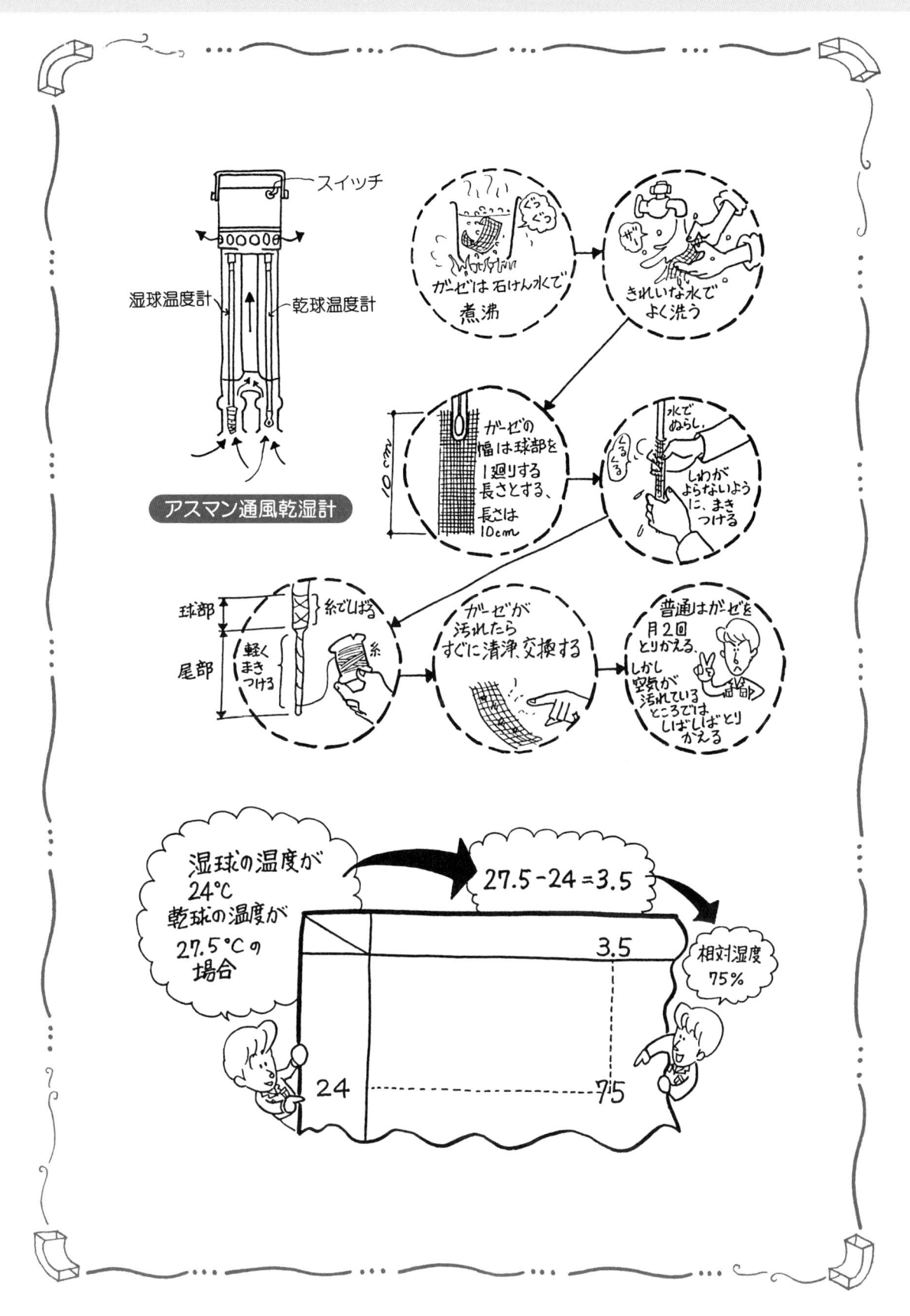

スイッチ
湿球温度計　乾球温度計

アスマン通風乾湿計

ガーゼは石けん水で煮沸

きれいな水でよく洗う

ガーゼの幅は球部を1廻りする長さとする。長さは10cm

水でぬらし、しわがよらないように、まきつける

球部　糸でしばる
尾部　軽くまきつける　糸

ガーゼが汚れたらすぐに清浄、交換する

普通はガーゼを月2回とりかえる。しかし空気が汚れているところではしばしばとりかえる

湿球の温度が24℃　乾球の温度が27.5℃の場合

$27.5 - 24 = 3.5$

相対湿度 75%

24　3.5　75

98 気流の測定

気流測定に用いる**風速計**は**微風速計**ともいい、風速（気流）を検出する原理から数種に分類されますが、これらの風速計のうち、取り扱い操作の簡便さ、実用上の見地からして、空調用の気流測定には**熱線微風速計**が広く用いられています。

これはセンサプローブ（風速検出素子）として白金線、タングステン線といった細い金属線を用い、これを測定時に加熱します。これに風が当ると金属線の温度が変化し、電気抵抗に変わるため、回路に流れる電流量に変化を生じます。この電流値を風速として求めるもので、この測定電流が風速計のメータに風速として変換され指示されます。この微風速計はその構造原理から温度測定を行うこともできます。

---

memo

気流測定器の規定

気流の測定器としては、0.2 m/s 以上の気流を測定することができる風速計、またはこれと同程度以上の性能を有する測定器を用いることと規定されています。

カタ温度計

フクシンで赤色に染色したアルコール温度計で、示された所定の目盛間のアルコールの下降時間が、温度と気流によって変わることから、気温と下降時間を求めることによって気流を算出するものです。

しかし、測定に手間がかかり、また"カタ係数"によって算出しなければならないので、正確な気流の測定値が出しにくい上に、測定作業中に温度計が破裂する危険性もあります。

このように欠点が多いので、現在ではあまり使用されていませんが、話の種に覚えておかれるのもよいと思います。

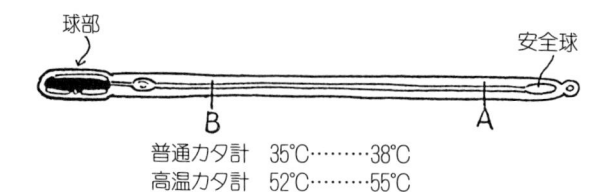

```
球部                               安全球
     B              A
普通カタ計  35℃………38℃
高温カタ計  52℃………55℃
```

8・1 環境測定になれよう

風速計の種類

名 称	計測範囲	原 理
熱線風速計	0～40 m/s	風による熱線（受感部）の電気抵抗の変化をとり出すもの
ピラム型風速計	0～20 m/s	風車の回転数よりとり出すもの
ピトー管	4 m/s 以上	動圧と静圧の圧力差を求めて計算する
超音波	0～30 m/s	超音波の送波器と受波器を向い合わせに2組設けて超音波パルスの風による伝播時間の差から風速をとり出す

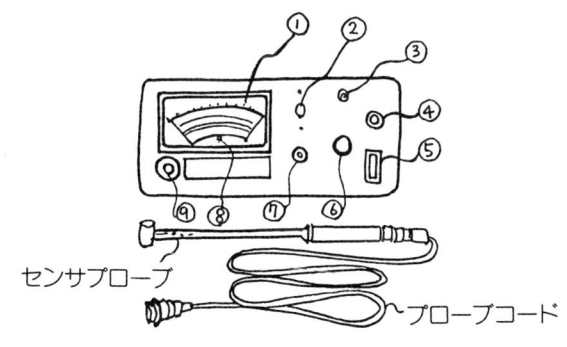

①メータ
②タイムコンスタントセレクトスイッチ
③パイロットランプ
④プローブ接続コネクター
⑤ＡＣコネクター
⑥ファンクションスイッチ
⑦０調整
⑧コレクター
⑨バッテリーチェック押しボタン

センサプローブ
プローブコード

付録

SI 単位って何のこと？

　現在わが国では"メートル法"による単位を原則としています。メートル法は計量単位の国際統一をめざして、18世紀末にフランスが提唱した単位系であり、日本も昭和26年（1951年）からはメートル法に統一されました。

　ところが、国際的に共通するはずのメートル系単位も、学問や工業分野で、それぞれ都合のよいように応用されてきたため、メートル法といっても種々の単位系ができてしまい、メートル法の範囲内でありながら、相

量の名称	SI 単位		在来の単位（メートル系、ヤード・ポンド法などによる非SI単位）		SI 単位への換算率
	単位の名称	単位記号	単位の名称	単位記号	
長さ	マイクロメートル （※ SI 基本単位はメートル [m]）	μm	ミクロン	μ	1 μ = 1 μm = 0.000001 m
回転速度・回転数	毎秒	s^{-1}	回毎秒	r/s（rps）	1 r/s = 1 s^{-1}
			回毎分	r/min （rpm、min^{-1}）	1 r/min = 0.01667 s^{-1}
			回毎時	r/h（rph、h^{-1}）	1 r/h = (1/3,600) s^{-1}
重量	ニュートン	N	ダイン	dyn	1 dyn = 0.00001 N
			重量キログラム	kgf	1 kgf = 9.80665 N
			重量トン	tf	1 tf = 9,806.65 N
			重量ポンド	lbf	1 lbf = 4.44822 N
圧力	パスカル ニュートン毎平方メートル （※ 1 Pa = 1 N/m²）	Pa N/m²	重量キログラム毎平方メートル	kgf/m²（kgw/m²）	1 kgf/m² = 9.80665 Pa
			重量キログラム毎平方センチメートル	kgf/cm² （kgw/cm²、kg/cm²）	1 kgf/cm² = 98,066.5 Pa
			水柱メートル （メータアクア）	mAq（mH₂O）	1 mAq = 9,806.65 Pa
			水柱ミリメートル （ミリメータアクア）	mmAq（mmH₂O）	1 mmAq = 9.80665 Pa
			水銀柱メートル	mHg	1 mHg = 133.322 Pa
			水銀柱ミリメートル	mmHg	1 mmHg = 133.322 Pa
			工学気圧	at	1 at = 98,066.5 Pa
			気圧（標準大気圧）	atm	1 atm = 101,325 Pa
			バール	bar（b）	1 bar = 100,000 Pa
			ミリバール（※バール、ミリバールは SI 併用単位）	mbar（mb）	1 mbar = 100 Pa
応力	パスカル ニュートン毎平方メートル （※ 1 Pa = 1 N/m²）	Pa N/m²	重量キログラム毎平方メートル	kgf/m²（kgw/m²）	1 kgf/m² = 9.80665 Pa
			重量キログラム毎平方ミリメートル	kg/mm² （kgw/mm²、kg/mm²）	1 kgf/mm² = (9.80665×10⁶) Pa ≒ 9.80665 MPa ［メガパスカル］
			重量ポンド毎平方インチ	lbf/in²（pis）	1 lbf/in² = 6.894757293 kPa ［キロパスカル］
粘度	パスカル秒 ニュートン秒毎平方メートル （※ 1 Pa·s = 1 N·s/m²）	Pa·s N·s/m²	ポアズ	P	1 P = 0.1 Pa·s
			センチポアズ （ポアズ、センチポアズは SI 暫定併用単位）	cP	1 cP = 0.001 Pa·s
			重量キログラム秒毎平方メートル	kgf·s/m²	1 kgf·s/m² = 9.80665 Pa·s
			重量ポンド秒毎平方インチ	lbf·s/in²（reyn）	1 lbf·s/in² = (6.894757293 × 10³) Pa·s ≒ 6.895 kPa·s

容れない単位が多くなってきたのです。このため 1960 年に単位制度について世界的な事業として、メートル系への統一総仕上げともいうべき"国際単位系"（フランス語で Système International d'Unités、SI と略称）の採用が国際機関で決議されました。

これによりわが国も国際単位系、いわゆる SI 単位に移行すべく、平成 3 年（1991 年）に計量法が改正され、平成 4 年 4 月から施行されます。そして単位に応じて 3 年、5 年、7 年と段階的な猶予期間を経て、SI 単位の使用が義務づけられました。つまり、平成 11 年から、SI 単位の使用が完全に義務づけられることになりました。

量の名称	SI 単位		在来の単位（メートル系、ヤード・ポンド法などによる非 SI 単位）		SI 単位への換算率
	単位の名称	単位記号	単位の名称	単位記号	
動粘度	平方メートル毎秒	m^2/s	ストークス	St	1 St = 0.0001 m^2/s
			センチストークス（※ストークス、センチストークスは SI 暫定併用単位）	cSt	1 cSt = 0.000001 m^2/s
			平方フート毎秒	ft^2/s	1 ft^2/s = 0.0929 m^2/s
仕事率・工率・動力	ワット	W	重量キログラムメートル毎秒	kgf・m/s	1 kgf・m/s = 9.80665 W
			エルグ毎秒	erg/s	1 erg/s = 0.0000001 W
			仏馬力	PS	1 PS = 735.49875 W
			英馬力	HP（hp、HP）	1 HP = 745.69987 W
			フート重量ポンド毎秒	ft・1bf/s	1 ft・bf/s = 1.35582 W
熱力学温度	ケルビン	K			
セルシウス温度	セルシウス度（摂氏度）または度	℃	カ氏度	°F	1 °F = $\frac{5}{9}$(t − 32) ℃
					1 °F = $\frac{5}{9}$(t − 32) + 273.15 K
			ランキン度	°R	1 °R = $\frac{5}{9}$t − 273.15 ℃
					1 °R = $\frac{5}{9}$tK
温度差	ケルビン セルシウス度、度	K ℃	度	deg	1 deg = 1 K = 1 ℃
熱・熱量	ジュール ワット秒（※1 J = 1 W・s）	J W・s	ワット時（※SI 併用単位）	W・h	1 W・h = 3,600 J
			エルグ	erg	1 erg = 0.0000001 J
			重量キログラムメートル	kgf・m	1 kgf・m = 9.80655 J
			t 度カロリー カロリー	cal	1 cal = 4.18605 J
			キロカロリー	kcal	1 kcal = 4,186.05 J
			15 度カロリー	Cal_{15}	1 cal_{15} = 4.1855 J
			I.T. カロリー	Cal_{IT}	1 cal_{IT} = 4.1868 J
			熱化学カロリー	Cal_{th}	1 cal_{th} = 4.184 J
			英熱量（ビーティユウ）	Btu	1 Btu = 1,055.06 J
熱流	ワット	W	I.T. カロリー毎時	cal_{IT}/h	1 cal_{IT}/h = 0.001163 W
			英熱量毎時	Btu/h	1 Btu/h = 0.293071 W
			日本冷凍トン	JRT	1 JRT = 3,860.47 W
			米国冷凍トン	USRT	1 USRT = 3,516.28 W
比熱	ジュール毎キログラム毎ケルビン ジュール毎キログラム毎度	J/(kg・K) J/(kg・℃)	カロリー毎キログラム毎度	cal/(kg・℃)	1 cal/(kg・℃) = 4.18605 J/(kg・K)
			I.T. カロリー毎グラム毎ケルビン	$cal_{IT}/(g・K)$	1 $cal_{IT}/(g・K)$ = 4,186.8 J/(kg・K)
			熱化学カロリー毎グラム毎ケルビン	$cal_{th}/(g・K)$	1 $cal_{th}/(g・K)$ = 4,184 J/(kg・K)

冷媒ガス種ごとの製造許可等、冷凍保安責任者選任等および定期自主検査

区分		(1) フルオロカーボン（不活性のものに限る）注1		(2) フルオロカーボン（不活性のものを除く）およびアンモニア			(3) その他（(1)および(2)を除く）
				①フルオロカーボン（不活性のものを除く）注4	②アンモニア		
		ユニット型注2	その他		ユニット型注2	その他	
該当例		R-134a、R-22、R-404A、R-407C、R-410A		〈未定〉	アンモニア		プロパン 二酸化炭素（CO_2） ヘリウム
製造許可等注3	トン 300	第1種	第1種	第1種	第1種		第1種
	60	第1種	第1種	第1種	第1種		第1種
	50	第1種	第1種	第1種	第1種		第1種
	20	第2種	第2種	第2種	第2種		第1種
	5	その他	第2種	第2種	第2種		第2種
	3	適用除外	適用除外	その他	その他		第2種
		適用除外	適用除外	適用除外	適用除外		適用除外
冷凍保安責任者等	トン 300	不要	必要	必要		必要	必要
	60	不要	必要	必要		必要	必要
	50	不要	必要	必要	不要	必要	必要
	20		不要	必要	不要	必要	必要
			不要	不要		不要	不要
定期自主検査	トン 300	必要	必要	必要		必要	必要
	60	必要	必要	必要		必要	必要
	50	必要	必要	必要	必要	必要	必要
	20		不要	必要	不要	必要	必要
			不要	不要		不要	不要

注1 不活性のものとは、掲名された冷媒ガス種（冷凍保安規則第2条第1項第3号）をいう。
　【例：R-134a、R-22、R-404A、R-407C、R-410A、…】
　2 ユニット型とは、冷凍保安規則第36条第2項に適合する冷凍設備をいう。
　3 第1種：第一種製造者（→許可設備）、第2種：第2種製造者（→届出設備）、その他：その他製造者（→届出不要）をいう。
　4 フルオロカーボン（不活性のものを除く）は、平成12年4月1日から施行。
（出典：ダイキン工業株式会社「2011 ダイキン技術資料（セントラル空調編）」）

付　録

燃料・電気の使用による二酸化炭素（CO₂）排出量

燃料および電力		単位	排出量算定係数[注1] t-CO₂/単位	発熱量 GJ/単位	炭素排出量 t-C/GJ
固体燃料	原料炭	1トン	2.61	29.0	0.0245
	一般炭	1トン	2.33	25.7	0.0247
	無煙炭	1トン	2.52	26.9	0.0255
	コークス	1トン	3.17	29.4	0.0294
	石油コークス	1トン	2.78	29.9	0.0254
液体燃料	コールタール	1トン	2.86	37.3	0.0209
	石油アスファルト	1トン	3.12	40.9	0.0208
	コンデンセート（NGL）	1 kl	2.38	35.3	0.0184
	原油（コンデンセート（NGL）を除く）	1 kl	2.62	38.2	0.0187
	ガソリン	1 kl	2.32	34.6	0.0183
	ナフサ	1 kl	2.24	33.6	0.0182
	ジェット燃料油	1 kl	2.46	36.7	0.0183
	灯油	1 kl	2.49	36.7	0.0185
	軽油	1 kl	2.58	37.7	0.0187
	A重油	1 kl	2.71	39.1	0.0189
	B・C重油	1 kl	3.00	41.9	0.0195
気体燃料	液化石油ガス（LPG）	1トン	3.00	50.8	0.0161
	石油系炭化水素ガス	千 Nm³	2.34	44.9	0.0142
	液化天然ガス（LNG）	1トン	2.70	54.6	0.0135
	天然ガス（液化天然ガス（LNG）を除く）	千 Nm³	2.22	43.5	0.0139
	コークス炉ガス	千 Nm³	0.85	21.1	0.0110
	高炉ガス	千 Nm³	0.33	3.41	0.0263
	転炉ガス	千 Nm³	1.18	8.41	0.0384
	都市ガス	千 Nm³	2.23	44.8 [注2]	0.0136
電力［代替値］	—	千 kWh	0.559	—	—

注1　単位使用量当りの発熱量 × 単位使用量当りの発熱量 × 単位発熱量当りの炭素排出量 × 44/12
　2　エネルギー起源 CO₂ 排出量の算定に用いる発熱量については、省エネルギー法の規定による定期報告において用いた発熱量を用いてもよい。
（出典：環境省「算定・報告・公表制度における算定方法・排出係数一覧」（平成 22 年 3 月 31 日現在) をもとに作成）

索引

●英数

BEMS	166
CAV方式	78, 180
dB（デジベル）	36
phon（ホン）	36
ppm（ピーピーエム）	26
P動作	176
U形エアフィルタ	92
VAV方式	78
1冷却トン	114
1次冷媒	76, 102
2位置動作	176
2管方式	80
2次冷媒	76, 104
3管方式	80
4管方式	80

●あ行

アスペクト比	136
アスマン通風乾湿計	200
アスマン通風温・湿度計	200
圧縮機	104
圧力噴霧バーナ	132
アナログ標示	180
アネモスタット形吹出し口	144
油燃焼装置	132
油バーナ	132
アメリカ冷凍トン	106
一酸化炭素	26
一酸化炭素中毒	26
インターロック	172
インダクションユニット方式	82
インテリアゾーン	68
うずまきポンプ	156
エアカーテン	152
エアコン	8
エアハンドリングユニット	88
エアフィルタ	92
エアワッシャ	60
エアワッシャ形加湿器	100
液体燃料	126
エリミネータ	100
エレクトロケミカル法	196
円形ダクト	138
遠心圧縮機	104
遠心式送風機	152, 154
遠心式ポンプ	156
遠心噴霧式加湿器	100
遠心冷凍機	108, 110
エンタルピ	32
オートメーション	166
オイルサービスタンク	132
オイルストレージタンク	132
往復圧縮機	104
往復冷凍機	108
音圧レベル	36
オン・オフ動作	176
温水コイル	98
温水暖房	58
温水ヒータ	124
温水ボイラ	118
温度	10
温度制御	182
温度センサ	10
温度調節器	182
温熱源	118

●か行

開回路制御	170
快感空気調和	8
外気	12
外気ダクト	140
外気取入れ制御	186
外気取入れダクト	140
外気補償制御方式	180
外気冷房	56
回転式バーナ	132
回転冷凍機	108
外部混合式ガスバーナ	134
外部ゾーン	68
カウンターフロー型	114
各階ユニット方式	78
角形ダクト	136
拡散形ガスバーナ	134
加湿	60
加湿器	100
ガスバーナ	134
カタ温度計	202
加熱コイル	98
壁吹出し口	144
可変風量方式	78
ガラリ	44
乾き空気	12
簡易ボイラ	122
換気	42
換気回数	42
還気ダクト	140
乾球温度	10
環境測定	190
関係湿度	14
乾式エアフィルタ	92
間接膨張方式	52
ガンタイプバーナ	132
貫流送風機	152
機械換気	46
機械排煙方式	50
気化式加湿器	100
危険物取扱者免状	126
気体燃料	128
きのこ形吸込み口	146
キャンバス継手	40
吸音	38
吸音材内張りダクト	38
給気ダクト	140
給気補償制御方式	180
吸収冷凍機	112
給油タンク	132
凝固熱	32
凝縮	18
凝縮器	104
凝縮水	98
凝縮熱	32
強制換気	46
強制蒸発形加湿器	100

気流	20	個別式空気調和機	90	自力制御	178
気流噴霧バーナ	132	個別制御方式	72	シロッコファン	152
		混合チャンバー	78	真空式温水ヒータ	124
クーリングタワー	114	コントロールモータ	182	新鮮空気	12
クールチューブ	56				
空気汚染	22	●さ行		吸込み口	146
空気加熱器	98			水冷凝縮器	104
空気加熱コイル	98	サージング	154	スクリュー圧縮機	104
空気環境測定	190, 192	サーモスタット	182	スクリュー冷凍機	108
空気調和	8	サプライトダクト	140	ステップ動作	176
空気調和機	88	産業用空気調和	8	スパイラルダクト	138, 140
空気調和設備	86	酸素欠乏症	26	スプリッタダンパ	142
空気調和の4要素	8			スロット形吹出し口	144
空気調和ユニット	88	シーケンス制御	170		
空気の組成	12	直火式吸収冷凍機	112	制御	166
空気・水方式	76, 82	軸流式送風機	150	制御対象	174
空気冷却器	96, 104	軸流吹出し口	144	制御動作	176
空気ろ過器	92	施設形空調機	88	赤外線分光分析法	196
空調機	88	自然換気	44	赤外線分析法	198
空調系統	66	自然排煙方式	50	セクショナルボイラ	120
空調設備	86	実揚程	158	絶対湿度	14
空調用ボイラ	118	室温制御	182	全空気方式	76, 78
空冷凝縮器	104	湿球温度	10	全水方式	76
矩形ダクト	136	湿式エアフィルタ	92	全体制御方式	66
クリーンルーム	8, 92	湿度調節器	184	潜熱	32
クロスブレーキ	136	自動制御	166	潜熱回収ボイラ	112
クロスフロー型	114	自動制御装置	174	全熱量	32
クロスフローファン	152	自動弁	182	全揚程	158
		自動巻取り形フィルタ	94		
結露	18	湿り空気	12	騒音	34
結露の防止	18	湿り空気線図	14	騒音レベル	36
煙	48	遮音	38	送気ダクト	140
減湿	54	重油	126	操作部	174
検出部	174	手動制御	166	相対湿度	14
検知管方式	196, 198	順送制御	170	相対重量濃度測定法	194
顕熱	32	消音	38	相対濃度測定法	194
現場組立式空調機	88	蒸気圧縮式冷凍機	108	送風機	148
		蒸気コイル	98	送風機用モータ過負荷インター	
コア	68	蒸気暖房	58	ロック	188
工業用空気調和	8	蒸気トラップ	58, 98	ゾーニング	68
高性能フィルタ	92	蒸気噴射式加湿器	100	ゾーン	68
高速ダクト	138	蒸気ボイラ	118	ゾーン制御方式	68
向流型	114	小規模ボイラ	122	ソレノイド弁	182
小型貫流ボイラ	120	蒸発器	104		
小型ヒートポンプユニット方式	84	蒸発コイル	104	●た行	
小型ボイラ	122	蒸発熱	32		
呼気	28	除湿	54	タービンポンプ	156

語	頁
ターボ送風機	152
ターボ冷凍機	108, 110
第1種換気法	46
第一種製造者	110
大気	12
多位置動作	176
第2種換気法	46
第二種製造者	110
第3種換気法	46
ダイヤモンドブレーキ	136
太陽熱暖房	58
第4種換気法	44
第4類危険物	126
対流	30
ダクト	136
ダクトスペース	140
多段タービンポンプ	156
立て穴区画	50
ダブルフロー式冷却塔	114
多翼送風機	152
多翼ダンパ	142
他力制御	178
単一ダクト定風量方式	66
単一ダクト方式	78
単速度動作	176
単熱源方式	74
ダンパ	142
暖房	58
暖房負荷	64
暖房用ボイラ	118
置換空調	146
中央式空気調和機	88
中間季冷房	56
鋳鉄組合せボイラ	120
鋳鉄ボイラ	120
チューブ軸流送風機	150
蝶形ダンパ	142
調節部	174
長方形ダクト	136
直交流型	114
直接膨張方式	52
貯油タンク	132
通風機	148
低イオウ重油	126
低速ダクト	136
定風量方式	78, 180
ディフューザポンプ	156
デジタル温・湿度計	200
デジタル標示	180
電磁弁	182
天井ディフューザ	144
天井吹出し口	144
伝導	30
電動ダンパ	182
電動弁	182
伝熱	30
伝熱面積	122
冬季冷房	56
灯油	126
特定建築物	190
特定防火対象物	50
都市ガス	128
ドラフト	20
ドレン	98
トロッファ形吹出し口	144

●な行

語	頁
内部ゾーン	68
二酸化炭素	28
二酸化炭素（CO_2）制御	186
二酸化炭素濃度調節器	186
二重ダクト方式	78
日本冷凍トン	106
熱	30
熱回収方式	74
熱線微風速計	202
熱対流	30
熱伝導	30
熱媒	76
熱負荷	62
熱平衡方式	74
熱放射	30
熱力学	30
熱力学の第2法則	30
熱量単位	30
年間空調	180
燃焼の3要素	130
燃焼生成物	48
粘着式エアフィルタ	92
ノズル吹出し口	144

●は行

語	頁
排煙区画	50
排煙設備	48
配管識別色	164
排気ダクト	140
はぜ掛け	136
バタフライダンパ	142
バッグフィルタ	92
パッケージ形空調機	84, 90
パッケージユニット	84
パッケージユニット方式	84
羽根格子形吹出し口	144
パン形加湿器	100
パン形吹出し口	144
パンカルーバ吹出し口	144
ヒートショック	16
ヒートポンプ	74, 116
ヒートポンプ冷凍機	116
光干渉法	198
ピストンフロー	146
必要換気量	42
微風速計	202
ヒューミディスタット	184
ビルエネルギーマネジメントシステム	166
ビル管理法	190
ビルディングオートメーション	166
比例動作	176
ファイヤダンパ	142
ファン	148
ファンコイルユニット	80, 90
ファンコイルユニット・ダクト併用方式	82
ファンコイルユニット方式	80
フィードバック制御	168
フィルタ	92
風速	20
風速計	202
風量調整ダンパ	142

不快指数	16
吹出し口	144
ふく射	30
復水	98
複熱源方式	74
ふく流吹出し口	144
浮遊じんあい	24
浮遊粉じん	24
浮遊粉じん量	194
フリークーリング	56
ブロア	148
フローティング動作	176
プロペラ送風機	150
フロン冷媒	102
噴霧燃焼方式	130
閉回路制御	168
ベーン軸流送風機	150
ヘモグロビン	26
ペリメータゾーン	68
ボールタップ	179
ボイラ	118, 122
ボイラ技士免許	122
方位別ゾーニング	68
防煙区画	50
防煙垂れ壁	50
防音	38
防火区画	50
防火対象物	48
防火ダンパ	50, 142
防湿工事	164
防湿材	164
防振	40
防振基礎	40
膨張弁	104
飽和空気	14
飽和湿り空気	14
飽和状態	14
保温	160
保温材	162
保健用空気調和	8
ボリウムダンパ	142
ボリュートポンプ	156
保冷	164
保冷材	162
ポンプ	156

● ま行

マッシュルーム形吸込み口	146
マルチゾーン空調機	88
マルチゾーンユニット方式	78
水噴霧式加湿器	100
水冷却器	104
無圧式温水ヒータ	124
面積区画	50
目標値	168
モジュトロールモータ	182

● や行

油圧式バーナ	132
誘引ユニット	90
誘引ユニット方式	82
融解熱	32
床置き形吹出し口	144
有効温度	10
ユニット形エアフィルタ	92
ユニバーサル形吹出し口	144
用途区画	50
用途別ゾーニング	70

● ら行

リターンダクト	140
リミットロード送風機	152
ルーバ	44
ルーバ形ダンパ	142
冷・温水コイル	98
冷却器	96
冷却コイル	96
冷却塔	114
冷水	76
冷水コイル	96
冷水方式	52
冷水冷房方式	104
冷凍	52
冷凍機	102, 104
冷凍サイクル	102
冷凍トン	106
冷凍保安責任者	110
冷熱源	102
冷媒	76, 102
冷媒液	102
冷媒ガス	102
冷媒方式	52, 76, 84
冷房	52
冷房負荷	62
レシプロ冷凍機	108
ロータリー圧縮機	104
ロータリー冷凍機	108
ロータリバーナ	132
ロールフィルタ	94
露点温度	18
露点法による除湿	54
炉筒	120
炉筒煙管ボイラ	120

初版へのあとがき

　空気調和設備の施工あるいは運転、保全管理の業務に参入を希望される初心者の方々に、空調技術をスムーズに理解していただければとの思いを込めて、イラストレーターの石田芳子先生のご協力のもと、本書を執筆した次第ですが、初めて空気調和を学ばれる皆様方の学習書、参考書としてお役に立てたでしょうか。

　本書は肩が凝らないよう、初歩的なレベルの空気調和の技術を解説しましたので、なにか物足りない感は否めないと思いますが、この書で学んでいただいたことをバネにして、専門的な知識にチャレンジして下さることを念願してやみません。

　斯界での飛躍の糧となる専門的な学習書、参考書は多種出版されており、これからの勉強のための書物の選択には少し戸惑われると思いますが、筆者が本書を執筆するに際して、参考にさせていただいた書籍をつぎに示しておきます。(順不同)

①小原淳平編「100万人の空気調和」オーム社
②小原淳平編「続・100万人の空気調和」オーム社
③平野彦兵衛著「空気調和装置の施工と保守」朝倉書店
④塩澤忠義著「新入社員のための実践ビル管理入門」オーム社
⑤空気調和・衛生工学会編「空気調和設備の実践の知識」オーム社
⑥吉村武、浅岡隆夫、二木良彦共著「空気調和設備」彰国社
⑦新雅夫、松野済美、松本敏男共著「空調設備一問一答」明現社
⑧空調技術用語研究会(中井多喜雄)編「図解空調技術用語辞典」日刊工業新聞社
⑨長岡順吉著「冷凍の原理とその応用」共立出版
⑩石渡憲治著「冷凍空調実務読本」オーム社
⑪ボイラー用語研究会(中井多喜雄)編「図解ボイラー用語辞典」日刊工業新聞社
⑫中井多喜雄著「ガスだきボイラーの実務」日刊工業新聞社
⑬塩澤忠義編「ビル設備管理実務用語早わかり」オーム社
⑭今井一郎、狩野一男著「建築設備の自動制御入門」技術書院
⑮中井多喜雄著「ボイラー技士のための自動制御読本」明現社
⑯オーム社設備と管理編集部編「図解ビル設備管理実務マニュアル」オーム社
⑰配管用語研究会(中井多喜雄)編「図解配管用語辞典」日刊工業新聞社

　空調関係の専門書は以上の他、多種ありますが、ご自分の希望職種やレベルに適したものを選択されるのが良いかと思います。

　そして、斯界で活躍されるには関係する法的な資格を必要不可欠とします。空調に関連するおもな法的資格は次のようなものです。

　危険物取扱者(甲種、乙種、丙種)、冷凍保安責任者(1種、2種、3種)、ボイラー技士(特級、1級、2級)、建築物環境衛生管理技術者、空気環境測定技術者、建築設備検査資格者、建築設備士、管工事施工管理技士(1級、2級)。

　いずれにしましても、本書をマスターされた後、斯界における専門家をめざして、チャレンジされますことを祈っております。

1991年12月

中井多喜雄

改訂版へのあとがき

　ご周知のごとく何れの分野における斯界においても"日進月歩"であり、空調技術の分野においてもその例外ではありません。

　今回、空調技術における権威である田ノ畑好幸先生のご指導により"前著"において説明・解説不足の事項について改訂した本書を執筆させていただいた次第ですが、初めて空気調和を学ばれる皆様方の学習書・参考書としてお役に立てば、筆者として望外の喜びであります。

　なお、最後になりましたがご指導、ご鞭撻の労をたまわりました田ノ畑先生に御礼申し上げます。

　2012 年 2 月

中井多喜雄

改訂版の参考文献

- 山田浩幸監修『110 のキーワードで学ぶ　世界で一番やさしい建築設備』エクスナレッジ、2009 年
- 間秀夫『写真でトライ　空調設備の点検と整備』オーム社、2006 年
- 森村武雄監修『新版　建築設備工事の進め方』市ヶ谷出版社、2006 年
- 山田信亮・打矢瀅二・今野祐二『図解　空調設備の基礎』ナツメ社、2009 年
- 前川純一・岡本圭弘『騒音防止ガイドブック　改訂 2 版』共立出版株式会社、2003 年
- 『[改訂版] 建築物の環境配慮技術手引き』大阪府・社団法人大阪府建築士事務所協会、2011 年

●改訂監修者
田ノ畑　好幸 (たのはた　よしゆき)

1979年　株式会社竹中工務店入社
2003年　同社大阪本店設計部設備部長
2007年　同社大阪本店設備部設備部長
2010年　同社大阪本店次長
2014年　同社役員補佐
　　　　スマートコミュニティ推進室　副室長（兼務）
　　　　西日本設備統轄（兼務）
2015年　同社執行役員
　　　　スマートコミュニティ推進室　副室長
2018年　同社常務執行役員
　　　　エンジニアリング・設備担当
　　　　スマートコミュニティ推進室　副室長
2021年　同社専務執行役員
　　　　設備領域・エンジニアリング総括担当
2023年　同社取締役　執行役員副社長
　　　　設備領域・エンジニアリング総括担当

〈おもな著書〉
共著に、『「地域開発と情報化」事典』（フジ・テクノシステム）
『改訂版　建築物の環境配慮技術の手引き』（大阪府・大阪府建築士事務所協会）
『図解　燃料電池のすべて』（工業調査会）
改訂監修に、『改訂版　イラストでわかる給排水・衛生設備の技術』（学芸出版社）

●著者
中井　多喜雄 (なかい　たきお)

1950年　京都市立四条商業学校卒業
　　　　垂井化学工業株式会社入社
1960年　株式会社三菱銀行入社
現　在　技術評論家

〈おもな著書〉
『改訂版 イラストでわかる給排水・衛生設備の技術』
『改訂版 イラストでわかる消防設備の技術』
『イラストでわかる建築電気・エレベータの技術』
『イラストでわかるビル清掃・防鼠防虫の技術』
『イラストでわかる空調設備のメンテナンス』
『改訂版 イラストでわかる給排水・衛生設備のメンテナンス』
『イラストでわかる建築電気設備のメンテナンス』
『イラストでわかる消防設備士用語集』
『イラストでわかるインテリアコーディネータ用語集』
『イラストでわかる管工事用語集』
『改訂版 イラストでわかる一級建築士用語集』
『イラストでわかる二級建築士用語集』
『マンション管理士用語集』（以上、学芸出版社）
『図解空調技術用語辞典（編著）』（日刊工業新聞社）

〈法定資格〉
建築物環境衛生管理技術者／建築設備検査資格者／特級ボイラー技士／第1種冷凍保安責任者／甲種危険物取扱者

石田　芳子 (いしだ　よしこ)

1981年　大阪市立工芸高校建築科卒業
　　　　二級建築士
現　在　石田（旧木村）アートオフィス主宰

〈おもな著書〉
『改訂版 イラストでわかる給排水・衛生設備の技術』
『改訂版 イラストでわかる消防設備の技術』
『イラストでわかる建築電気・エレベータの技術』
『イラストでわかるビル清掃・防鼠防虫の技術』
『イラストでわかる空調設備のメンテナンス』
『改訂版 イラストでわかる給排水・衛生設備のメンテナンス』
『イラストでわかる建築電気設備のメンテナンス』
『改訂版 イラストでわかる一級建築士用語集』
『イラストでわかる二級建築士用語集』
『イラストでわかる消防設備士用語集』
『イラストでわかる管工事用語集（以上、学芸出版社）
『マンガ建築構造力学入門Ⅰ、Ⅱ』（集文社）
他に、春乃すずなブログ小説「陽気な日曜日」のイラストを担当（ペンネーム：きむらのほうし）。同ブログに、漫画「ガスコーニュのつわものたち」を連載中。

改訂版　イラストでわかる空調の技術

1991 年 12 月 20 日　第 1 版第 1 刷発行
2010 年 2 月 20 日　第 1 版第 20 刷発行
2012 年 4 月 15 日　改訂版第 1 刷発行
2024 年 4 月 20 日　改訂版第 6 刷発行

改訂監修者　田ノ畑好幸
著　　　者　中井多喜雄・石田芳子
発　行　者　井口夏実
発　行　所　株式会社 学芸出版社
　　　　　　京都市下京区木津屋橋通西洞院東入
　　　　　　〒600-8216　Tel 075-343-0811

装丁：KOTO Design Inc.
印刷：創栄図書印刷／製本：新生製本

Ⓒ田ノ畑好幸・中井多喜雄・石田芳子, 2012　　Printed in Japan
ISBN978-4-7615-3198-0

> JCOPY 〈(社)出版者著作権管理機構委託出版物〉
> 本書の無断複写（電子化を含む）は著作権法上での例外を除き禁じられています。複写される場合は、そのつど事前に、(社)出版者著作権管理機構（電話 03-5244-5088、FAX 03-5244-5089、e-mail: info@jcopy.or.jp）の許諾を得てください。
> また本書を代行業者等の第三者に依頼してスキャンやデジタル化することは、たとえ個人や家庭内での利用でも著作権法違反です。

好評既刊

改訂版 イラストでわかる給排水・衛生設備の技術
田ノ畑好幸 改訂監修　　中井多喜雄 著・石田芳子 イラスト　　B5判・200頁・本体 3000円+税

安全な飲料水の提供、最適な下水処理、適切な衛生器具、安心なガス設備等、給排水衛生設備のしくみを学ぶ入門書として、現場のエンジニアに読み継がれてきた書、待望の改訂版。親しみやすい文章とイラストで、一番わかりやすいと大好評。最新データや法規に準拠し、省エネ・省資源対応の新しい機器・器具についても解説した。

改訂版 イラストでわかる消防設備の技術
日本建築協会 企画
赤澤正治・岩田雅之・西博康 改訂監修　中井多喜雄 著・石田芳子 イラスト　　B5判・216頁・本体 3000円+税

建築物の高層化・複雑化に伴い、その重要性を増す消防設備。その技術の全てをわかりやすいイラストで解説し、ビル管理・設備・消防関係分野で幅広く読み継がれてきた『イラストでわかる防災・消防設備の技術』、待望の改訂版。最新の法令・データに準拠するとともに、現場での使いやすさのための項目配列の見直しを行った。

イラストでわかる建築電気・エレベータの技術
中井多喜雄 著　　木村芳子 イラスト　　B5判・208頁・本体 3000円+税

建築物の高層化に伴い建築設備の重要性が顕著となってきた。特に空気設備や給排水設備などを含む建築設備のすべてが電気なしでは機能しない。この建築電気設備とエレベータ・エスカレータの技術について、初心者にわかりやすいよう、電気の基礎知識に重点をおいて解説した。わかりやすいと大好評のシリーズ第4弾!

改訂版 イラストでわかる給排水・衛生設備のメンテナンス ＜2色刷＞
田中毅弘 改訂監修　　中井多喜雄 著・石田芳子 イラスト　　B5判・208頁・本体 3000円+税

ビルメンテナンスの現場で読み継がれる入門書、待望のリニューアル!最新データや法規にもしっかり対応。今更人には聞けない"水の設備"のキホンから、日々の管理の落とし穴、現場で役立つ点検のコツまで総ざらい。見やすくなった2色イラストで、水の通り道や器具の構造、重要語句も一目瞭然。時短でサクサク学びきろう!

イラストでわかる空調設備のメンテナンス
中井多喜雄 著　　木村芳子 イラスト　　B5判・208頁・本体 3000円+税

アメリカのビル協会の標語に「適正に設備され、適正に使用され、そして良好に維持されるべきだ」とあるが、この快適な居住環境の維持に携わるのがビル管理技術者である。本書は、空気調和設備に関する正しい運用と質の高いメンテナンスがマスターできるよう、保全管理の技術とノウハウをイラストとともにわかりやすく解説。

イラストでわかる建築電気設備のメンテナンス
中井多喜雄 著　　木村芳子 イラスト　　B5判・208頁・本体 3000円+税

電気設備の保全管理を怠ると停電・感電による死傷事故や電気火災などのトラブルから、ビルの機能に障害を生じるだけでなく、自家用受変電設備の事故が原因となって電力会社への波及事故につながる恐れもある。本書は初心者でも電気設備の正しい運用と質の高いメンテナンスが習得できるよう、イラストと共に易しく解説した。

新版 イラストでわかるビル管理用語集
田中毅弘 改訂監修　　中井多喜雄・石田芳子 著　　A5判・368頁・本体 3200円+税

建築物環境衛生管理技術者(ビル管理技術者)の資格取得や実務に不可欠な約2000語を厳選し解説。軽妙な2色イラスト図解を豊富に盛り込み、受験生から実務初心者までの基礎知識習得を広くサポート。効率的にステップアップできるよう各種用語は3段階の重要度で示し、巻末の索引は用語辞典としても活用できるように工夫した。

イラストでわかる管工事用語集
中井多喜雄 ＋ 石田芳子 著　　A5判・320頁・本体 3000円+税

配管工事の高度化、複雑化にともない、管工事施工技術者の技術の向上、技術力の確保は極めて重要である。本書は「二級管工事施工管理技士」資格試験の受験対応テキストとしても活用できるよう、見開き構成で、左頁に関連用語と解説を、右頁はイラストを用いてできる限りわかりやすくした。巻末には便利な2000語の索引を掲載。

イラストでわかる建築施工管理用語集
中井多喜雄 ＋ 石田芳子 著　　A5判・336頁・本体 3000円+税

建築施工管理技士試験の受験に必要不可欠とする用語を関連分野ごとにまとめ、わかりやすく解説。2000余におよぶ用語には、すべてルビを付け、さらに、内容をよりやすく理解できるように見開き構成として、右ページにイラストや図表を配している。また、巻末の索引は、建築施工管理用語辞典として活用できるよう工夫した。